本书系国家社科基金青年项目（14CXW040）成果

晚清台海危机舆论史

舆论史

张继木 著

九州出版社
JIUZHOUPRESS 全国百佳图书出版单位

图书在版编目（CIP）数据

晚清台海危机舆论史 / 张继木著. -- 北京 ： 九州
出版社, 2025. 2. -- ISBN 978-7-5225-3607-1

Ⅰ. D618

中国国家版本馆CIP数据核字第2025F0N111号

晚清台海危机舆论史

作　　者	张继木　著
责任编辑	习　欣
出版发行	九州出版社
地　　址	北京市西城区阜外大街甲 35 号（100037）
发行电话	(010)68992190/3/5/6
网　　址	www.jiuzhoupress.com
印　　刷	鑫艺佳利（天津）印刷有限公司
开　　本	720 毫米 ×1020 毫米　16 开
印　　张	17
字　　数	285 千字
版　　次	2025 年 4 月第 1 版
印　　次	2025 年 4 月第 1 次印刷
书　　号	ISBN 978-7-5225-3607-1
定　　价	59.00 元

目　录

序

农历霜降日，我收到华中师范大学新闻与传播学院副教授张继木老师的书稿《晚清台海危机舆论史》，嘱我作序。该著洋洋 30 万言，篇幅不算特别大，但还是给了我沉甸甸的感觉。这是一本舆论史研究专著，牵涉到近代报刊史、军事史、政治史、国际关系史诸多领域，属于比较难啃的硬骨头。过去学界关注不多，比较冷僻，但是张继木近年来一直在这里默默耕耘，并且得到了国家社会科学基金课题的资助，陆续发表了一系列的研究成果，得到了学界业界的认可。

在中国古代，民意在现实政治生活中一直占有重要的地位。《尚书·泰誓》曰，"天视自我民视，天听自我民听"①；《道德经》则说，"圣人常无心，以百姓心为心"②。舆论则是表达出了的民意。自先秦以降，中国历代均重视民意的采集，为此还设有专门的采风官，古之治史者也必重民情。司马迁在写作《史记》的过程中，收集了大量的民间歌谣，以作历史证据。如在《项羽本纪》中引用民谣"楚虽三户，亡秦必楚"③，表达楚人反抗暴秦的决心。又如在《淮阴侯列传》中运用民谣"狡兔死，良狗烹；高鸟尽，良弓藏；敌国破，谋臣亡"，④谴责帝君过河拆桥、诛杀功臣的残忍行为。唐代名臣魏征有句名言："怨不在大，可畏惟人，载舟覆舟，所宜深慎。"⑤这些论断大体上表达了一个相近的意思，即天意来自民意，民意、舆论不可违逆，理想的政策便是"顺天心，说民意"⑥。

在今天这个全球化、信息化时代，舆论或舆论史或许不是广泛吸睛的研究

① 杜泽逊：《尚书注疏汇校》注疏卷十一，中华书局 2018 年版，第 1534 页。
② 陈鼓应：《老子注释及评价》，中华书局 1984 年版，第 253 页。
③ 司马迁：《史记》卷七，中华书局 2013 年版，第 381 页。
④ 司马迁：《史记》卷九十二，中华书局 2013 年版，第 3166 页。
⑤ 魏征：《魏郑公集》卷一，商务印书馆 1937 年版，第 2 页。
⑥ 班固：《汉书》卷六十，中华书局 1999 年版，第 2020 页。

课题，但是联系到台海，则绝对能够成为政学各界重要的兴奋点。即便是尘封在一百多年前的过去，台海舆情也足以引发学界的关注。对当代中国而言，台海具有特别重要的意义。台湾自古以来为中国领土，是捍卫大陆的屏障，台湾海峡亦为中国内海，这是一个基本的常识。可是在西方列强看来，台湾是控制中国的锁钥，是封锁中国、遏制中国崛起的第一岛链的关键环节。所以，当中国摆脱"东亚病夫"的帽子，发展为负责任的全球大国时，为了维护自己占主导地位的既有秩序，欧美强国在经济文化诸多遏制手段相继失效的情况下，越来越多地依赖"台湾牌"。在阻遏中国崛起的目标上，美国、欧洲列强、澳大利亚、加拿大、日本，达成了高度的一致。国际舆论界普遍担心，台海危机可能是引爆第三次世界大战的火药桶。今天是历史的延续，分析判断当今国际格局自然应该从历史变迁中梳理其来龙去脉。张继木的专著《晚晴台海危机舆论史》在鉴往知今、经世致用方面，迎合了当今国家的紧迫需求，为中国国家战略提供了重要的历史参照。

鸦片战争开启了中国半封建半殖民地的历史，此后百余年间，西方列强相继入侵，在与它们的碰撞中，清军屡战屡败，于是不停地割地赔款，丧权辱国，大清帝国处于风雨飘摇之中。台湾成为列强觊觎之地，乃至最终沦陷，是大势下的必然。19世纪70年代到90年代，围绕台海爆发了三次较大规模的危机：第一次是1874年日本侵台，第二次是中法战争期间法军攻台，第三次是甲午战争失败后乙未割台。由于国门洞开以及近代报刊的兴起与介入，这三次台海危机中，报刊舆论扮演了重要的角色，对于社会动员、战争准备及谈判，产生了重大的影响。

1874年各报对日本侵台部署之曝光，其至一度令日本上层打消侵台的念头。日本太政大臣三条实美在给大隈重信的信中写道：考虑到外国人员与舰船之被禁止，此次行动亦无清政府之授权，且各国公论以为台湾为中国领土，因此，"绝无成功之可能""此事只得暂停"；"至于西乡都督方面，应通知其暂时待命"。①法军攻台前夕，法国海军舰长福禄诺（Fournier）表示，曾纪泽（时任清朝驻英、法、俄等国公使）在欧洲的舆论运用"使法国人民每天都处于精神

---

① 《三条太政大臣函致大隈长官有关停止雇用美国人及船舰事宜》，载黄得峰、王学新译：《处蕃提要》卷二，"国史馆"台湾文献馆2005年版，第137页。

紧张状态"①。而且，还不止于此，对清政府而言，台海危机不单是军事、外交危机，也包含着舆论危机。正如作者所说："当时主导东亚乃至国际舆论场的英文报刊，常常混淆侵略与被侵略的是非界限、传播对中方的轻侮之见，给中国造成真相危机、形象危机等舆论危机。"由是观之，本书以"晚清台海危机舆论"为研究对象，不仅选题具有开创性，所涉内容也相当有分量。事实上，作为国家课题的结项成果，本书获得了通讯评审专家的高度认可，有专家称："该成果的学术价值体现在拓展了报刊史、外交史、政治史研究的空间，填补了相关领域的空白"；还有专家称："该项目成果比较细致地论述了我国报刊对台湾被外来势力侵犯的舆论斗争经历。这可以说是建国以来在学术界第一个针对这个问题进行了较全面系统的总结，从某种程度上填补了国内这项研究的空白。"

何为"舆论史"？基于对舆论的不同理解，学界对"舆论史"亦无定论。这种不确定无非是对舆论主体与对象的认知偏差，但在对象明晰的情况下，便只需厘清主体。作为历史的研究，对主体之厘清其实无需太多纠结，最保险的做法是将当时所有关注台海危机的个人、群体、机构等悉数纳入考察范围，如此则不可能漏掉任何可能的主体。话虽如此，但并不是所有的舆论都会在历史上留下痕迹，更何况是在舆论社会尚不发达、民众尚未觉醒的晚清。《万国公报》对晚清社会曾这样论述："（晚清社会）上下隔绝，情义不通，民间疾苦不能知矣。朝廷政事，官吏设施，无人敢议，得失莫辨矣。纵有上谕颁行，'京报'叠发，亦多言百官升迁，太史陈奏之事，而于民间之隐痛恒鲜洞烛，果何裨乎？"②其所言非虚，理论上讲，都市之人可以通过阅读新报来了解时政、抒发感想，但事实上这在战时并不是一件容易的事，因为那时清廷往往会开启更加严厉的禁言模式。譬如，在甲午战争期间，清廷曾颁布"禁谈国事"的禁令，据《益闻录》报道："中日开战以来，京中禁谈国事，凡私言密语，偶涉中日之事，一经官差耳闻，（遂）揪发辫拖入犴狴，治以奸细之罪。其初仅禁抗（亢）言高论之流，今则并不许交头接耳齿及中东。大街小巷、茶肆酒馆、庵观寺庙，莫不有巡逻之人暗查密访。"③都市尚且如此就遑论广大的乡村了。显然，不明就里的公众只能处于无感状态。在这个意义上讲，晚清公众鲜少有舆论表达，相

---

① 《"伏尔达"号舰长福禄诺致海军及殖民地部长》，载张振鹍：《中法战争》第五册，中华书局 2006 年版，第 457—459 页。

② 花之安：《新闻纸论》，《万国公报》1883 年第 732 期。

③ 《禁谈国事》，《益闻录》1895 年 3 月 16 日。

应地，舆论痕迹便不多见。因此，晚清舆论史的考察不能以最切合舆论本义的公众意见为主，这是历史的规定性，并不以人的意志为转移，本书亦不可逾越，只能以报刊舆论为主体，兼顾公众意见。在对各种舆论进行考察的过程中，本书体现出如下五个特点。

其一，注重考察各种舆论间的互动，特别是反侵略舆论内部的分歧与冲突以及反侵略舆论对侵略舆论的斗争，这构成本书的论述主线。反侵略舆论内部的分歧突出地反映在反侵略态度之不同。1874 年日本侵台期间，《申报》与《汇报》尽管均主和平，但冲突对和议的实际态度却不无分歧，先是《汇报》直言不讳地批评《申报》一味主和以致罔顾消息真伪："近阅申报有时事之最要者，得之如获拱璧，无不据以为实；及乎证以他耗则又咸以为虚。岂主笔人杜撰而成者耶？前阅七百四十四号《申报》，有《和音已至》一则，言台湾军事和议已成，不至互启兵衅，闻者信之。泊乎各轮船由天津来沪到埠者不一船次，第询之则茫然不知，又询之西国驻沪各领事及日本领事之驻沪者，则亦茫然不知此等消息。为时事之最要，凡官吏衙署无不先有见闻，岂官宪皆无所闻而《申报》独得其秘乎？闻阿使臣与总署所议之件殊属隐秘，未易得有确音。"[①] 未久，《申报》则攻击《汇报》幸灾乐祸："连阅《汇报》所载译《字林日报》'西人论中东事'一则，不禁太息者屡。有感于心，遂不能已于言，故走笔而为之论曰：排难解纷者，君子之深心；幸灾乐祸者，小人之常态。威公所行，究不失为君子；众人所论，恐少涉于小人也。"[②] 马尾海战后，《申报》一改此前主战的立场，转而主和，并谓："中国大有岌岌之势"；"倘此时再不说和，则法人增兵，新兵将至。既至之后，一系大国，一系强国，两边不免血战。延至一年之久，费一年之极大兵饷，一年之生意滞碍，并有胜负之不测，不更殆哉？"[③] 此论一出即遭围攻，《字林沪报》评论道："基隆小挫、长门大战（马尾海战），正以激将士之怒、□间阎之心，敌忾同仇、杀敌致果，不旋踵而可睹成效者，岂容偶尔蹉跌而遂与之行成耶？"[④] 至于反侵略舆论对侵略的斗争，在三次台海危机中俯拾皆是，恕不一一列举。

其二，关注舆论与军事、外交间的咬合现象，系统呈现了列强利用舆论配

① 《中东和议尚无确耗》，《汇报》1874 年 10 月 1 日。
② 《书〈汇报〉"译西人论中东事"后》，《申报》1874 年 11 月 26 日。
③ 《论时势之岌岌》，《申报》1884 年 9 月 3 日。
④ 蓬庐卧□生：《论〈申报〉主和之谬》，《字林沪报》1884 年 9 月 12 日。

合军事、外交行动的场景。以英国为首的西方外交使团起初反对日本侵台，于是，英国在日本的言论机关《日本每日先驱报》（*Japan Daily Herald*）即评论道："台湾即福尔摩沙，在清帝国之境内，此为毋庸议论之事。若如此，则派兵登陆于和亲国土地这件事，除两国间预先订有约定而互相表示同意外，则为侵犯土地。"[①] 法军攻台期间，《字林西报》配合法国驻华公使巴德诺（Patenôtre），颠倒黑白地做所谓"更正"报道："根据得自孤拔将军的情报，谨对发表于昨日报纸上关于淡水战斗的新闻更正如下：利士比将军麾下的一部分部队进行侦察试探；两千名中国部队与从事侦察的法国小分队发生战斗；在这场战斗中法方的损失为：六人阵亡，十一人失踪，大约四十人受伤；中方损失两三百人。"[②] 到了乙未割台之时，面对日本驻英公使的询问，英国外交大臣竟谓，"关于一般形势，若认为如报纸所报导，盖无大错"[③]，足见英国报界与外交当局关系之密切。

其三，注重对舆论成分进行甄别，区分舆论真伪，还原真实的舆论面貌。一方面，对报刊舆论与实际民情进行了比对。如，在法军攻台前夕，主战的中文报界均强调民心可用，《申报》称："今弃和而言战，民之奋然而起者，正有迫不及待之势矣。"[④]《述报》亦谓："且就中国之人心观之，言战则舆情共奋，言和则众口同讥，此固斯民之义愤使然。"[⑤] 然而，作者的论述并未止步于此，而是对真实的民情进行了揭示：早在"谅山之战"前，由于法国军舰抵闽，"一时杯蛇市虎，互起猜疑。闽浙总督何制军（何璟）闻之，即集僚属商议，谓民情如此，恐有意外，须饬营官，每城调兵五百，昼夜驻守，俾资弹压。又着各城，皆于五点钟闭关，以期奸人无从窃发焉。按福州各城，向皆八点钟始闭，兹以防务孔亟，故早数点钟也。是日，付（附）近村民，得闻此耗，惶恐殊甚"[⑥]。而在法军炮轰基隆前夕，李鸿章亦在致总理衙门的电报中写道："中、法尚未说妥，福州居民大为震动。"[⑦] 另一方面，对报刊舆论与实际战情进行了比对。如，《申报》等中文报刊为声援台湾军民的反割台斗争，不惜罔顾事实，一味地高声奏凯，"凡关于此间台湾战事的记载，几乎均为台湾军民告捷、日军败亡的消

① 黄得峰、王学新译：《处番提要》卷二，"国史馆"台湾文献馆 2005 年版，第 132 页。

② 《巴德诺致茹费理》，载张振鹍：《中法战争》第六册下，中华书局 2017 年版，第 779 页。

③ 陆秉钧等译校：《日本外交文书选译》下，载戚其章：《中日战争》第十册，中华书局 1995 年版，第 151 页。

④ 《论中国人心不可不一战》，《申报》1884 年 7 月 23 日。

⑤ 《论中法和战之局》，《述报》1884 年 7 月 28 日。

⑥ 《福州邮报》，《述报》1884 年 5 月 15 日。

⑦ 《北洋大臣李鸿章来电》，吴幅员：《法军侵台档补编》，文海出版社 1980 年版，第 36 页。

息"，"特别是有关日军伤亡数字的报道，动辄曰成百上千"。对此，作者严肃地指出："如果把《申报》所报道的歼敌数量相加，总的歼敌数则数以万计，那么，照此说来岛上的几万日军已不复存在。而事实上，日军在每次战斗中的死亡人数自几人到几十人不等，鲜有百人以上的情况。从与日军的数次激战来看，在每次战斗中歼灭日军的数量也仅在数十人。据记载，在日军伤亡惨重的大科嵌战役中，也不过'六十名覆没'①。"

其四，综合运用新闻学、历史学、政治学以及外交学的知识与方法。作者意识到，舆论史料的抓取与分析需要新闻学的知识背景，而台海危机则不仅包含历史细节，还牵涉国际政治与外交形势，因此，有意识地运用了多学科的知识与方法来解决问题。为了对奕䜣在与大久保利通谈判中的表现作出客观评价，作者回顾了奕䜣等人的国际法接触史；为弄清法军封锁台湾西部、北部洋面及港口的法理真相，作者除研读《万国公法》之外，还对"和平封口"的国际惯例进行了考察；为认清外交保台的形势，作者着重研究了英、俄等主要国家的外交主张及其真实意图；等等。

其五，在材料的利用上，主要依靠一手档案文献和报刊资料。在档案文献的利用上，除利用已出版的档案之外，还挖掘了不少尚未出版的档案，如1874年日本侵台系列档案。在报刊资料的利用上，一方面尽力扩大中文报刊的利用范围，除将《申报》《新闻报》等传统大报纳入考察范围之外，还充分利用了《教会新报》《万国公报》《中西闻见录》《汇报》《益闻录》《述报》《直报》《新闻报》《字林沪报》等报刊，基本涵盖了晚清主要中文报刊；另一方面，将《泰晤士报》《北华捷报》《字林西报》等有代表性的英文报刊悉数纳入。

历史学者克罗齐曾提出一个重要的命题：一切历史都是当代史。朱光潜先生对此做了如下解释，"没有一个过去史真正是历史，如果它不引起现时底思索，打动现时底兴趣，和现时底心灵生活打成一片"。②换言之，发生在过去的历史，只有与现实发生关联，才能引起人们对它的思考，促成过去与现在的对话。这一理解或许能在一定的程度上揭示《晚清台海危机舆论史》的价值。

作为张继木《晚清台海危机舆论史》的第一位读者，阅读后的第一感觉是，

---

① 据洪弃生记载："三角涌、三峡庄（均在大科嵌东北）一带人民群起相（响）应，四面包裹，杀声连天。日本大佐井樱氏（实系特务曹长）六十名覆没，余敌不支，悉走山林间。"见洪弃生：《瀛海偕亡记》，载《乙未抗日史料汇编》，海峡学术出版社1999年版，第284页。

② 朱光潜：《克罗齐哲学述评》，正中书局1948年版，第67页。

这本历史专著论从史出，严谨厚实，别开生面，具有重要的学术价值和现实意义。在一定的程度上填补了报刊史、舆论史的空白。当然，从臻于至善的学术追求而言，本书也有进一步完善的空间。比如，日、法等当事国主流报刊的一手舆论史料尚待进一步挖掘、补充。来日方长，希望作者张继木博士能够百尺竿头，更进一步，期待本书修订之际再行增补、拓展。

是为序。

张昆

2021 年 10 月 28 日

绪　论

晚清因外敌入侵造成了三次较大规模的台海危机：一次是 1874 年日本侵台，一次是中法战争期间法军攻台，一次是乙未割台。由于近代报刊的兴起与介入，这三次台海危机包含复杂的舆论因素：首先，报刊作为舆论媒介，因办报主体及其利益差别，其内部常常形成不同的舆论派别；其次，不同派别的报刊舆论与政府、民众等群体的意见之间形成互动，对政府决策及行动提供支撑或形成阻力；再次，国际国内舆论与军事、外交间的深度融合，深刻影响着局势的变化；等等。

学界对晚清台海危机的关注，由来已久，但多集中于以下两个方面。其一，相关文献资料的整理。这类活动于 20 世纪 30 年代已系统展开，在边疆史研究的热潮之下，不少学者将研究的触角伸向了台海危机，整理出版了《同治季年日本侵扰台湾记略》（韩汉雏，1935）、《清光绪朝中法交涉史料》（故宫博物院，1932—1933）等一手文献资料。新中国成立伊始，延续民国时期系统收集和整理重大战争史料的思路，先后整理出版了《中法战争》（中国史学会，1955）、《中日战争》（中国史学会，1956）等系列文献。特别值得一提的是，新闻史家方汉奇有感于《中法战争》中报刊舆论史料的缺失，遂将手中所藏《述报》摘抄数则（有关香港人民抗法斗争部分）寄送中国社科院近代史所。未久，这些报道刊载于第 17 号的《近代史资料》。① 同期，台湾方面亦整理出版了《中法越南交涉档》（郭廷以等，1962）、《中法战争文献汇编》（杨家骆，1973）。改革开放以来，大陆在既有文献的基础上，又新（续）编了《中法战争》（张振鹍，1996—2017）和《中日战争》（戚其章，1989），特别是《中法战争》系列史料，其编纂时间持续 20 余年，译载了大量法国外交部、海军部的档案资料。在此期间，台湾方面除将日本侵台、法军攻台、乙未割台的档案辑成《甲戌公牍钞存》（王元穉，1978）、《同治甲戌日兵侵台始末》（佚名，1983）、《法军侵台档》（伯琴，1980）、《法军侵台档补编》（吴幅员，1980）、《乙未抗日史料汇编》（台湾海峡学术出版社，1999）等专辑出版之外；还在日本侵台档案的译载、报刊史料的辑录方面迈出步伐，先后出版了《清季申报台湾纪事辑录》（台湾大通书局，1984）、《述报法兵侵台纪事残辑》（台湾大通书局，1984）等报刊史料和《风港营所杂记》（王学新，2003）、《处蕃提要》（黄得峰、王学新，2005）等中、日档案资料。在这些史料中，有关《述报》和中、日档案方面的史料，价值尤为显著。其所辑《述报》残帙，绝大部分与大陆所存《述报》残卷构成互补，基本可以看到《述报》对法军攻台的全部报道与评论。而日方档案之译载，则不仅填补了 1874 年日本侵台事件中日方文献之空白，而且，对大陆的研究者而言，意义更为卓著，因为相对法军攻台史料的多次、多侧面的系统辑录、译载，大陆对该事件历来不太重视：不仅没有外文文献的收集、整理及译载，甚至连中文资料也未予归类、整理。

其二，有关历史经纬之考察。国内方面，尽管同为历史经纬之考察，但研究的侧重点却不尽相同。在对 1874 年日本侵台历史经纬的考察方面，两岸关注的焦点殊异。大陆学者仅极少数（陈在正，1993）关注到类似中日交涉等细节因素，多集中于侵略性的探讨与揭示，张振鹍（1993）认为"台东地区主权问

---

① 方汉奇在当年的寄送"说明"中提到了类似史料缺失的问题："关于 1884 年香港人民反法斗争的资料，目前发现的很少，中国史学会主编的中国近代史资料丛刊《中法战争》第五册第 37 页《香港反法斗争情形》一节，仅收有两广总督张之洞报告斗争情况的电稿两则。"方汉奇：《1884 年香港人民的反帝斗争》，载中国社科院近代史所近代史资料编辑部：《近代史资料》1957 年第 6 期（总 17 号）。后来，方汉奇在给《述报》研究所作"序言"中再次提道："1959 年（实系 1957 年），我（方汉奇）把她（《述报》）所收刊的有关中法战争时期香港地区人民抗法斗争的报道全部摘出，送交（中国）社科院近代史所主编的《近代史资料》，介绍给近代史研究工作者。刊出后，深受欢迎。因为这是有关这方面的第一手资料，是中国史学会主编的那套《中法战争》资料丛书所不曾涉及的。戴逸同志就不止一次地提到这些报道，认为对中法战争史的研究大有裨益。"（见方汉奇：《〈述报〉研究序言》，载李磊：《〈述报〉研究》，兰州大学出版社 2002 年版，第 2 页。）

题"是侵略与反侵略斗争的根本问题；米庆余（1999）着重论述了"琉球漂民事件"与该事件间的关联；李理等（2007）注意到了李仙得（C. W. Le Gendre）在该事件中的角色扮演及其影响发挥；贾益（2009）考察了清政府对日方所谓"番地无主"论的回应。台湾学者一般将注视的目光投向该事件的若干局部细节（陈在正探讨中日交涉等细节因素的文章亦发表在台湾的《"中央研究院"近代史研究所集刊》上），林呈蓉（2005）、周婉窈（2015）论述了日军在台军事行动的具体细节，并在论述中引用了不少日方史料（诸如《风港营所杂记》《处蕃提要》等）以及台湾少数民族口述史料；郭伯佾（2015）从"琉球藩民"墓碑着手，对该事件的若干疑点进行了探究。相对而言，台湾学者在该事件上的着力程度较大陆要深，不仅论文众多，而且还出版或翻译出版了《日本军国主义的原型——剖析一八七一——一八七四年台湾事件》（藤井志津枝，1983）、《帝国的入侵：牡丹社事件》（戴宝村，1993）、《台湾史与桦山大将——日本侵台始末》（藤崎济之助、"全国日本经济学会"，2003）、《牡丹社事件的真相》（林呈蓉，2006）、《征台纪事——牡丹社事件始末》（爱德华·豪士、陈政三，2008）等多部专著，大陆方面则没有出版相关专著。而对法军攻台、乙未割台之研究，大陆与台湾方面可谓不相伯仲。就论文而言，研究中法战争、甲午战争的文章不胜枚举，专门就法军攻台、乙未割台展开探讨的也不在少数，韦庆远（1984）论述了法国侵台的预谋、部署以及中国军民抗法保台的经历；季云飞（1995）总结了清政府的抗法保台策略；戚其章（1994）考察了乙未割台的历史背景：割台方案的出笼、列强对此所持态度以及中国朝野之抵制；王汝丰（1995）分三个阶段回顾了1895年中国官民反对割让台湾的斗争情形；陈忠纯（2008，2011）分析了"二刘"（刘铭传和刘璈）矛盾对抗法保台大局的影响以及张之洞在乙未反割台运动中所起的作用。专著则一般融入"中法战争"与"中日战争"的系列研究，有关这两次战争的专著甚多，最早可追溯至《中法越南关系始末》（邵循正，1935），截至目前，较具代表性的著作还有《中法战争史热点问题聚焦》（黄振南，1994）、《中法战争诸役考》（黄振南，1998）、《中法战争史》（廖宗麟，2002）、《甲午战争史》（戚其章，2005）、《甲午战争简史》（马勇，2014）、《甲午战争》（大古正、刘峰，2019）等。亦有少量独立主题的专著，如《台湾乙未战纪》（陈伟芳，1981）、《台湾割让与乙未抗日运动》（黄秀政，1992）、《泡茶走西仔反：清法战争台湾外记》（德约翰、陈政三，2015）等。国际方面，日本出版了德富猪一郎（又作"德富苏峰"）遗著《台湾役始末篇》(1961),据该书"例言"交代,实际成书于 1943 年,德富猪一郎花了三个多月写成[1],该书全面回顾了 1874 年日本侵台的过程及善后,颇多侵略论调;Leonard Gordon (1965) 认为日本的 1874 年侵台行径是一次失败的殖民冒险;Robert Eskildsen (2002) 将 1874 日本侵台视作日本仿行列强扩张的一次演习;Danny Orbach (2016) 自日本军国主义的演变脉络,分析了 1874 年日本侵台史,并据此认为此次日本侵台系日本军国主义之滥觞;华人学者 Shih-Shan Henry Tsai (蔡石山) (2009, 2015) 系统研究了 17 世纪以来列强对台湾的历次侵略,其中就包括法军攻台和乙未割台等重要事件。

以上研究或多或少地牵涉舆论因素,但尚未以此作为研究的主要对象。不过,21 世纪以来,已有少量学者驻足于此。在 1874 年日本侵台方面,朱忆湘(2001)以《申报》和《循环日报》的相关报道为对象,分析了它们之于国家与社会的影响;杨震(2006)、刘丽(2014)、杨志慧(2016)等考察了《申报》对日本侵台行径的揭露及其对国人所作动员;Matthew Fraleigh (2010) 专门研究了岸田吟香在日本侵台期间的报道活动,并对岸田的战争动员手段及殖民主义立场进行了剖析;聂友军(2014)以《日本笨拙》(The Japan Punch)和《日本邮报周刊》(The Japan Weekly Mail)为例,探讨了横滨英文报刊对日本侵台举动的态度及其演变;朱玛珑(2016)注意到了"港际报业"间的消息交换态势,并着重论述了横滨、上海、香港等港口城市的报界对中日两国"运兵消息"的报道以及彼此间的互动。在法军攻台方面,李磊(2002)对《述报》的相关报道和评论进行了引述;丁彩霞(2009)注意到了《申报》的援台抗法斗争;朱晓凯(2015, 2017)专门考察了中法战争期间的《申报》舆论,涉及《申报》对"刘铭传与抗法保台"的报道与评论;张振鹍(2017)着重分析了《泰晤士报》(The Times)对天津《简明条约》的有关报道。在乙未割台方面,郑师渠(2001)论及了《万国公报》在抗日保台斗争中的立场;陈忠纯(2011, 2019)总结了《申报》《新闻报》的反割台斗争历程。

若就晚清台海危机本身的历史经纬及其是非曲直而言,学界整理出版的文献资料已相当宏富,相关学术研究也较为深入。但是,对当中舆论因素之研究,尚相对薄弱,这不仅表现为研究成果相对较少,而且,缺乏必要的系统性,未能理清历次台海危机中的整体舆论情状:既有研究一般是仅就一两种报刊展开

---

① [日]德富猪一郎:《臺灣役始末篇》,時事通信社 1961 年版,无页码。

探讨，甚至在报刊的选取上，也多以本土中文报刊为主，《泰晤士报》等国际大报只是偶有涉及，《北华捷报》《字林西报》等本土英文报刊亦鲜有涉及。众所周知，单就报刊而言，但凡危机中的报刊舆论一般分作敌、我、友三方，如果研究的视野仅限于一两种中文报刊，就只能是仅知有"我"，而不明"敌""友"。在某种程度上讲，在不明"敌""友"的情况，也很难说真正了解"我"方情况，因为三方舆论是相互斗争、相互依存的关系，即是说，三者咬合在一起，任何一方的行动均以其他两方为依据与目标，若不将其他两方纳入考察视野，仅就其中一方进行考察，不但会遗漏、混淆或者误会若干有价值的历史细节，而且也会因不明整体情势而无从深入。

　　基于以上研究现状，本书将系统探讨晚清台海危机舆论史。那么，这类舆论史该从何下手呢？首先，应明了当时的国际国内舆论环境。国际上，19世纪下半叶，西方国家已经建立起较为成熟的资本主义制度，资本主义的新闻自由制度基本确立，报业已基本摆脱政党及政权的直接操控，整体进入相对独立的大众报刊时代。这一时期的西方的民众与报刊通常在国际国内问题上表现得空前活跃。需要说明的是，海外的西方民众与报刊亦是如此，并不受驻在国家和地区的牵制。中国国内，一方面，清政府尚未开放"言禁"，权贵阶层对新式报刊尚缺乏正确认识，连长期与洋人打交道的奕䜣亦仅停留在通过新报了解"中外情形"[1]的层面，较林则徐借以侦知"夷情"的观点并无明显进步，以至于他一度荒唐地"要求威妥玛饬令英国驻上海领事：'凡不关贸易之事，不准列入《申报》'"[2]。加之，清廷往往会在中外冲突之际实施更为严厉的"言禁"政策。如在甲午战争期间，清廷曾颁布"禁谈国事"的禁令，据《益闻录》报道："中日开战以来，京中禁谈国事，凡私言密语，偶涉中日之事，一经官差耳闻，（遂）揪发辫拖入狴犴，治以奸细之罪。其初仅禁抗（亢）言高论之流，今则并不许交头接耳齿及中东。大街小巷、茶肆酒馆、庵观寺庙，莫不有巡逻之人暗查密访。"[3]因此，《万国公报》不无感慨地写道："（晚清社会）上下隔绝，情义不通，民间疾苦不能知矣。朝廷政事，官吏设施，无人敢议，得失莫辨矣。纵有上谕颁行，'京报'叠发，亦多言百官升迁，太史陈奏之事，而于民间之隐痛恒鲜

---

① 《钦差大臣恭亲王等奏》，载贾桢等：《咸丰朝筹办夷务始末》第71卷，文海出版社1970年版，第5756—5757页。

② 杨天石：《光绪皇帝的新闻思想》，《炎黄春秋》2003年第8期。

③ 花之安：《新闻纸论》，《万国公报》1883年第732期。

洞烛,果何裨乎?"①另一方面,民智未开,愚民遍地。严复认为其时"民智已卑"②,并悲观地认为:"中国民品之劣,民智之卑,即有改革,害之除于甲者将见于乙,泯于丙者将发之于丁。"③乃是因为在他看来这是数千年积弊所致:"夫中国今日之民,其力、智、德三者,苟通而言之,则经数千年之层递积累,本之乎山川民土之攸殊,导之乎刑政教俗之屡变,陶钧炉锤而成此最后之一境。"④孙中山先生对此亦有精辟论述:"无论为朝廷之事,为国民之事,甚至为地方之事,百姓均无发言或与闻之权";"近者日本命将遣师(指甲午战争),侵入吾土,除宅居战地之人民外,罕有知中日开衅之举者。彼内地之民,或并不知世界有日本国,即使微有风传,获闻一二,亦必曰是外夷之犯顺,而断不信其为敌国之相侵也。"⑤由是观之,当时中国的舆论社会极不健全。其次,应立足于当时的国际国内舆论环境确定好考察对象。关于舆论,中外学界并无共识。按照唯物主义的认识论,舆论自根本上属于社会意识的范畴,是公众对社会存在的能动反映。就台海危机而言,主要的社会存在当然是台海危机,这是基本确定的。难以确定的是"公众"的边界,究竟哪些才能算是"公众"?至少可以肯定,对台海危机有关涉的人或对台海危机予以关注的人才可能成为"公众"。既如此,将此间的公众定义为台海危机的利益攸关方及讨论方,应是不错的⑥。因此,台海危机舆论就是台海危机的利益攸关方及讨论方就台海危机发表的意见。这些利益攸关方和讨论方当涵盖报界、军界、政界、民间等若干方面,而每个方面的意见均在本书考察之列。受制于舆论环境,在具体的研究过程中,可能无法等视各方意见,比如,由于晚清舆论社会极不健全的现实,民间意见这一块极为不足,自客观上难以与报界、军界、政界的意见等量齐观。再次,舆论史料的取用应注重系统性与全面性,谨防偏废。以报刊舆论史料为例,本书除

①《禁谈国事》,《益闻录》1895年3月16日。
② 严复:《原强修订稿》,载《严复集》第5册,中华书局1986年版,第20页。
③ 严璩:《侯官严先生年谱》,载《严复集》第5册,中华书局1986年版,第1550页。
④ 严复:《原强修订稿》,载《严复集》第5册,中华书局1986年版,第27页。
⑤ 孙中山:《伦敦被难记函》,载《孙中山全集》第一卷,中华书局1981年版,第50、52页。
⑥ 刘建明认为:"凡形成群体性、团体性、民族性、国家性、世界性的对社会事件的权威性的整体知觉,都可称作舆论,那么,凡参与这些舆论、发出舆论行为的人都是舆论主体的一分子,不管他是普通百姓,还是政府官员,关键在于他发表的意见是否代表一种集合意识,反映一种权威性的社会整体知觉。"(刘建明:《基础舆论学》,中国人民大学出版社1988年版,第11—12页。)据此,本书将台海危机的舆论主体定义为利益攸关方和讨论方,既充分考虑了舆论主体的广泛性,也注意到了意见表达的"集合"性与"整体"性要求,因为这里的"方"本身即是一个带有集合性的整体概念。

将《申报》《教会新报》《万国公报》《中西闻见录》《汇报》《益闻录》《述报》《直报》《新闻报》《字林沪报》等中文报刊悉数纳入考察范围之外，还将全面地考察《北华捷报》《字林西报》《泰晤士报》等外文报刊。

末了，交代一下行文的相关事宜：其一，为行文方便起见，如无特别说明，各类史籍中的农历均统一换作阳历；凡引用文字，仅首次出现时交代文献出处，其后若再出现，不再重复标注；外文（主要是英文）地名、人名、报名等均在首次出现时以括号注明其原始称谓，其后不再一一标注；对于文献中字形不合现代汉语规范者，概用括号标注现代规范字形；对于文献中模糊不清之处，概用符号"□"代替。其二，考虑到汇编文献与原始档案、报刊文献间可能存在出入，在征引时，尽量采用原始文献。

上篇：日本侵台舆论史

第一章　日本侵台预谋及其传播

1874 年日本出兵台湾是近代日本武装侵华的开端。是年，日本借口琉球漂民事件和日本国民遭劫 [1]，出兵台湾征讨"生番"，意图殖民"番境"乃至整个台湾，史称"日本侵台事件" [2]。而此次侵台事件，日本蓄谋已久。

第一节　日本侵台的舆论前奏

一、日本侵台消息的早期传播

明治维新后的日本，以欧美列强为榜样，妄图走殖民扩张的老路。作为邻国的琉球、朝鲜以及中国，均成了其殖民扩张的对象。明治政府立足未稳，便效仿列强，与中国订约，试图兵不血刃获得同列强一样的在华特权。由于曾国藩、李鸿章等人的坚持，1871 年清政府与日本签订的条约基本上是一个平等的条约。因此，日本方面并不满意，于是向中国提出改约之请。1872 年，明治政府派遣柳原前光等赴中国，进行改约交涉。来华后，柳原从京报上获悉了 54 名琉球漂民被台湾少数民族杀害一事，遂致信外务卿副岛种臣，报告"琉球人于清国领土遭杀害"的情况。[3] 其时，适逢副岛推行"琉球处分"，废琉球国，改置琉球藩。这便进一步刺激了副岛的侵台野心。为此，他多头并进，积极为侵台准备条件：一方面通过驻日本的美国公使找到了台湾通李仙得（C. W. Le

---

① 1873 年，副岛种臣派柳原前光与中国总理衙门交涉时，尚不知小田县佐藤利八等人遭劫的消息，1871 年 54 名琉球漂民遭台湾"生番"杀害的"琉球漂民事件"，是柳原与总理衙门交涉的唯一借口，待到 1874 年日本出兵台湾之时，则将两事并列，作为掩饰侵略的借口。

② 台湾方面多称"牡丹社事件"，日本方面多称"台湾出兵"，英语世界多称"台湾远征"（Taiwan Expedition）。

③ 藤井志津枝：《日本军国主义的原型——剖析一八七一——一八七四年台湾事件》，三民书局 1983 年版，第 55 页。

Gendre，又译李让礼、李珍大、李善得等），密谋侵台。从李仙得处，副岛获知"自清国看台湾，感觉像是其他国家之物"，"我（李仙得）曾去土番之地，见其（土番）五官、衣服等模样，认为是西班牙领的马来人种"，"清国政府言明无法防御台湾"。① 而且，李仙得建议："破坏与清国之外交决非上策，但依照万国公法而向清国政府谈判保护人民事宜，若该政府声明无法保护时，则谈判由我方进行保护。如此才是上策。"② 另一方面，动议入清，谋取侵台"口实"。1873 年 2 月，日本天皇命副岛为全权使臣赴华交涉："朕台湾岛生番数次屠杀我人民，如不问罪，后患无穷。今委种臣以全权，往之伸理，保朕子民。"③ 副岛深感责任重大，在赴华途中赋诗称"圣言切至在臣耳，何护海南新置藩"④。而后，他在与中方的会面中，却只字不提"征台"一事，仅指派柳原前光单独前往总理衙门，询问琉球漂民被杀事件。这是副岛的策略，"副岛为了避开中国对日本的'征台'有所警戒，所以先前的外交谈判绝口不谈台湾事件，对此重要的外交问题，不递送照会，也不亲自出面交涉，只要由其下属去谈判，抓到'言质'以利用为'征台'的借口就好。因为只要取得中国官方糊涂回答的'言质'，日本向生番'问罪'而实行'台湾处分'，就变成顺理成章了"。⑤ 在柳原得到"政教

---

① 《节录副岛外务卿于延辽馆与美国人李仙得再度对谈之纪录》，载黄得峰、王学新译：《处蕃提要》卷一，"国史馆"台湾文献馆 2005 年版，第 83 页。

② 《节录副岛外务卿于延辽馆与美国人李仙得再度对谈之纪录》，载黄得峰、王学新译：《处蕃提要》卷一，"国史馆"台湾文献馆 2005 年版，第 84 页。

③ [日] 藤崎济之助：《台湾史与桦山大将——日本侵台始末》上卷，全国日本经济学会译，海峡学术出版社 2003 年版，第 180 页。

④ Matthew Fraleigh, "Japan's First War Reporter: Kishida Ginkō and the Taiwan Expedition", *Japanese Studies*, vol.30, no.1, (May 2010), pp.43-46.

⑤ 藤井志津枝：《日本军国主义的原型——剖析一八七一—一八七四年台湾事件》，三民书局 1983 年版，第 71 页。

不及""化外之民"①的侵台言质后，副岛如获至宝，在归国途中，不禁赋诗"使事完成持节还，犹嗤身世未全闲"②，一副得胜回朝的样子。再一方面，指派桦山资纪、儿玉利国、黑冈勇之丞、福岛九成、成富清风、水野遵等前往中国沿海、沿江口岸以及台湾等处收集情报。他们的情报不仅成为侵台决策的重要依据，而且还经由报刊的公开发表为侵台提供舆论支持。桦山资纪侦知，中国国内不仅官场腐败、武备废弛，而且人民的精神萎靡不振，国外则列强环伺，更有甚者，就台湾而言，汉人与土著势不两立，不少汉民向桦山资纪提交请愿书，请求讨伐牡丹社等"生番"。③水野则将侦查台湾北部大溪的《视察游记》的一部分，刊载于当年八月的《新闻杂志》④。

　　在日本侵台图谋尚处酝酿之时，有关消息就已在国际上传播。1872年10月24日的《纽约时报》(New York Times)报道："有来自旧金山的消息说，数名日本船员在台湾遭遇船难，并被原住民吞食了。琉球国王派遣使节前往江户，试图在报复措施上寻求帮助。"⑤11月15日，《申报》作了题为《琉球商人为台湾生番杀害》的报道：

---

　　① 见之于日籍记载，如副岛种臣在给太政大臣的信中写道："关于台湾生番处理事件，本月20日遣柳原大丞至总理各国事务衙门谈判。清朝大臣答称，土番之地，为政教禁令所不及，为化外之民。"（引自日本东亚同文会编《对华回顾录》，胡锡年译，商务印书馆1959年版，第36页。）后来，针对《日本国外务省照复》中所言"（出兵台湾）是往年我钦差全权大使副岛种臣奉命往入贵朝之际，面咨毛、董两大臣，据其趣旨，今甫下手而已"，（引自佚名编《同治甲戌日兵侵台始末》第二卷，文海出版社1983年版，第103页。）当时接待柳原前光的毛昶熙、董恂等大臣当面向柳原诘问"外务省文书提毛、董大人旨趣是何道理？"柳原答："外务省文书不周到"，"外务（省）来文于两位大人见柳原时光景，但知云毛大人、董大人在座，是以言及"。董接着诘问："何以言据其旨趣下手，是我使之也？"柳原答："外务省不是如此解，不过云此事见两大人说过，不曾说指使。"在场的沈桂芬追问："固非指使，亦未答应，何以有此言？"柳原答："不过说上年告诉过。"沈继续追问："到底毛、董大人答应否？"柳原答："没有答应，总署衙门从无应许之话。""六月二十五日问答节略"，中国第一历史档案馆，外务部档，2155号，转引自陈在正：《牡丹社事件所引起之中日交涉及其善后》，《"中央研究院"近代史研究所集刊》1993年第22期（下）。可见，副岛、柳原系有意曲解，日方记载也并未遵从本意。
　　② ［日］藤崎济之助：《台湾史与桦山大将——日本侵台始末》上卷，全国日本经济学会译，海峡学术出版社2003年版，第192页。
　　③ 据桦山的日记记载："（桦山和水野）二位应邀赴某头人宴请，席间，主人侃侃而谈，称拥有资产二千五百美元，若讨伐牡丹社，愿捐出一千金。"见［日］藤崎济之助：《台湾史与桦山大将——日本侵台始末》上卷，全国日本经济学会译，海峡学术出版社2003年版，第252页。
　　④ 藤井志津枝：《日本军国主义的原型——剖析一八七一——一八七四年台湾事件》，三民书局，1983年，第75页。
　　⑤ 林呈蓉：《牡丹社事件的真相》，博扬文化事业有限公司2006年版，第34页。

　　日本信息云：琉球国近有差使往日本国王，求其援手，谓其国有六十人民航海为商者，于台湾内地为"生番野人"杀其五十有六。彼国势力孤穷，特恳日本王雪其冤屈。而日本官闻之，特发炮船四艘，往将野人以事剿灭云。日本西字日报所言如此。但琉球一国为中国附庸，且台湾又为中国疆土，使果该国人民惨罹不测，自当奏闻中国，灭此朝食，胡为舍近图远，而乞拯于日本国君？此事实有不可解者，或传闻之误耶，未可知也。①

　　两报所传尽管细节上稍有出入，但总体事实基本接近，即台湾"生番"杀害琉球漂民，日本欲往问罪。所不同者乃是两报所持态度，以中文读者为阅读对象的《申报》，对日本欲兴问罪之师的举动表示不解，认为琉球是中国属国，与日本并不相干。而《纽约时报》却不仅承认日本领有琉球，甚至将"琉球船员"称作"日本船员"。如此大相径庭的态度，实际上反映了中、西方对琉球主权的不同看法。在中国看来，琉球是中国属国，这是历史事实。而在西方人看来，日本领有琉球是可以接受的："当副岛处分弱小的琉球王国时，并未曾受到列强的任何干涉，反而得到列强的默许，甚至于承认。驻日美国公使德朗（C. E. De Long）于明治五年（1872年）五月十八日递给（日本）外务省照会，说美国承认琉球为日本的一部分。"②

　　中国的决策层理应从新闻渠道获知日本图谋侵台的消息。因为，在近代情报系统尚未建立之时，新闻报道是重要的情报来源，林则徐早年间命人编译"澳门新闻纸"即是为了侦知"夷情"。而奕䜣等人提议设立总理衙门之时，也曾表示"各国新闻纸，虽未必尽属可信，因此推测，亦可得其大概。广州、福州、宁波、上海旧有刊布，名目不同，其新开各口，亦当续有刊本。应请一并敕下钦差大臣及通商大臣，并各该省将军、府尹、督抚，无论汉字及外国字，按月咨送总理处。庶于中外情形了如指掌，于补弊救偏之道，益臻详审。"③然而，当时中国的决策层并不知情。事实上，1872年日本图谋侵台的消息在报界才露脸便销声匿迹了，或许中国的决策层还来不及作出反应。

　　①　《琉球商人为台湾生番杀害》，《申报》1872年11月15日。
　　②　原载《大日本外交文书》，转引自藤井志津枝：《日本军国主义的原型——剖析一八七一—一八七四年台湾事件》，三民书局1983年版，第56—57页。
　　③　"钦差大臣恭亲王等奏"，载贾桢等：《咸丰朝筹办夷务始末》第71卷，文海出版社1970年版，第5756—5757页。

二、中国朝野之反响

不过，几个月后，随着副岛的使华，侵台舆论大作，遂引起中国朝野的关注。1873 年 4 月 2 日，《申报》援引日本西文报刊的消息，称：

东洋外务大臣名琐也气马（副岛种臣，系英文"Soejima"的音译）已率领兵船二艘，由横滨驾往中境，以为执理而争之举云。

兹东洋之与中朝相议者，系欲请中朝官吏严询烹杀确情，按律惩办，如不从其言，则东洋欲自兴问罪之师前往征伐云云。

伏查此事，本无难处，倘台湾"番人"果有犯烹杀等情，则其残忍可知矣，按律定罪，固亦国法所当行，而亦民情所共服者也。然则东洋亦何至深虑中朝之固却其请，而必远驾舟师以壮声势耶？且必远劳钦使以重案情耶？且所云欲亲行讨伐之举，则按之事势、揆之情理，俱有断断不可者。①

这则报道遭到了"岭南莲塘生"的反驳："盖台湾一带，虽系中华之地，而台湾府属界，居海岛边境。至于生番，则又深居内地，虽统称台湾，实非台湾府属可管也。且生番蛮类，未晓人性，不入王化，非我朝之百姓，与中土何碍焉？""忽闻日本使臣特来中土较论欲行讨伐台湾生番之事，仆固不深信也。"②《申报》对"岭南莲塘生"所云"生番"与中国无干的观点甚为不满："查万国大律：凡地属何国，则应归何国约束。""我之属地而我不能办，须藉彼力以代惩，彼之劳师费饷，岂能令我获此便宜哉！倘能获胜，则必索讨军饷，需求无已。或且据其地以为己有，藉口以补用兵之繁费。而我之属地，遂坐视为他人所得而莫可如何！甚且扰动干戈，迨无宁岁，不亦危险矣哉！""且夫台湾之地，为外人所垂涎者久矣！""台湾僻处海隅，固亦中国之要地也。倘一旦为他人所侵夺，既伤国体，且强邻居于海边近地焉，此岂时势所宜有哉？"③更进一步，《申报》援引《香港中外新闻》的消息再次证明前述之事"或者确有其事亦未可知"④。显见，相较于"岭南莲塘生"，《申报》的认识要高出一筹。

在地方士绅议论纷纭之际，消息也传至京师。据总理衙门的档案记载，从

① 《译东洋报论钦使来议台湾惩凶事》，《申报》1872 年 4 月 2 日。
② 岭南莲塘生：《辨东洋报论使臣来议台湾惩凶事》，《申报》1872 年 4 月 5 日。
③ 《论台湾生番宜惩办事》，《申报》1872 年 4 月 9 日。
④ 《日本使臣来中国理论台湾生番杀琉球人事》，《申报》1872 年 4 月 9 日。

该年4月到7月间，中国官员们据新闻报道向清廷禀告了日本欲借机侵台的图谋。最先引起重视的是苏松太道沈秉成，他不仅收集了日本报刊的消息，而且派陈福勋前往日本驻沪领事处打探消息，还将这些消息分别函告南、北洋大臣以及总理衙门。沈秉成告诉李宗羲、李鸿章等人，副岛可能会借琉球漂民事件说事。沈在信中写道："此事已嘱陈令福勋与井田让闲谈时探问。据云，此事外务省却（确）曾议论，至如何办法并未得悉，将来副岛换约事竣，或向中国商办亦未可知。"① 此外，他还随信附上三则消息译文。当中重点提及日本尤其是萨摩人对琉球漂民事件的态度以及副岛的使命："今萨司马（萨摩）派之人势甚强悍，闻知此事，痛恨切齿，立欲报复并起兵，萨司马诸侯力请曰：'中国若不自行惩办，则请与师前往攻伐'。""（副岛种臣）特赴中国，意欲专请中国朝廷惩办台湾土民。"②

得到消息的清廷要员们是何反应呢？李鸿章认为"新闻纸所刊中外交涉事件，非私意揣度，即虚声恫喝，大抵皆无识华人为之播弄，固不足深论也"。③看来，李鸿章的反应与岭南莲塘生"固不深信"的看法并无二致，这可视之为中国朝野的某种共识。李鸿章何以得出"虚声恫喝"的结论？一方面，尽管李鸿章得知日本有扩张之心，但据他判断扩张的对象可能是朝鲜。1872年，留美学生委员陈兰彬自美国来信称："日本在美国定购林明敦后门枪子八千万，在鸟约（纽约）地方装兵船两只。""（日本）与高丽构兵，并宣告中国兵助高丽，不识其用意所在。"④ 李鸿章据此推断："查日本派使往高丽责问朝贡，尚未闻下文若何。兹声称构兵并宣言中国助高丽，意殊诡谲。其广制精利枪械，固志不在小也。"⑤ 李鸿章尽管意识到日本"意殊诡谲""志不在小"，但并不清楚日本的真实动向，认为有事朝鲜也只是臆测；而在知悉萨摩藩与琉球故事以及日本欲

① 《函述新闻纸内有台湾土民生啖琉球难民由》，1873年4月26日，台北"中研院"近史所档案馆藏，清总理衙门档01-21-052-02-036。
② 《函述台湾土番生啖琉球难民由》，1873年4月26日，台北"中研院"近史所档案馆藏，清总理衙门档01-21-052-02-033。
③ 李鸿章：《复福建抚台王》，载顾廷龙、戴逸：《李鸿章全集》第30卷，安徽教育出版社2008年，第534页。
④ 《日本使臣副岛未据南洋咨报由沪起程如换约难据定议当令陈关道妥为款迟并云闻日本欲与高丽构兵由》，1873年2月27日，台北"中研院"近史所档案馆藏，清总理衙门档01-21-052-02-007。
⑤ 《日本使臣副岛未据南洋咨报由沪起程如换约难据定议当令陈关道妥为款迟并云闻日本欲与高丽构兵由》，1873年2月27日，台北"中研院"近史所档案馆藏，清总理衙门档01-21-052-02-007。

"有事生番"的情况下，却并未向副岛面询侵台事宜，仅着重试探了日本的对朝动向。[①] 日本的"征韩"论由来已久，向副岛探问侵朝动向也在情理之中，然而，令人费解的是，为何只问侵朝动向而对侵台一事缄口不提？这又受制于他本人的战略判断："惟日本觊觎朝鲜历有年所。朝鲜为我东土屏蔽。前明万历年间，平秀吉大举三韩，有度辽东、图燕京之志，明故不得不兴兵援之。盖日本陆军较水军为强，去朝鲜又最近。倭寇江浙尚是沿海肢体之患，倭侵高丽则为辽京根本之忧。"[②] 另一方面，李鸿章料定，即便日本有侵台之心，亦无侵台之力，因此，不可能有侵台之事。1873 年 7 月 10 日，李鸿章在致总理衙门的信中专门阐述了这个观点："昨有管带烟台兵船之闽人游击吴世忠过谒，鸿章询其在闽带船多年，曾同美领事李仙得往台湾生番处查办杀夺美船之案。番人趫捷强很（狠），山径深险异常。英美商船曾被侵害，屡发兵船往剿失利，皆无如何，后仍讲和而止。日本力更不逮，断无能为等语。所言似属有理，外国遇此等事，只论强弱，生番不服王化，岂肯遽服外人？倭即生心亦无他虑，此节似可无庸置议。"[③] 李鸿章显然低估了日本的侵台决心，也未能察觉日本同英、美等国在此问题上的不同图谋。再有，来自琉球方面的消息，也无复仇的迹象。台湾知府周懋琦在回禀李鸿章的信中写道："该难民（琉球难民）回国后，寄番银三百元酬谢救护之杨友旺等。"[④] 据此，周认为报界风传"报复之说""非恒情所有"[⑤]，若自琉球的角度而言，自然不会有所谓的"报复之说"，不仅如此，琉球还一再反对日本借口琉球漂民事件的侵台图谋："明治五年（一八七二年）九月四日，琉球的浦添亲方、川平亲方，联合向鹿儿岛县吏提出陈请书，请求日本取消'征台'。""明治六年（一八七三年）七月二日，琉球再派使节浦添亲方一行到东京，七日到外务省向代理外务卿上野景范提出请愿书，要求日本取消

---

① 《函述日本使臣副岛到津面论朝鲜宜与修好及秘鲁请立和约各情又约本许改用国玺并致本署信函由》，1873 年 7 月 10 日，台北"中研院"近史所档案馆藏，清总理衙门档 01-21-052-02-059。

② 《函述日本使臣副岛到津面论朝鲜宜与修好及秘鲁请立和约各情又约本许改用国玺并致本署信函由》，1873 年 7 月 10 日，台北"中研院"近史所档案馆藏，清总理衙门档 01-21-052-02-059。

③ 《函述日本使臣副岛到津面论朝鲜宜与修好及秘鲁请立和约各情又约本许改用国玺并致本署信函由》，1873 年 7 月 10 日，台北"中研院"近史所档案馆藏，清总理衙门档 01-21-052-02-059。

④ 《咨据台湾府禀详述生番杀害琉球难民详细情形由》，1873 年 7 月 23 日，台北"中研院"近史所档案馆藏，清总理衙门档 01-21-052-02-064。

⑤ 《咨据台湾府禀详述生番杀害琉球难民详细情形由》，1873 年 7 月 23 日，台北"中研院"近史所档案馆藏，清总理衙门档 01-21-052-02-064。

'征台'。"① 可事实上，侵台的主意来自日本，并不以琉球的意志为转移。这一点，周懋琦乃至李鸿章等人并未引起足够的重视。

有意思的是，此间报界却盛传中国将出兵征讨"生番"。《北华捷报》援引天津通信员的消息称"他（副岛种臣）同样成功的达成了另一个目的，即劝说中国去制服（coerce）台湾的生番部落"；"李鸿章的确已奉命派遣一支远征军深入台地，去惩罚那些生番，并将他们纳入帝国的管控体系"。同时又表示"除非远征军成行，否则，我们并不十分确定对（副岛出兵）请求的应许（acquiescence）会付诸行动"，但却坚持认为"副岛至少获得了一个口头的承诺"，并推测出兵的命令来自清廷。② 《教会新报》不仅报道了"征番"的决策过程："新近日本国爵职钦差（副岛种臣）在中国京都与总理各国事务衙门议定，据由总理衙门请旨，有派李爵相（李鸿章）统兵前赴台湾之说"；而且还报道了兵力部署情况："今又闻天津来信，调十号广东兵船，调火轮兵船六号，赴山东烟台听候差派，想亦是预做台湾生番之用。"③ 《申报》亦援引来自福建的消息称"闻津门官宪将不日调兵赴厦门，由厦门放海往台湾，以为惩办生番之举。"④ 这类消息显然不实，但却引起了郑观应的担忧，他以"杞生荥阳氏"的笔名⑤投书《申报》，反对征讨"生番"：

前阅各处新闻纸，报数拟国家议征"生番"者，缘仅见"生番"之暴戾，未明悉台湾之情形也。盖人但知生番不除之为害，不知生番不除之为利焉。

盖以台湾地方亘长，民多强悍，山川险阻，盗贼纷纭，动辄啸聚，扰攘不时。一被官军追迫，辄缩入内山，扼险死据。以山中"生番"之残酷，尚且如斯。苟将生番歼除净尽，则深山穷谷，官守不周，岂不反成贼薮哉！⑥

不只郑观应有这个观点，早在道光年间闽浙总督刘韵珂因"生番献地输诚"，奏请"（番地）归官开垦"之时，朝廷的答复也是"恐有汉奸怀诈挟私，挟私潜

---

① 原载《尚泰侯实录》，转引自藤井志津枝：《日本军国主义的原型——剖析一八七一——八七四年台湾事件》，三民书局1983年版，第57、58页。
② "North-China Herald", July 26, 1873.
③ 《征生番信》，《教会新报》1873年8月9日。
④ 《发兵赴台湾信息》，《申报》1873年10月10日。
⑤ 据邬国义考证，"杞生荥阳氏"为郑观应之笔名，《释拟征台湾生番论》一文为郑观应所写。见邬国义：《郑观应〈救时揭要〉新考及集外佚文》，《社会科学》2014年第3期。
⑥ 杞生荥阳氏：《释拟征台湾生番论》，《申报》1873年11月10日。

为勾引。一经收纳，利之所在，百弊丛生，有非预料所能及者"。[①] 可见，在对待"生番"的问题上，朝野有着某种共识，那就是固守"番界"，千万不可造次，否则，奸贼出没，较"生番"更难防守。

第二节　日本侵台部署的曝光

一、日本侵台部署

尽管在副岛使清回国之时，主张"征韩"优先的武断派一度占据上风。但未久随着岩仓使团的归国，以岩仓具视、大久保利通、木户孝允等为核心的内治派击败了以西乡隆盛为首的武断派。"（1873 年 10 月）二十四日，天皇采纳内治优先论者的意见，决定无限期延搁征韩。"[②] 获得胜利的内治派与俄国在桦太（库页岛）问题上取得谅解。于是，日本加紧了侵台的步伐，早先因加入武断派而去官的副岛亦备受青睐，积极为日本侵台提供决策咨询："太政大臣三条命大藏卿大隈重信，准备从前副岛种臣在北京谈判的资料，为召开会议讨论'征台'之用。（1874 年）一月十八日召开内阁会议讨论'征台'问题，会议之前大久保曾私自与副岛种臣会谈。一月二十六日大久保和大隈被任命为台湾朝鲜问题调查委员。从此以后，依《大久保利通日记》的记录，他们即与副岛外务卿时代的征台分子密切接触。"[③]

1874 年 2 月 1 日爆发的"佐贺之乱"进一步加剧了日本侵台的步伐，政府一面派兵弹压，一面积极准备侵台，以转移国内矛盾。2 月 6 日，大久保和大隈联名向内阁会议提出"台湾番地处分要略"。尽管侵台的提案遭到了木户孝允等人的反对，但是，明治政府意志坚定，3 月 30 日，颁布了"蕃地处分十三条"，"4 月 4 日组织了台湾生蕃探险队，决定本部设于太政官正院内，在长崎另设支部。并分别任命陆军中将西乡从道为台湾蕃地事务都督，陆军少将谷干城、海军少将赤松则良为参军，参议大隈重信为台湾蕃地事务局长，海军大佐林清廉为长崎支局长。此外，又以外务省所雇佣的美国人李仙得为台湾蕃地事

---

①　洪安全:《清宫廷寄档台湾史料》第二册，台北故宫博物院 1998 年版，第 1337 页。

②　原载《大久保利通文书》第五卷，转引自藤井志津枝:《日本军国主义的原型——剖析一八七一——一八七四年台湾事件》，三民书局 1983 年版，第 96 页。

③　藤井志津枝:《日本军国主义的原型——剖析一八七一——一八七四年台湾事件》，三民书局 1983 年版，第 102 页。

务局准二等出仕，辅佐西乡都督，以当怀柔岛民之任"。① 这标志着"侵台"进入实质性部署阶段。

然而，此时的明治政府并不想刺激中国以及国际社会，属意于悄悄从事，以减少侵台阻力。明治政府一方面要求"出差之上下官员，以密报方式通知"②；另一方面要求西乡从道等人"在该地进行工作，应注意避免引起中国人及其他外国人之猜疑嫉妒"；"注意勿使彼（中国）疑我有侵略之意"③。因此，侵台的部署并未公开。

二、国际舆论之跟进

尽管日方的侵台部署并未公开，但还是引起了国际社会的注意。最先将这一部署曝光的是日本的西文报刊。3月30日，颁布"蕃地处分十三条"的当天，《日本公报》（*Japan Gazette*）就予以了曝光："今日下午（午前），太政官颁发给海陆二省征台布告"。西乡从道获任都督的当天，又评论道"虽然早有日本征台的风声，但此举简直是疯狂的冒险，台湾属于中国福建省的领土，中国一定会报复，希望有识之士出来劝告日本停止此举"；4月8日进而指出"如果日本获得台湾或征伐成功，则此举将影响今后的中日关系"。④ 这些报道和评论引起了西方外交使团的注意，英、俄、意、西、德等国驻日公使纷纷表示关切和局外中立⑤，其中反应最大的当属英国公使。4月9日，英国驻日公使巴夏礼（Harry S. Parkes）函询日本外务卿："世上风闻谓贵国有大批军队及军粮运往台湾""故向阁下请问贵国政府派兵前往该岛究竟是为何缘故？"⑥ 日本外务卿寺岛宗则复函称"乃因我明治四年（1871）十一月及六年（1873）三月我国民漂流至台湾蕃地时，或遭劫杀，或遭掠夺衣服财物，而蒙受极端苛酷之对待"。并称"此土

---

① 日本东亚同文会：《对华回顾录》，胡锡年译，商务印书馆1959年版，第41页。

② 《因讨伐生蕃而应逐次处分之条件》，载黄得峰、王学新译：《处蕃提要》卷二，"国史馆"台湾文献馆2005年版，第119页。

③ 日本东亚同文会：《对华回顾录》，胡锡年译，商务印书馆1959年版，第42页。

④ 藤井志津枝：《日本军国主义的原型——剖析一八七一——一八七四年台湾事件》，三民书局1983年版，第117页。

⑤ Danny Orbach: "'By Not Stopping': The First Taiwan Expedition (1874) and the Roots of Japanese Military Disobedience", *The Journal of Japanese Studies*, vol.42, no.1, (winter 2016), pp.29-55.

⑥ 《英国公使函询寺岛外务卿有关军队往台湾出发之传闻》，载黄得峰、王学新译：《处蕃提要》卷二，"国史馆"台湾文献馆2005年版，第119页。

蕃为清国政权所不逮"，此行系"仿效美国政府遣使处分之例"。[①] 巴夏礼不满于这个答复，再次致函寺岛称"尚未有其他与清国订定条约之外国派出与贵政府此次出兵台湾同样数量之军队"[②]。对此，寺岛未予回应，仅巧妙地表示"该地方如阁下所知，为清国政府管辖外之地"[③]。寺岛的此番言论引起了巴夏礼的警觉，他在复函中强调："该地方是否在清国政府管辖之外，我并不了解""（本人）一直认为台湾全岛似乎清国政府所有"，进而质问道："贵国政府有何理由确定其并非清国政府所有？"[④] 与巴夏礼相呼应[⑤]，英文的横滨《日本每日先驱报》（*Japan Daily Herald*）评论道：

> 台湾即福尔摩沙，在清帝国之境内，此为毋庸议论之事。若如此，则派兵登陆于和亲国土地这件事，除两国间预先订有约定而互相表示同意外，则为侵犯土地。然而，不论东京政府之日志或北京政府之日志皆无此等公告。
>
> 北京对于日本出兵台湾究竟抱持何种看法，虽尚未闻知，但其目的决不仅止于惩罚一二"番民"而已，且欲殖民于岛之东方并企图永远占据之。日本人之如此举动，如果说清国人不介意，则吾人实无法相信。
>
> 美驻日公使宾舍（J. A. Bingham，又译平安，本文采用"平安"的译名）独自反对同僚，于清日两国尚未发布不可欠缺之公告期间，对于可视为半劫掠之征伐这件事上，虽未明白表示允许使用挂有其国旗之船舰，暗地里却默许其使用。美国政府似乎并不完全了解此次征伐之真正目的，否则为何允许其国之

---

① 《寺岛外务卿函复英国公使有关派遣我官员等前往台湾社寮事宜》，载黄得峰、王学新译：《处蕃提要》卷二，"国史馆"台湾文献馆2005年版，第125页。

② 《英国公使致函寺岛外务卿申明局外中立之意义》，载黄得峰、王学新译：《处蕃提要》卷二，"国史馆"台湾文献馆2005年版，第127—128页。

③ 《寺岛外务卿函复英国公使有关清国并无敌视我国之由来事宜》，载黄得峰、王学新译：《处蕃提要》卷二，"国史馆"台湾文献馆2005年版，第128页。

④ 《英国公使函复寺岛外务卿有关台湾地方为清国管辖事宜》，载黄得峰、王学新译：《处蕃提要》卷二，"国史馆"台湾文献馆2005年版，第128—129页。

⑤ 有研究者认为，《日本每日先驱报》等报的舆论干涉，与巴夏礼不无关系。藤井志津枝认为："外国报纸的舆论干涉，可能是巴夏礼的谋略所促成的。"（藤井志津枝：《日本军国主义的原型——剖析一八七一——一八七四年台湾事件》，三民书局1983年版，第119页。）陈政三则更为肯定，据他称，英国势力把持着横滨外国新闻圈，《日本每日先驱报》则向有英使馆喉舌之谓，其上述评论即是巴夏礼的授意。（[美]爱德华·豪士：《征台纪事——牡丹社事件始末》，陈政三译，台湾书房2008年版，第12、43页。）

官吏为日本政府所雇佣来参与征伐？[①]

　　这则评论在反对日本侵台的态度上，较巴夏礼更直接、更严厉，矛头直指日、美：其一，谓日本此举并非单纯的惩凶，更有殖民和侵占的企图；其二，指责美国助日侵台。此评论一出，平安的态度随即逆转，在看到评论的次日即致函寺岛，称："本月十七日发行之《日本每日先驱报》中有一条记事，据此本人始知目前日本征讨行动之目的在于殖民台湾东部并永远占领该地"，"本人严重声明绝无谈判过为此次战争而雇佣美国船只或美国军官之事"。[②] 同日，在与寺岛的面晤中，平安再次强调"严禁出借船只及人员"[③]。平安说不知此事，确有掩饰的成分。据曾任李仙得秘书，唯一随日军征台的西方记者爱德华·豪士（Edward H. House）称："平安公使曾被告知租用该船（纽约号）之事，他一向支持日本独立行动的立场，未受到其他外国公使的影响。"[④] 而李仙得及其随行美国军官克沙勒（Douglas Cassel）、华生（James R. Wasson）等人则直呼平安反复无常："平安公使早在本年（1874）3月即已获日本政府知会本案；平安公使在3月15日致电美国政府，力促当局赞成克沙勒少校以休假方式参与远征行动。不管平安公使基于何种理由不赞成，但他在行动正式展开后才突然表示反对；'纽约号'从东京出发时，平安公使并未阻拦，但却在该船将由长崎开航时伸出黑手。"[⑤] 李仙得5月18日在与日本外务卿寺岛的谈话中再次指出："我（李仙得）出发前宾舍（平安）公使应该已知我将为此事前往长崎，且应该也知华生等两人亦受雇于此事。"[⑥]

　　① 《抄译横滨先驱报（Herald）有关日本出兵台湾事宜》，黄得峰、王学新译：《处蕃提要》卷二，"国史馆"台湾文献馆2005年版，第132—133页。
　　② 《美公使致函寺岛外务卿有关因报纸报道日本征蕃条款而禁止该国人民及船舰等接受日方使役事宜》，载黄得峰、王学新译：《处蕃提要》卷二，"国史馆"台湾文献馆2005年版，第133页。
　　③ 《寺岛外务卿与美公使对于台湾事件之谈话记录》，载黄得峰、王学新译：《处蕃提要》卷二，"国史馆"台湾文献馆2005年版，第136页。
　　④ ［美］爱德华·豪士：《征台纪事——牡丹社事件始末》，陈政三译，台湾书房2008年版，第42页。
　　⑤ ［美］爱德华·豪士：《征台纪事——牡丹社事件始末》，陈政三译，台湾书房2008年版，第45页。
　　⑥ 《寺岛外务卿与李仙得台湾事件对话书》，载黄得峰、王学新译：《处蕃提要》卷三，"国史馆"台湾文献馆2005年版，第181页。

三、清政府的态度

晚些时候，日本侵台的消息也开始在中国传播。4月14日的《申报》援引《东洋新报》的消息称："昨日东洋邮来新报，传有要事。据东洋元相太若（三条）关于二月十四（3月30日）檄示该国陆路兵部及水师部大臣曰：东洋朝廷于台湾岛上之土人，誓战报仇，拟即行派出战舰三艘，与今驻湾燕台（烟台）之船一艘共四船，先赴台湾，又拟于不多时出陆路兵共一万五千名，速赴该境。"[1] 4月18日，《北华捷报》援引《日本公报》3月30日的消息称："今日（30日）午前，太政官颁发给海陆二省征台布告。三艘舰船将立即启程驶往烟台，待与驻扎在那的另一艘日舰会合，便火速赶往台湾。且将速派15000名士兵一同前往。"[2] 两报消息几乎一致，可能均出自《日本公报》。一时间，日本侵台的消息在民间广为传播。据桦山日记记载，4月20日前后，日本侵台的消息已在台湾的淡水等地传播，其所传内容与报道内容基本一致[3]。与前次不同，此次有关日本侵台的消息引起了清政府的重视，相关报道被视作重要的信息线索和交涉依据。5月14日，奕䜣在奏折中写道，他曾嘱令南洋大臣、北洋大臣、闽浙总督、福州将军等人将"新闻纸内所叙日本兴兵赴台各节"，"密饬确切探访"。[4] 5月4日，苏松太道沈秉成致函日本驻上海领事品川忠道，称："本道屡阅新闻纸述及，贵国派拨大兵并租美国牛约（纽约号）轮船装载赴台事，系确凿。"并要求品川"详细赐悉，以便禀报"。[5] 5月8日，江苏布政司使应宝时亲往日本驻上海领事馆，"品川领事因病由神代书记生接待"，应宝时询问："台湾事件报纸上众说纷纭，确实情况为何？"[6] 品川在给沈秉成的复函中仅表示："查此事本领事未得本国确信。"[7] 神代书记生则告诉应宝时："（日方）并未说过如

---

① 《东洋来报》，《申报》1874年4月14日。

② "*The North-China Herald*"，April 18, 1874.

③ ［日］藤崎济之助：《台湾史与桦山大将——日本侵台始末》上卷，全国日本经济学会译，海峡学术出版社2003年版，第264—265页。

④ 《总理各国事务恭亲王等奏》，载宝鋆等：《同治朝筹办夷务始末》第93卷，文海出版社1971年版，第8538页。

⑤ 《沈秉成来函致品川领事》，载黄得峰、王学新译：《处蕃提要》卷三，"国史馆"台湾文献馆2005年版，第154页。

⑥ 《小牧昌业抄录驻上海神代书记生与应宝时谈话及其他侦查书》，载黄得峰、王学新译：《处蕃提要》卷三，"国史馆"台湾文献馆2005年版，第196页。

⑦ 《品川领事致陈福勋等复函》，载黄得峰、王学新译：《处蕃提要》卷三，"国史馆"台湾文献馆2005年版，第158页。

报纸上声称之谈话。"①这些"探访"所得甚微，并未达到奕䜣"确切探访"的预期，因此，他在5月14日的奏折中不无疑惑与遗憾地写道："刻下忽有此举，揆之各国往来之理，似不应出此"；"此时该国动兵与否，尚未明言"。②

品川一方面在日本侵台问题上缄口不言，另一方面却大肆散布江藤新平等逃窜海外的消息，这在一定程度上分散了中国朝野的注意力。3月12日，品川面告沈秉成，"江藤新平逃逸无踪，恐已投大西洋各国或隐匿香港"；"此外，尚有首匪数人均未拿获，将来逃入中国亦未可定"。③得到消息的沈秉成立即函告李鸿章，此二人为防范江藤新平等人的滋扰，着实下了一番功夫。先是沈秉成函告李鸿章："职道即派恬吉、测海、威靖轮船三号，并商由李军门（李朝斌）调滕镇巡洋师船及成营官所带炮船多号驻泊吴淞口。"④尔后，尽管李鸿章根据各路消息判断"彼国（日本）谅必即有兵船追来""（江藤新平等人）未必敢来北洋"，但却又不无顾虑"唯恐窜往沿海各口另生枝节"，于是，向总理衙门建言"不可不预先防范""请饬各口严防"，并"派镇海轮船即日（3月22日）赴大沽北塘、祈口各处巡哨"，令"大沽协罗（罗荣光）副将北塘口、周镇不动声色暗中密为侦探"，"东海、山海两关一体巡探"。⑤如此一来，中国的南、北洋便为了品川的这通消息全面拉响了警报。舆论界也不明真相，被江藤新平等流窜的消息所迷惑。3月6日，《循环日报》刊载了"日本朝廷特赁美国公司火船'纽约'，以载士兵"的消息，但却将日本利用"纽约号"运兵的举动，解释为"日本政府平定'佐贺之乱'的尾声"，其目的在"横截海面，以当要冲。凡往来长崎、大坂（阪）之人，必细加查验，而后许行，盖恐其旋乡作乱也"。⑥数

---

① 《小牧昌业抄录驻上海神代书记生与应宝时谈话及其他侦查书》，载黄得峰、王学新译：《处蕃提要》卷三，"国史馆"台湾文献馆2005年版，第196页。

② 《总理各国事务恭亲王等奏》，载宝鋆等：《同治朝筹办夷务始末》第93卷，文海出版社1971年版，第8540—8541页。

③ 《据津海关道禀日本逆首江藤新平坐轮船逃窜又接上海道禀知逆船已为日本拿住该匪逃匿无踪照录咨明由》，1874年3月28日，台北"中研院"近史所档案馆藏，清总理衙门档01-34-011-02-003。

④ 《据津海关道禀日本逆首江藤新平坐轮船逃窜又接上海道禀知逆船已为日本拿住该匪逃匿无踪照录咨明由》，1874年3月28日，台北"中研院"近史所档案馆藏，清总理衙门档01-34-011-02-003。

⑤ 《咨据上海道禀称日翻译官面称有该国乱民为首者乘小火轮船有赴上海之说请饬各口防由》，1874年3月22日，台北"中研院"近史所档案馆藏，清总理衙门档01-34-011-02-002。

⑥ 朱玛珑：《外交情报与港际报业：以1874年台湾事件日、中两国轮船运兵消息为例》，《近代史研究所集刊》2006年第93期。

月后,《申报》居然还认为"春日"舰停靠厦门是为了追捕江藤新平等人:"二月二十五日（4月11日），有东洋兵船名'春日'舰——其管驾官为海军少尉，泊舟于厦门，当即拜谒台澎道宪，请借教场阅兵，经道宪未如所请，遂止。继询来意，则称东国内乱，元凶在逃，用敢以兵舶来贵国沿海各埠访缉。"[①]而事实上，"春日"舰停靠厦门乃是为日本侵台收集情报。

不过，中国的警觉已令日本外交官不无忐忑，品川等人甚至有过劝阻日本侵台的念头。品川在给大隈的信中写道:"去年副岛大人在清国期间，据悉确未与北京进行台湾谈判，仅通知出兵惩伐（罚）蛮地一节而已。如阁下所悉，若依国际公法，当时日本人遭蛮人屠杀之事，双方应就发生地归属清国土地或蛮地亦在清国幅员之内时须由清国处置，否则日本将出兵惩处等事进行谈判，然而事情并非如此。故依敝人浅见，昨日道台（沈秉成）来函，据推测应源自北京、天津附近之议论，尤其是总理衙门先行与各国公使协商，再由李鸿章转达道台。唯一忧心者，万一柳原大人于北京谈判前出兵至该地，福州亦出兵支援，导致日清两国面临交战情况时，前述若未加以查明，各国群起责难，我皇国岂非名义尽失?"[②]寺岛在与李仙得的谈话中也流露出对此事的担忧:"因未经谈判过程即公然开启事端，故清国政府也陷入无法默许之地步。"[③]事实上，迫于西方外交使团和国际舆论的双重压力，日本政府确曾有中止侵台的打算。4月19日，日本太政大臣三条在给大隈的信中表示，考虑到外国人员与舰船之被禁止，此次行动亦无清政府之授权，且各国公论以为台湾为中国领土，因此，"绝无成功之可能""此事只得暂停";"至于西乡都督方面,应通知其暂时待命"[④]。然而，在实际操作层面，侵台的步伐并未停歇。Danny Orbach 认为，西乡从道抗命不遵乃是因为他对刚刚过去的"佐贺之乱"心有余悸，担心士兵哗变，大有箭在弦上不得不发之势。[⑤]此种分析不无道理，西乡对来传达"中止"令的金井之恭表示:"假令太政大臣亲自前来阻止，也断难听从。近来政府之命朝发夕改，人

---

①　《台湾军务实录》,《申报》1874年7月22日。

②　《大隈长官于长崎去函大久保参议有关品川领事与清官书信往来、柳原公使赴任案》,载黄得峰、王学新译:《处蕃提要》卷三,"国史馆"台湾文献馆2005年版,第156页。

③　《寺岛外务卿与李仙得台湾事件对话书》,载黄得峰、王学新译:《处蕃提要》卷三,"国史馆"台湾文献馆2005年版,第181页。

④　《三条太政大臣函致大隈长官有关停止雇用美国人及船舰事宜》,载黄得峰、王学新译:《处蕃提要》卷二,"国史馆"台湾文献馆2005年版,第137页。

⑤　Danny Orbach: "'By Not Stopping': The First Taiwan Expedition (1874) and the Roots of Japanese Military Disobedience", *The Journal of Japanese Studies*, vol.42, no.1, (winter 2016), pp.29-55.

心惶惶，此决非治国之道。尤其现今从道握有散于各地的陆军官兵，一旦贻误时机，彼等会做出如何行动实难测知，此乃我最忧虑之所在。"① 即便如此，日本中止侵台的消息还是在舆论界引起了不小的反响。《北华捷报》一方面援引日本《邮报》(*Mail*)的消息表示："台湾远征(Formosa Expedition)确实被推迟了，可以断定，日本对副岛给北京的知照是否充分及其是否为北京所接受不无疑虑，这导致了中止令的出台。毫无疑问，日本是想在不挑起对华战争的情况下处理台湾问题。然而，可以推测，听说了'远征'消息的中国人，应不会认为'远征'是处理台湾问题的恰当途径，而且他们已经就此表明了态度。"② 另一方面传言："3月23日，从台湾来的船只报告，中国军队将在3月27日抵达台湾。""(4月)21日，据从台湾来的德国船只赫尔曼(Herman)报告，大量的中国舰船和500名士兵派往那里，是因为中国观察到日本有名的'春日'号军舰在中国海岸游弋和调查"；"也有从北京传来的谣言称，假定中国政府对日本远征台湾如此愤慨，以至可能通过占领琉球群岛来实施报复！"③ 这种传言与1873年中国出兵"讨番"的传言如出一辙，毫无根据。《申报》则在得知西乡"抗命"出征后，评论道：

> 欲逞师之党，类多南境之人，而国君则以安居和好为志者也。其初欲起师征伐者，盖惟听南境之舆情而已，或先以为仅出兵数千以征"生番"，无势之人究无大妨，继知伐"生番"而又必与中国交锋，故而半途而惧，收兵之令遂以下焉。
>
> 东洋朝廷若果曾惧而后悔，而遂有欲收兵之意，则本国固与东朝无所相争，乃其下不听己君之命，而复敢与我国擅构兵端，则各领兵者其罪实不可赦。故本国可不与东朝争战，而于此辈则亟须秣马厉兵，即行以大军征服，其不服者，则剿之无赦，如倒戈归服，则囚缚之以待东洋来赎。④

从这通议论来看，《申报》没有看到，日本侵台是日本官僚集团的既定共识，并非某个人或某个地区的一时兴起。即便是下达"中止令"，也实属情非得

---

① [日]藤崎济之助：《台湾史与桦山大将——日本侵台始末》上卷，全国日本经济学会译，海峡学术出版社2003年版，第276页。

② "The North-China Herald", May 9, 1874.

③ "The North-China Herald", May 9, 1874.

④ 《记东洋假道伐台湾事》，《申报》1874年5月19日。

已的权宜之计。此外，不少报刊将"中止令"出台的背景或原因，仅仅归结于日本政府对清政府态度的担心，虽不无道理，但有意无意地忽略了西方外交使团及舆论方面的因素。据岩仓具视的日记透露，"大隈重信曾说，（中止的）命令并非意在阻止'远征'，而只是迫于西方外交使团的反对，意在讨论设法免祸。"[1] 果然，等到西方外交使团的反对之声渐渐远去，5月19日，三条收回"中止令"，承认西乡征台的既定事实，以"公告"追授西乡征台权力。"公告"云："此次任命陆军中将西乡从道为都督，率兵前往征讨，以问日前暴害我人民之罪，施以适当处分，且为保护日后我人民航海之安宁。"[2]

很快，舆论界便已醒悟，明白"中止令"不足为据。在发表上述评论后的第三天，《申报》明确表示"中止令"之不可信：

查东洋收兵之传，其闻诸上海已经一月有余，然半月以来而秣马厉兵无暇日，前锋趋战场不止，而东洋朝廷之言，其犹可信欤？吾闻之沈观察于初闻风之际，即诘之本埠东洋领事，于是，该领事藉电音以禀命于其君，旋接电谕谓，出师无其事，仅派官数员往"生番"处探访而已。又谕领事将电书转达道宪，道宪因又以转禀总理衙门，使以知所筹也。除此而外，本国朝廷皆未得闻诸东洋也。乃告以仅派数员探闻之言也，其时则征谋早定局，召兵亦已齐矣。故东洋之不信，以此而可见矣。

本馆前曰：揆势，实如东朝欲收兵，而下官有距达者，盖布收兵令者，故驻扎东洋各国钦差得其信出也。乃观于长崎上情，则收兵之言与仅派数员之言，□同类不可信。盖若收兵，尤何藉乎西人精于战谋者，东洋其不独瞒中国，亦欲瞒各外国，然其所以瞒外国者，盖转藉以瞒我国耳。[3]

《北华捷报》则一方面责备横滨的报纸不明就里："横滨报纸忙着宣称远征已经停止了，而长崎报纸则报导着一艘又一艘的轮船，满载着军队和物资，驶往南方。"另一方面坚定地表示："政府可能会表现出政治上的摇摆，以便给自己留有余地，万一中国在最后时刻进行干预；但从第一批运兵船到达会合点的

---

① Danny Orbach: "'By Not Stopping': The First Taiwan Expedition (1874) and the Roots of Japanese Military Disobedience", *The Journal of Japanese Studies*, vol.42, no.1, (winter 2016), pp.29-55.

② 《公布派遣对台湾生番兴师问罪之师云云》，载黄得峰、王学新译：《处蕃提要》卷三，"国史馆"台湾文献馆2005年版，第184页。

③ 《再论东洋伐台湾事》，《申报》1874年5月21日。

那一刻起,我们从未察觉到任何真正的目标动摇。"①

遗憾的是,报界对日本侵台部署的持续与多面曝光并未引起清政府的足够重视。尽管此次清政府比上年重视新闻报道,但是,清政府以未得日本明文照会等为由,不愿相信日本侵台的事实。不仅主管外交的奕䜣自己不信,他还告诉相关区域的官员也不要信。总理衙门在给福州将军文煜的信中写道:"惟各国兴兵之举,必先有文函知会因何起衅,或不准理诉而后兴师。日本甫经换约、请觐,和好如常,台湾生番一节,并未先行商办,岂得遽尔称兵?即冒然构兵,岂可无一语知照?此以理揆之而疑其未确也。""近年东洋新闻百变,诈伪多端,巴夏礼与该国情好最密,代为虚张声势,故作疑兵,恐难尽信。威使(威妥玛,T. F. Wade)续称日本并未有向中国称兵战书明文,且有钦差大臣(柳原前光)前来中国之议,以此推之,似无发兵之心数语,似尚平实。"②更令人不解的是,闽浙总督李鹤年曾察觉日本军舰在厦门停靠,并将此情报告给了总理衙门,李本人及总理衙门还曾就此照会日本方面,可迟至5月下旬,仍浑然不知日本已出兵台湾。5月23日,品川电告柳原,称:"清国官员确实仍不知我已对生番出兵。"就实际布防而言,尽管奕䜣及总理衙门多次表示要"以防万一",但是,在相当长的时间里,并未迈出实质性步伐。

① "The North-China Herald", May 30, 1874.

② 《总署复福州将军文煜函》,载王元穉:《甲戌公牍钞存》,文海出版社1978年版,第18—19页。

第二章　对日立场："惩番"共识下的舆论分歧

报界对日本侵台事件的立场，涉及对以下一系列问题的看法：屡屡犯事的"生番"是否应该得到惩处？如果说"生番"应惩，那么，究竟由谁来实施惩处？日本出兵台湾是否情有可原？日军在台举动是否深得台地民心？日军形象是否堪称文明、威武，抑或是野蛮、落魄？

第一节　"惩番"共识

在惩治"生番"这个议题上，中外存在明显共识，大家一致认为"生番"特别是杀人的"生番"应该得到惩处。

早在 1867 年"罗妹号"（The Rover）事件[1]发生时，《北华捷报》就鼓吹："我们希望这一值得赞扬的努力（美方的军事行动）将取得成功！"[2]《德臣报》（China Mail）则援引和伦（Horn，又译何恩，系遇害船长的亲戚）亲历见闻，宣扬"生番"之"凶残"与"贪婪"："他们有一个十余岁的孩子领我们到一个（颗）树下说是韩德（Hunt，又译韩特，系"罗妹号"船长）夫妻掩埋之处。我们掘下三英尺光景，发现有头骨肋骨等，惟无脚腕的骨。""我们索取韩德夫妻的遗物，他们要求赎金，我们没有现金，他们不肯将遗物交还，费尽许多唇舌，没有效果。后由毕卡林（Pickering，又译必麒麟，系和伦的同伴）先回打狗（今高雄）取款，我即留在该地。三天之后毕卡林持现金至，我们在琅璚完成交换的交涉。"[3]而历史上，西方过往商船的确屡遭"生番"劫杀，在"罗妹号"船难

---

① 1867 年，美国商船"罗妹号"（The Rover）于 1867 年 3 月间，由汕头驶往牛庄，因遇暴风漂流至台湾琅璚洋面，触礁沉没，船长韩德（Hunt）夫妻及船员一行十四人乘小舟上岸后，除一名中国人幸免外，悉数被"生番"所杀，史称"罗妹号"事件。

② "North-China Herald", October 12, 1867.

③ 林希谦：《美国公文书中关于占领台湾的计划》，《福建文化季刊》1941 年第 1 期。

发生前的十数年间，就曾发生多起劫杀事件，如"1854 年美帆船两只，一为海弗来尔号（The High Filer），一为康桂特号（The Conquette）相继触礁沉没，乘客全被杀害"。[①]

然而，美方的军事围剿并未得手。据毕卡林的日记记载："我们收买熟悉路径的中国人数名使作向导，带我们的陆战队一队约八十名截住科亚尔族（Koaluts，系杀害罗发号船员的部族）的后路，另以陆战队一队约百六十名攻其前面，上校贝克那不（Belknap）与上尉马琴芝（Markonzie）任指挥官。我们的计划好像已被中国人泄露，我们行丛莽乱山中约略三里光景，即遇'生番'向我们射击，我们即卧伏于地，这样相持了半天，后马琴芝上尉决将枪弹发出处的草丛围住，慢慢迫近，可是我们地形不熟悉，冲入草丛的时候，'生番'已全数逃匿不见一人。上尉以为'生番'已退去，劳顿之余围坐休息，并取树枝燃火吸烟，不料火光成为'生番'射击的目标，上尉被击中一枪，子弹由胸膛穿出，当场毙命，贝克那不上校率余众退回舰上。"[②]

于是，时任美国驻厦门领事的李仙得退而求其次，一方面，与卓杞笃等十八社的头目谈判，并达成协定："用一面红旗作为信号。船只应通过这面旗让他或他的'番社'知道，有一队怀抱友善的人想登陆。"[③] 另一方面，向刘明灯总兵提出设立堡垒并配置炮台的要求，在刘总兵的配合下，也基本如愿以偿，因而他颇为得意的写道："在此我必须说句公道话，那位将军真是十分忠于职守。他以两天的时间就建好一个环状的围墙，是由棕榈树的树干与沙袋做成的。我在他的陪同下参观了一下。在堡垒里虽未见到有整整 100 人，不过决定对此短缺暂闭一眼。然亦并非如其应允的只提供两门炮，而居然竟给了三门。无疑是为那短缺的人数作为补偿吧。堡垒上有某面旗子飘扬着。"[④] 可见，李仙得并未掉以轻心，完全依赖其与卓杞笃等人的协定，还留有后手，以堡垒来护卫西方漂民。

未久，刘总兵也派人与卓杞笃等人接触，欲仿效李仙得，与之订结"同样保护中国人之约"，但未获成功，卓杞笃表示"该约只能适用于白人，因为这是

---

① 林希谦：《美国公文书中关于占领台湾的计划》，《福建文化季刊》1941 年第 1 期。

② 林希谦：《美国公文书中关于占领台湾的计划》，《福建文化季刊》1941 年第 1 期。

③ ［美］李仙得：《台湾纪行》，费德廉、苏约翰主编，罗效德、费德廉译，台湾史博物馆 2013 年版，第 273 页。

④ ［美］李仙得：《台湾纪行》，费德廉、苏约翰主编，罗效德、费德廉译，台湾史博物馆 2013 年版，第 274 页。

他敬佩白人的勇气而订结的，他人不能援例"。[1] 以致戕害琉球漂民的"番社"在李仙得访问时毫不讳言："他们若是白人，就会被饶命，然根据我（李仙得）与番社在 1867 年所订协议的条款，享有免受谋害权利的，汉人并不包括在内，因那是为其他外国人所提供的。"[2] 更有甚者，在日军进攻"番社"期间，牡丹社头目更为直白的表露："过去误认琉球人漂难民为仇敌清国人，而愚弩地了断了若干生命。"[3] "番民"的这种情绪跟态度恐与清政府历来的"惩番"举措不无关系。历史上，遇"番民"行凶，清廷一贯的做法便是"示以兵威"。如乾隆三十一（1766）年，"因内地民人越境滋事"，致使"番民"行凶，当地官宪不仅"擒歼（番民）三十余犯，枪毙一百余人"，而且又"毁其社寮积聚示之惩创"[4]。

在"琉球漂民事件"上，清廷自然延续过去的"惩番"逻辑，下诏："牡丹社生番围杀球夷（琉球漂民），应由台湾文武前往查办"；"至牡丹社生番，见人嗜杀，殊形化外，现饬台湾镇、府、道认真查办，以儆强暴而示怀柔"[5]。只不过，已不如乾隆三十一年的光景，台湾同知游熙等"查办月余，无从措手"，"续经委员查办"，亦"未能得手"。[6] 此时，舆论界亦具高度的"惩番"共识。日本国内的舆论自不必说，就连中国境内的报刊也多持"惩番"的看法。《北华捷报》认为："我们不得不承认，在今天允许无知和嗜血的野蛮人控制广泛和重要的沿海地区，是非常错误的。"[7]《申报》认为"倘台湾'番人'果有犯烹杀等情，则其残忍可知矣，按律定罪，固亦国法所当行，而亦民情所共服者也"；[8]"'生番'之于中国，未归顺者也。一旦因其烹食琉球之人，遣官往办，

---

① 林希谦：《美国公文书中关于占领台湾的计划》，《福建文化季刊》1941 年第 1 期。

② ［美］李仙得：《台湾纪行》，费德廉、苏约翰主编，罗效德、费德廉译，台湾史博物馆 2013 年版，第 303 页。

③ 原载《台湾征番记》，引自林呈蓉：《帝国入侵——从军记史料看牡丹社事件》，第五届新台湾史研习营讲义，2005 年 1 月 30 日，第 75 页。

④ 《大学士公傅恒等字寄闽浙总督苏昌奉上谕苏昌奏办生番一折其事由以剿杀凶番直捣巢穴为词未免夸张失实殊属非体》，载洪安全：《清宫廷寄档台湾史料》第一册，台北故宫博物院 1998 年版，第 40—41 页。

⑤ 文煜等：《为奏琉球国夷人遭风到闽循例译讯抚恤夷伴有被台湾生番杀害现饬认真查验事》，载台湾史料集成编辑委员会：《明清台湾档案汇编》第四辑，远流出版事业股份有限公司 2008 年版，第 336—337 页。

⑥ 《咨据台湾府禀详述生番杀害琉球难民详细情形由》，1873 年 7 月 23 日，台北"中研院"近史所档案馆藏，清总理衙门档 01-21-052-02-064。

⑦ "North-China Herald", July 18, 1874.

⑧ 《译东洋报论钦使来议台湾惩凶事》，《申报》1872 年 3 月 6 日。

彼安肯帖伏以听哉？将见理论之不可，势禁之俱穷，惟有用兵而已"①。甚至连一向同情"番民"的《循环日报》都表示："惟有于出没要隘必经之途，游巡设伏，大张炮火，虚示军威，使彼畏惧而不敢出耳。"②

由于朝野上下的"惩番"共识，加之"凶番"并未受到事实上的惩处，因此，当1874年日本"有事生番"时，李鹤年、夏献纶等起初并不十分反对，夏献纶声称："牡丹社系属'番界'，彼自寻衅，在我势难禁止"③；李鹤年则表示："惟念边衅易开不易弭，'番地'腹地，究有区分，如果倭兵扰入台湾腹地，自当督饬镇道鼓励兵团，合力堵剿；若仅以戕杀琉球难民为名，与'生番'复仇，惟当按约理论，不遽声罪致讨，以免衅开自我。"④实际上，这是福建、台湾某些官员的复杂心态，一方面，他们希望假手外人惩治"番民"；另一方面，却又提防外人攻城略地，据"番地"为己有。作为旁观者的《北华捷报》曾就此评论道：

当日本人第一次暗示要征服那些野蛮部落，并为此登陆台湾时，中国人并没有表示反对，反而为此感到高兴。他们合计着，不论（日本）何时完成（对"生番"的）征服工作，清政府无疑可趁机进入并占领这片至今未受其管辖的领土。但传闻日本将以软硬兼施（武力胁迫和金钱引诱）的方式来对付"生番"，并妄图领有这片土地，中国人顿时感到忧心忡忡、不知所措。⑤

在一定意义上讲，正因为此类"精明"的想法，"番地"一直没有得到有效治理，致使"番地"成为近代通商以及航运上的一块心病，日益激起外人的不满。同时，也预示着中外势力必然在此发生冲突。

---

① 《东洋请讨台湾生番论》，《申报》1873年7月24日。

② 《台湾土番考（中）》，原载《循环日报》，引自《申报》1874年5月12日。

③ 《总理各国事务恭亲王等奏》，载宝鋆等：《同治朝筹办夷务始末》第93卷，文海出版社1971年版，第8561页。

④ 《闽浙总督间署福建巡抚李鹤年奏》，载宝鋆等：《同治朝筹办夷务始末》第93卷，文海出版社1971年版，第8571—8572页。

⑤ "North-China Herald", July 18, 1874.

第二节 是非与真伪之辩

在"惩番"议题上，中外存在明显共识，那么，这是否意味着，同意日本出兵围剿？或者说，认为日本出兵台湾是义举？事实并非如此，在对日立场上舆论界分歧明显。

一、日文报刊美化侵略

鉴于日文报刊同政府的密切关系[1]，日文报刊同日本政府亦步亦趋，大力掩盖侵略事实甚至美化侵略：起先，当日本政府秘密部署侵台事宜之时，各日文报刊几乎是缄口不言。在日本侵台部署曝光之后，那些报刊也只是含蓄地提及日本殖民台东的计划，还有一部分报刊继续保持着沉默。[2] 而后，大力鼓吹日本出兵台湾系义举:《邮便报知新闻》故意采用"熟番"与"生番"的汉语称谓，大肆渲染"生番"之野蛮:"整个台湾东部都由番民居住。在这些番民中，接受了一定文明的被称之为'熟番'，他们能与中国人互通语言，并定期与他们进行交易，他们生性并不暴戾。另一个群体则谓之'生番'，有20万之众，他们同'熟番'进行交易，但基本不懂人伦。这些人又被称为'土番'，他们由十八个番社构成，野性十足，并且贪婪无比。"[3] 这则报道刻意将"熟番"与"生番"进行比照，并非是想作人类学的科普，而意在说明，开化与未开化的霄壤之别。接受了一定文明的"熟番"不仅能讲汉语，能与汉民交易，更为重要的是，他们有了一定的教化之后，已通人性，生性不再暴戾，对文明的世界不再是一个威胁。那些尚未开化，或者说尚未接受文明的"生番"则不然，他们"不懂人伦""野性十足，并且十分贪婪"，加之他们"有20万之众"，而且体格强健，不言而喻，他们对文明的世界是十足的威胁。因此，日本的军事行动就是要解除这个威胁，自然是义举。《东京日日新闻》更是大言不惭地指出:"仅仅是让

---

① 日文报刊同日本政府有着千丝万缕的联系，如《新闻杂志》由木户孝允提供黄金十两，示意山县笃藏创办。（[日]伊藤正德：《新闻五十年史》，鳟书房1947年版，第52页。）《东京日日新闻》得到了大隈重信、江藤新平等人的支持。

② Robert Eskildsen: "Of Civilization and Savages: The Mimetic Imperialsm of Japan's 1874 Expedition to Taiwan." *The American Historical Review*, vol.107, no.2, (April 2002), pp.388-418.

③ 《邮便报知新闻》（1874.4.16），转引自 Robert Eskildsen: "Of Civilization and Savages: The Mimetic Imperialsm of Japan's 1874 Expedition to Taiwan." *The American Historical Review*, vol.107, no.2, (April 2002), pp.388-418.

当地人臣服似乎不太可能在短时间内使他们的思想获得启蒙。因为他们有所谓的儒家习气，所以他们将永远停留在前文明阶段。谈到开发台湾岛这项紧急事务，没有比被日本殖民更好的方法了。"而且，"由中国人的疏忽与懒散，此地早已被中国政府遗弃"。[1] 为此，该报还于5月15日刊出了一幅名为"台湾全图"的地图，将台湾一分为二，一边是清朝领地，一边是"土番"领地，界限分明。根据这幅地图，台湾东南部的大片土地（占了台湾幅员的一多半）被视为蛮荒无主之地。[2] 那么，按照这个逻辑，日本拓殖台湾不仅不是侵略，反而是一种收拾残局的"义举"。此外，为应对"台湾为中国领土"的国际舆论，《东京日日新闻》甚至不惜造谣，捏造了一通假电报，称："北京总理衙门近来致外务省的信函清楚地表明，副岛大使上年去中国时所讨论的话题之一，就是台湾（生番）问题，并得到答复：番地系化外之地，中国政教未及。因此，如果日本派员前往问罪，中国官宪并不反对。本信函的真实性不容置疑，这势必彻底击

---

① Matthew Fraleigh, "Japan's First War Reporter: Kishida Ginkō and the Taiwan Expedition", *Japanese Studies*, vol.30, no.1, (May 2010), pp.43-46.

② 这幅地图与李仙得早年所绘台湾地图大体一样，地图所列界限，完全是殖民侵略的逻辑。李仙得曾露骨地写道："现在要考虑的问题是，中国是否真已丧失其对福尔摩沙原住民地区的权利？对此，我的看法是，那是毫无疑问的。因中国不仅从未占据过那地区，而且自从征服了此岛的汉人部分后，亦并未表示有意以任何合法方式在原住民的那地区建立其权威。同时对福尔摩沙（台湾）的做法，总好像是将之视为一个与其毫无关连（联）的外国领地，或是一块空旷的土地。"（[美]李仙得：《台湾纪行》，费德廉、苏约翰主编，罗效德、费德廉译，台湾史博物馆2013年版，第321页。）不可否认，清政府对台湾的治理措施，极易贻人口实。有研究指出，"清统治台湾有非常确实的番界，番界以外的地区不是行政区划所及、实际上也是完全没有管辖的地方。清朝乾隆二十五年（1760）绘制的《台湾民番界址图》和新出土约绘制于1787的类似地图，很清楚可看到番界的南界是下苦溪，若以聚落而言，只到枋寮。"（周婉窈：《从琉球人船难受害到牡丹社事件："新"材料与多元诠释的可能》，《台湾风物》2015年第2期。）因而，殖民者们据此划定了领土界限，也就是说，清朝划定的民番界限被殖民者认作了领土界限。其实，清政府的初衷不过是民番隔离、分类治理，所划界限仅为治理界线，并非疆域界限。不料被殖民者们大加利用，作为殖民侵略的借口。此外，那时台湾官宪在处理中外纠纷时，因缺乏近代主权观念，亦易被侵略者抓住把柄。1867年台湾道吴大廷等奏称："距凤山县西十里打鼓口（高雄）放洋至琅𤩝约二百四十里之遥，由琅𤩝换小舟登岸，东折迄于傀儡（山名，在凤山县东南六十里），鸟道羊肠、菁深林密，自来人迹所罕到，亦版图所未收。"这是吴大廷在处理"罗妹号"事件上的呈词，奕訢洞悉其中有不当言辞，遂奏禀皇上："告以生番虽非法律能绳，其地究系中国地面，与该国领事等辩论，仍不可露出非中国版图之说，以至洋人生心。"（洪安全：《清宫洋务始末台湾史料》第一册，台北故宫博物院1999年版，第323页、第338—339页。）可事实上，吴大廷在致李仙得的信中依旧有类似声明："美国人遭此谋害，若非发生在中国领土，或在中国的海域上，而是在野蛮部落所占据的地区，则依条约不得要求救援。我们若有能力逮捕谋害者，必会乐于如此做，以使中国人能与外国人之间保持友好关系。然野蛮地区则不包括于我们的管辖范围之内。"李仙得还说："这些声明亦得到总理衙门的背书。"（[美]李仙得：《台湾纪行》，费德廉、苏约翰主编，罗效德、费德廉译，台湾史博物馆2013年版，第321—322页。）因而，李仙得据此认为，"番界"跟"番民"均不在清政府的管辖范围之内。

碎近来甚嚣尘上的流言蜚语。"①

二、中文报刊的辩驳与揭发

与日本的报刊状况有所不同,那时中国人自办报刊的情况并不理想。在中国大陆,国人自办报刊仅有《汇报》,香港也仅有《循环日报》。在这仅有的两份国人自办报刊中,《汇报》创刊之时,日军在台湾的军事行动已告一段落,《循环日报》又偏处香港一隅,在大陆发行得并不多。依此看来,在所有中文报刊中,真正对中国的舆论社会产生影响的应是《申报》《教会新报》《万国公报》《中西闻见录》等外人办的中文报刊。另外,清政府对待近代报刊的态度也与明治政府有别,清政府不仅不支持创办近代报刊,还时常对已有的中文报刊进行打压。奕䜣就曾照会英国驻华公使威妥玛(T. F. Wade):"查上海英国租界有英商美渣(Ernest Major,又译'美查')于上年创设《申报》馆,所刊之报,皆系汉文,并无洋字。其初原为贸易起见,迨后将无关贸易之事逐渐列入,妄论是非,谬加毁誉,甚至捏造谣言,煽惑人心,又复纵谈官事,横加谤议,即经职道(上海道台)函致英领事饬禁,未允照办。"故"要求威妥玛饬令英国驻上海领事:'凡不关贸易之事,不准列入《申报》'"。②即便如此,中文报刊特别是由中国人主笔的中文报刊,基本上是反对日本侵台的。

起初,《申报》等中文报刊昧于实情,一度对"中国许其自行征伐"的传闻将信将疑。一方面表示相信,"本国'先许东洋准其亲往台湾自行征罪伐恶',是言也,似属实有其事也"。③"相传云:总理衙门许日本自行惩办,其议,似固有之也"④;另一方面却不无疑虑,"然所许,恐仅属叙晤间偶及之而已。盖观于横滨西字日报,则准许之议皆杳渺无凭,即此,已可见也。然而,准他国兴大师来犯我外蕃者,岂有不以明约载记之理乎?故以实揣衡之,则大师征伐台湾之许,系属子虚。即有准行惩办系属口头言语,其议盖未有成约耳"。⑤在此期间,《申报》着眼于驳斥各种侵略借口、谎言,揭露侵略野心。

一面强调"许其自行征伐"并非"准该国盘踞其地",日本此举也并非仅为"惩办生番"而来,实际意在拓殖:

---

① 《东京日日新闻》(1874.6.15),转引自 "North-China Herald", July 4, 1874.

② 杨天石:《光绪皇帝的新闻思想》,《炎黄春秋》2003 年第 8 期。

③ 《再论东洋进征台湾略》,《申报》1874 年 4 月 23 日。

④ 《论台湾事》,《申报》1874 年 5 月 11 日。

⑤ 《论台湾事》,《申报》1874 年 5 月 11 日。

乃平心以揣度之，而东洋起师至七千之数，耗国帑至十兆之多，则岂有惟图惩办无知之"生番"为计，而无他图之理乎？若果然，仅与"生番"欲相持也，何需必措手于精于战谋之西人耶？昔日残害东洋水手之"生番"，固必有所之欲惩其人，姑遣兵船（内载五百）一只，而前仇即可报复也。乃何事而竟欲以七千余士出师耶？且平心以论之，此役之内而多有疑之者，而疑内所更加疑者。盖闻东洋国家已传云："生番"所踞之地于二百五十年已归东洋辖下，各乡村取名既多东音，而地人亦多东洋人之后裔，此皆仿佛普国前年剪据法国边郡而藉口曰"地人原与普人一部，故归之普内亦所宜也"之语。①

此论相对和缓，而另一篇署名"海上寓公"的读者来稿，则言辞激烈："夫台湾，我朝版舆之地也，且生番又属其地，化外之民也，故生番之不通王化，不服惩治，尽人而知之。不但东洋数人贸贸然往彼，自取其祸，即华人有误入其境者，虽盈千累万，彼亦可生噬而不恤也②。所怪东洋人与彼接壤，岂有不知其情性乎？乃竟自投罗网，致彼逞烹食之常，此皆东洋人自不知机，实是生番之素行常度也。乃今东洋人不知轻重缓急，不守法度规矩，遽尔兴师征讨以为报仇雪恨之计，岂知已视我朝有玩于股掌之势？！所以然者，诚以台湾为中国所隶之版图，而生番又为中国化外之顽民耳！"③

一面驳斥"番地无主论"和"实地查看说"。当时，"番地无主论"在国际舆论圈颇有市场，《日本邮报》（Japan Mail）表示"生番所居之地，不在中国之属下。且该番所行者中国人不与干已，中国推诿有凭可据"④。对此，《申报》反

---

① 《论台湾事》，《申报》1874 年 5 月 11 日。
② 此言不虚，汉人闯入"生番"地界而惨遭屠戮的事件史不绝书，乾隆四十六年，"据陈辉祖等奏，据淡水同知成履泰详报，月眉庄民林妈等于本年四月十二日入山樵采，误出界外，突出生番戕杀男妇二十八人。"见《尚书和珅字寄云贵总督富纲等奉上谕富纲于淡水月眉庄生番戕杀男妇之案未能即为查办著再传旨严行申饬》，载洪安全：《清宫廷寄档台湾史料》第一册，台北故宫博物院 1998 年版，第 131 页。
③ 海上寓公：《阅申报论台湾事》，《申报》1874 年 4 月 22 日。
④ 《再论东洋进征台湾略》，《申报》1874 年 4 月 23 日。《申报》称此说来自日本《横滨西报》，从《北华捷报》交代的消息来源可知，此说来自横滨的《日本邮报》。《北华捷报》称：《日本邮报》认为台湾远征将由三艘船只和大约 1000 人组成。日本政府为防止类似暴行发生而采取的计划就是占领台南，以便他们将来控制整个原住民住地。中国政府认为，中国放弃了对这片领土的所有管辖权，并否则对这片领土上各部落的所作所为负有责任。的确，中国地图上的台湾是由一条南北贯通的明线标识的，这是很明显的暗示。"见"North-China Herald", April 25, 1874.

驳道："夫台湾一岛，虽分为生番、熟番，熟番早归入本朝版图，而生番之处所亦隶在我朝之属下焉。近岛虽崇山一带，其中分设华官驻扎其西焉，而东境亦渐次以辟县地。"[1] "至于'生番之地中国不以为在属下，其肯舍予他国，使其随意侵夺'，此言吾不信也。试问：天下别有大国使镇据一岛，半余已入版图，其余惟俟渐次教化，逐一归服，而该国其肯袖手待别国来侵哉？实无其理矣。"[2]《申报》的反驳是有历史根据的，尽管清政府对"番地""番民"的治理乏善可陈，但清朝的政教在那里渐次普及却是不争的事实。"雍正元年，诏曰：'台湾自古不属中国，我皇考神武远届，拓入版图，（康熙）末年朱一贵倡乱，攻陷全台，诸臣凤禀方略，士卒感戴教养之恩，七日克复。当皇考春秋高迈，威播海外，所有立功将士，其各加等议叙。'于是增设彰化县及淡防厅，升澎湖巡检为海防同知，添置防兵，以守南北，而台湾之局势渐展矣。"[3] "（嘉庆）十四年夏五月，诏曰：'噶玛兰田土膏腴，米价较贱，民番流寓日多，若不官为经理，必致滋生事端。现在检查户口，漳人四万二千五百余丁，泉人二百五十余丁，粤人一百四十余丁，又有生熟各番杂处其中。该处居民大半漳人，以强凌弱，势所不免。必须有所钤制，方可相安无事。其未垦荒埔，查明地界，某处令某籍人民开垦，某处某社番耕作，尤须分划公平，以杜争端。至所设官职，应视其地方之广狭，酌量议添，或建为一邑，或设为分防厅镇。俱无不可。'"[4] 之后，置噶玛兰厅。可见，随着台地人口的迁徙、繁衍，清朝的政教有向台东、台南渐次推进之势。至于"实地查看说"，则源自日本外交人员的搪塞。4 月 14 日，陈福勋在致沈秉成的复函中写道："据日本翻译官神代延长云：二月二十八日（4月 14 日），接到长崎电报，派员前往台湾查问确情。"复函中还附有日本外务省的电报，电报云："我朝拟派员前往台湾者，系因前年我国人民在台湾生蛮地界，船只遭风，大受番人残害，实堪怜悯，是以遣员查问确情，以免将来再遭困苦耳。诚恐诈伪之徒，擅行谣言，故特用电知照。"[5] 这显然是日本外务省编造的用以搪塞中国官宪的谎言。对此，《申报》直呼不可信："噫，是何言欤！闻振旅万有五千人，而仅以'查看'为名乎？异哉，其言之不足信也！"进而驳斥

---

① 《论台湾征番事》，《申报》1874 年 4 月 16 日。

② 《再论东洋进征台湾略》，《申报》1874 年 4 月 23 日。

③ 连横：《台湾通史》上，商务印书馆 2010 年版，第 56 页。

④ 连横：《台湾通史》上，商务印书馆 2010 年版，第 63 页。

⑤ 《江苏同知陈福勋赴驻沪日本领事处探听禀复江南海关道沈秉成》，载王元穉：《甲戌公牍钞存》，文海出版社 1978 年版，第 4 页。

道："若兹之东洋兴师逞志经往我属地，而猥云'查看'者，是属无故而来犯我疆界矣。""夫东洋之弃旧求新，矜情强辩，固其国之机事，在他国亦不能与明言。至其求新而致于见嫌于己国之民，且遂起意称兵于我大邦之屏藩以图输服而兼并为塞怨计，是所谓义外之行，非王者之师也。而该国因得西式之船，效西国兵法之灵，则观其举动亦似怀纵横恃势之心矣！"①

而且，《申报》尚能看到，日本侵台背后的深层动因在于转嫁国内矛盾："东洋内怨通于一国也，起怨实出于改旧就新，一切苛政，而藉词在高丽、台湾二国人之肆辱纵虐也。其朝廷原意，欲安居容蓄，而怨萌经时一发，叛人虽幸得拔去根株，而其朝亦逼于徇顺舆情，犹如法国昔日与普国寻战，以将民间二意转属之于外事者。即东洋于今时，亦逼于外求纾怨之举也，非于台湾求衅，则于高丽下手，今高丽得免，而台湾生番将被罗致矣！"②这与时任《申报》主笔的蒋芷湘的国际视野密切相关，"据现有的一些资料来看，蒋其章（蒋芷湘本名）其人，相比当时旧式的文人而言，确实具有一种相对比较新潮、开放的心态"③。在《申报》创刊之初，蒋因"屡闻东洋风景，辄思一游，以扩眼界、以快胸襟"，于是决定乘万昌公司轮船游长崎。在长崎，他不仅接触到了日本特有的民俗文化（刺身、裸浴等），也见识了日本明治维新以来的诸多变化。抵达长崎第一日，即在友人家"道友朋之情愫，访朝廷之政教"，以致"未暇议及游事也"。④

6月2日，《申报》获悉李鹤年经陆心源转给品川忠道的照会后恍然大悟："可见兴师之擅矣。"⑤次日，《申报》一改此前将信将疑的态度，转而揭发日本欺骗舆论的伎俩："按东洋之于此役也，初意扬言中朝已弃生番之地，不予干涉，又言总理衙门已与前东洋使臣琐意西马（副岛种臣）言明。若果有此言，岂有弃自己之蕃服，任他邦之凭陵？如此重大要事而总无文据载之盟府耶？且中国既有此言而准其有此行，其何以东洋尚阴谋诡秘，乘我国之不知而肆其假道攻袭为耶？盖以此二端衡之，则知中国总无应许之言，并无准行之事，不过东洋欲乘机窃发，以肆其诡谋而已矣！"⑥《申报》进而认为，日本无权兴师："夫日

---

① 《再论东洋将征台湾事》，《申报》1874 年 4 月 17 日。
② 《论台湾征番事》，《申报》1874 年 4 月 16 日。
③ 邹国义：《第一部翻译小说〈昕夕闲谈〉译事考论》，《中华文史论丛》2008 年第 4 辑。
④ 小吉罗庵主：《游长崎岛》，《瀛寰琐记》1872 年 12 月。
⑤ 《台湾兵事已见公牍》，《申报》1874 年 6 月 2 日。
⑥ 《论东洋近日筹议情形》，《申报》1874 年 6 月 3 日。

本之犯台湾也,其所藉口者,生番惨杀琉球遭风之难民耳。彼亦知琉球虽彼之属国,亦为中国之蕃服乎?琉球臣服中国已久,深明中国政教,彼知生番有惨杀其难民者、亦有救护其难民者、固不可一律而论也。不然,彼岂不知赴愬于中国,而求正其罪以讨之乎!且彼亦未尝赴愬于日本也。"[1]创刊未久的《汇报》也谨慎地[2]表示:"台湾为中国内地,中杂生番,犹之琼州之有生黎也,野悍性成、不习礼仪,而中国大皇帝兼包并蓄、不甚苛求者,诚以天地之大,无所不容也。生番既产内地,则彼虽得罪日人,固宜请命中华惩以国法,何以率兴一旅,托词问罪,包藏祸心?揆之万国公法,诸多触背。"[3]

此际,又有"合力围剿"和类似"东洋门罗主义"的言论,替日本张目。为此,《申报》分别予以了辩驳。5月30日,有人[4]在《教会新报》上撰文称"东洋兴问罪之师,侵台湾之境,据台湾之城,围台湾之岛,合而讯其首从,执台湾之凶暴而正其典刑,势有不如是而不止",并吁请清政府合力围剿:"盛朝中兴郅治,寰海升平,华夏通商久有宾至如归之礼,断无纵台湾之凶顽而任东洋之杀伐,使台湾有假手于人之诛,东洋有侵我疆土之诮,当亦兴一旅之师助东洋之声势,则东洋之怨释、台湾之祸消!"[5]6月13日,《申报》刊发署名"维扬崇惠堂"的文章,斥其荒谬绝伦、"别有鬼蜮之心":"某者更欲我中国出师相助,以图结好于邻邦,可谓背谬绝伦,至矣、极矣!高丽,我中华之属国也,与日本比邻而为世仇,倘如某人之说,则他日日本加兵于高丽,我中国图结邻好亦将助日本以攻高丽乎?作此论者,不但背谬绝伦,揆厥用意,尚别有鬼蜮之心也。"[6]

与《教会新报》相映成趣,日本西文报刊则抛出一种类似"东洋门罗主义"的论调:"东洋人近年来见西人由渐侵入亚细亚洲,势若蔓延,于亚细亚人实为

---

① 《好战必亡论》,《申报》1874年7月29日。

② 《汇报》于1874年6月16日创刊,刊登此文的时间是6月21日,系该报第一篇有关日本侵台的评论。另外,此篇评论还一方面托名"西人",另一方面于文尾说明:"安本局于时事向不敢妄议,今亦西人来稿,语亦持平,故登录之。"(西人:《日本伐生番论》,《汇报》1874年6月21日。)可见其言行之谨慎。

③ 西人:《日本伐生番论》,《汇报》1874年6月21日。

④ 据《申报》判断,此人系上海日本侨民:"此篇议论则必出自寓沪东洋人之意,故内有'兴问罪之师,侵台湾之境,据台湾之域,不如是而不止'等语。一曰'台湾'、再曰'台湾',不分生番、中国,意在恫吓而愚我中国。"见维扬崇惠堂:《议林华书馆〈东洋伐台湾论〉》,《申报》1874年6月13日。

⑤ 江阴朱□秋甫:《东洋出师伐台湾论》,《教会新报》1874年5月30日。

⑥ 维扬崇惠堂:《议林华书馆〈东洋伐台湾论〉》,《申报》1874年6月13日。

可虑。于是揣度时势，毅然自信以为非有起以保障之，则将伊于胡底乎？今英、法两国在南，俄人在北，又荷兰及西班牙在东南海，皆已割据土地，称雄一时，而所尚未窥及者，则莫如台湾一岛。盖台湾为亚细亚迤东之海疆，则西人又从而得之，则亚细亚一洲无复有觊觎之望。况以中国之兵力，历年来未能慑服生番，彼西人见之，有不为之垂涎乎？吾今惟披甲执兵，率师往伐而据为己有，庶足免西人捷足先登耳。且使天下知欧洲之东，有英以钤制与国，亚细亚之东亦有日本为魁首，而克以挽回时势，以制限欧洲之侵凌。"①此种言论并未见诸日本外交文献，可能系西文报刊之捏造，实际表达了西方列强对日本占据台湾的担忧，因为这会影响到列强在台湾甚至整个东亚的利益。日本西文报刊的这种做法，并不是头一回，类似的情形在三年前就曾发生过。在1871年中日订约之际，日本的法文报刊《日本回声报》（L'echo du Japon）就曾捕风捉影地写道："有人向天皇政府建议，派遣特命全权公使与中国政府签订攻守作战同盟。这两国政府的意图，在于同别国交战时互相支援，尤其为应付两国同别国的作战。"②对于这种无耻谰言，《申报》驳斥道："东人之言如是，而余以为勇哉，东洋人之志欤！其见也不可谓非广大也！虽然，其或犹未之思乎，要知欲亚细亚人克与欧洲为劲敌，则在亚细亚诸国方宜共敦辑睦、气求同声而静以待时，乃兹反使亚细亚国肇衅兴戎、劳师糜饷而出于战争，岂为计之得乎？噫，此虽作堂堂正正之辞，诚恐其言不由衷，殆犹是掩耳盗铃而托辞以欺饰欤！况东洋近为俄国蚕食其北土而不与责言，乃反率师至中国属地以预杜西人之窥视，此真所谓舍近而图远也。"③

同日本西文报刊散布类似"东洋门罗主义"言论的动机相仿，《教会新报》在散布"合力围剿"说之余，于"编后语"中直陈"议论确有见地"④，这种"见地"体现在"合力围剿"能最大限度地满足列强的"惩番"共识，从而保障列强在台湾通商、传教活动的顺利进行。所不同者，西文报刊担心的是日本，而《教会新报》担心的是"生番"。这种差异很快随着形势的变化而消除，《教会新报》在日本侵台军事行动告一段落后，也将忧虑的目光转向了日本，公开反对日本占领台湾，呼吁日本撤兵。6月27日的《教会新报》罕见刊发一篇近五个

---

① 《论东洋伐生番说》，《申报》1874年6月20日。
② 王芸生：《六十年来中国与日本》第1册，生活·读书·新知三联书店2005年版，第50页。
③ 《论东洋伐生番说》，《申报》1874年6月20日。
④ 莲村：《"东洋出师伐台湾论"编后》，《教会新报》1874年5月30日。

版面的专论，自历史与法理的角度论证"台湾整体属于中国"的事实，并由此指陈日本之非。文章写道：

正一千六百八十三年，台湾之地自此归于中国（清朝），至今将二百年。其风俗、人事悉如中国。始而时乱时平，年复一年，便有广、闽、浙三省之人迁居台湾者不少，因三省人情不合，故常持械相攻报复仇怨，继经中国派设文武官员治理民情兼以兵丁守护地方，其台湾之西已为华民，名曰"熟番"。按台湾土人共分三类：一即"熟番"，野性全除，统遵中国教化，此等人亦已早经荷兰人开导蠢愚之后。一即"土人"，亦属中国，土俗未效中国，多有不知王化者，乃今之"生番"。又有一类，悉蛮野之人，不肯归服中国，常居山谷之中，自分党类，似南北亚美利坚之土人无二，亦不立王立主，举以酋长。其人身体长瘦，皮肤与中国人相同，头发长养、不着衣、皮肉染其色、下体围布至膝、牙齿染黑、耳系双环、颈项围领，居台湾之南，以竹搭屋、尖顶如棚、上覆其草、房之对径广四十尺。不用桌椅床凳，席地而食，以手指抓而食之。再近北方者，猎鹿为常业，以鹿皮为衣，即此等人缓而教之，亦不难为好百姓也。

以上所论台湾已属中国二百年由来，各西国与中国立合约、开口岸、来往贸易通商，无一不知其台湾皆属中国，人分三类，有全属、半属、未属者，人虽未全属中国，却无关乎地，土地实属于中国。且如美、英、日斯巴尼亚（西班牙）等国之地，亦有如此土人、纯野之分，从未闻人不属其国、地亦不属其国也。即以美国比喻，如有此等地方之三种土人伤残经过别国之人，别国应请美国查办，否则再请，如美国已经其请终不代办，而受害之国则可兴师直与美国理论，此万国公法中之条例也。若该国自行起兵亲自往办，又未得该地之国度凭据，此万国公法中之所未载。况如各国自有省分州县之别，若某处人民与某处结讼，尚需移文提卷获人解案，何况越国而至，显系违章。兹日本国之与"生番"一事，应先商之于中国，或中国不代其查办，又不容其自办，则可发兵往问中国辩其不办之理；或日本国先应得有中国皇上之任其自办确实凭据，然后方可自行办理。若使藉倚中国官员一语之误，但国家大事须以皇上印玺文件为凭，否则亦须总理衙门秉政者之手据方可取信。故闽督回文中言之在当悉照万国公法而论也。再显而易见，不独查办"生番"残害别国人之咎，且欲占据台湾之地方，殊不情理。照公论之，日本国应即退兵，愈早愈妥，退兵之后，亦当谆请中国查办"生番"。好在日本兵已经战胜"生番"，且"生番"死之不少，前仇已报，而中国闽督文内犹可代为办白，故日本退兵回国亦堂皇已极矣，不致有伤两国和好方是情理。①

　　《教会新报》的这一番论述与李鹤年的照会有不少相通之处，尤其在指陈侵略方面几无二致。尽管这篇文章的发表时间与刊发"合力围剿"观点的时间相隔不到一月，但命意已截然不同。结合文章提及的"闽督回文""闽督文内"等字眼，可知，同《申报》的恍然大悟一样，该文的写作受了李鹤年照会的影响，而主张"合力围剿"的文章则作于未悉照会之时。

　　9月以来，大久保利通同总理衙门反复就"番地归属"问题进行辩论。先是大久保提出"贵国既以生番之地谓为在版图内，然则何以迄今未曾开化番民？夫谓一国版图之地不得不由其主设官化导，不识中国于该生番果施几许政教乎？"②总理衙门的答复是："查台湾生番地方，中国宜其风俗，听其生聚，其力能输饷者则岁纳社饷，其质较秀良者则遴入社学，即宽大之政以寓教养之意。各归就近厅州县分辖，并非不设官也。特中国政教由渐而施，毫无勉强急遽之心。若广东琼州府生黎亦然，中国似此地方甚多，亦不止琼州、台湾等处也。况各省、各处办法均不相同，而番、黎等属办法尤有不同，此即条约（《中日修好条规》）中所载'两国政事禁令之各有异同'之议。"③大久保对此答复大为不满，遂予以逐条反驳：其一，不满"宜其风俗，听其生聚"之说，称："国之于新附邦土也，如其人民风俗无害治纪者，置而弗易，谓为宽大之政，亦可抑审讼断罪；凶贼必惩，为国大律。其俗从私，其律从公，故无律是无国也。此二语奚足以为属土之征？中国于上番果有立法治民之权，则其俗必不可纵者有一焉，曰：戕害漂民是也！此事土番习以为常、无所畏惮，中国以为尝有法治之实欤？"其二，不满"力能输饷者岁纳社饷"之说，称："夫国之征税，起于君民相约者也。所称'社饷'者，税之类欤？抑馈献之类欤？如弱者而馈献于强者，不得称为税也。其或不出于民，独出于酋目；或有往来两间贸易私垄断者，献其所获，藉名'社饷'，以图混冒，愿闻其详。"其三，不满"质较秀良者遴入社学"之说，称："天下无有教而不化之民，其教养土番之法，行于实际者果

① 《缘日本兵赴台湾论台湾属中国之始末》，《教会新报》1874 年 6 月 27 日。
② 《大久保面递第一条》，载洪安全：《清宫洋务始末台湾史料》第二册，台北故宫博物院1999 年版，第 1001—1002 页。
③ 《答复第一条》，载洪安全：《清宫洋务始末台湾史料》第二册，台北故宫博物院 1999 年版，第 1002 页。

50

有多少？何其狼心久而不化耶！如取二三番儿入学，未足以为教养之征。"其四，不满"各归就近厅州县分辖，并非不设官也"之说，称："山内山后地土悬绝、人迹罕至，今之府县遥为分辖者，果足以理讼狱、制凶残也欤？夫地方官司例须就地设置，令使遥辖人迹不到之地，尚得谓之设官之实乎？况讼狱不理、凶残不制，设官果何为哉？本大臣所问者在实不在名也。"其五，不满"中国政教由渐而施，毫无勉强急遽之心"之说，称："凡征服邦土，名之为义者，必须继以政教。今中国于台方既以版图自居，则其事责在中国，非独为土番，亦须为各外国之民不可一日忽诸者也。何独无勉强急遽之心耶？其政教由渐而施者，其开导必有端绪可睹，今台湾建设府县以来，二百有余岁，山内山后之民，未见开导之端，何其太慢耶？"其六，不满"此即条约中所载'两国政事禁令之各有异同'之议"之说，称："政事禁令遵俗制宜，固宜有小异；而惩恶劝善，是各国之所大同。今残暴不制，凶恶不殄，事涉两国，岂可置而不问？本大臣所欲知者，不在政令异同，惟在政令有无，以便确定台地之案，非敢妨害中国自主之权也。所引条约之义，与此无涉。"①大久保的这通反驳，令恭亲王奕䜣甚为恼火，他在给大久保的照会中写道："贵大臣昨交条说，又复于本衙门答复中逐一询诘，并究及政教实据"，"本王大臣若于国政中条分缕析、一一奉答，不独笔秃唇焦，更仆难数，且恐有背己国自主之条"②。然而，他还是一一进行了回应：之一，"夫中国于戕害漂民之案，如系中国所属之人，由地方官查办；如涉各国，由各国大臣照会本衙门行令地方官查办，或由领事照会就近关道查办。中国既有查办之权，是未尝以私害公、以律徇俗也。至其因地制宜，义各有当，不得谓之不公，以此为非属之征"。之二，"'社饷'之供，有原征实银、有原征土产、有土产折银，其中本色、折色随时酌量情形，并历年蠲缓升除，载在户部册籍"。之三，"夫教而即化，在上之心也；教而未即化，民质之不齐也。且教而未即化者，何国蔑有？其教而化者，教之证；其教而未即化者，不得执为未教之证，即不得藉此谓'地非其地、人非其人'之证。如谓台番狼心，皆久而不化，则贵国漂民利八等前在番地假馆授餐者，非台番耶？教养之征，固未尝执二三番儿入学为据，然亦不能因有未入学之番民，即为无教之征也"。之

---

① 《大久保摘录答复内数句为问》，载洪安全：《清宫洋务始末台湾史料》第二册，台北故宫博物院 1999 年版，第 1004—1007 页。

② 《答复大久保条问各节》，载洪安全：《清宫洋务始末台湾史料》第二册，台北故宫博物院 1999 年版，第 1009 页。

四，"查山内山后，皆台湾内山也。台湾为中国地方，台湾之内山，非中国地方乎？若统中国一村一社，随在设官，即应添设数千百万之官，可乎？所称'理讼狱、制凶残'等语，如其事不止番民，而关涉外国，应行查办者，已在前条所述，由地方官、关道查办之内矣"。之五，"夫台湾番民，诚如来文所言，责在中国。若开导太慢，非友邦之所宜代谋，他国不能责中国诸事太慢，犹之中国不能责他国诸事太速也"。之六，"中国治生番之政令，诚为遵俗制宜。至惩恶劝善，理之大同。制暴殄凶，断无置而不问之理，前条所云，一经知照，自应查办，可见中国并非置而不问也。贵大臣谓'非敢妨害中国自主之权'，诚如贵大臣所言，至《修好条规》第三条所载，'政事应听己国自主，彼此不得代谋干预'等语，本王大臣断不敢不永远遵守也"。①

客观而言，相对大久保满是引申与想象的演绎，奕䜣的回应则完全基于事实与法理，显得有理有据。得到奕䜣回应的大久保，又祭出了"公法"这面大旗："夫欧洲诸名公师所论公法，皆云：'政化不逮之地，不得以为所属'，是为理之公者。贵王大臣每援以为证者，系《台湾府志》一书。《府志》所引诸书，往往叙台番狂獉狼心嗜杀之状甚悉，而今既征之于实地，又见朝之相剽、夕之相杀，而无捕之之吏，无惩之之官，是谓有政令教化乎？贵王大臣既不欲笔秃唇焦，本大臣亦不愿联牍累简，今止要请教一言，曰：'不语化之内外，政之有无，未绳以法律之民，未设立郡县之地，而称该地在版图内，抑亦有说也欤？'此是两国议事吃紧公案，此案未了，所谓悉心同商办法者，将从何处说起，其将何以善将来乎？是本大臣所以不得已于再三也。附呈《公法汇钞》一册，以便照阅，幸垂熟思。抑中国既指台番自称以为属在版图，而疑我国有犯其权，以致节外生枝。所引《修好条规》，统系两国交际条款，今台番既在中国之外，则绝不与之相涉。"② 稍后，大久保又提出："前年英、美等国船客有为番民剽杀者，贵国已任其自办。"③ 面对大久保祭出的这面大旗，奕䜣等人似乎有些力有不逮，在接下来的照会中，一度表示："本王大臣未能详悉《泰西公法》全书精义，不相据以问难，而《修好条规》则所深悉，其应否以《条规》为据，亦自有公

---

① 《答复大久保问各节》，载洪安全：《清宫洋务始末台湾史料》第二册，台北故宫博物院1999年版，第1011—1016页。

② 《大久保照会》，载洪安全：《清宫洋务始末台湾史料》第二册，台北故宫博物院1999年版，第1019—1020页。

③ 《大久保照会》，载洪安全：《清宫洋务始末台湾史料》第二册，台北故宫博物院1999年版，第1032页。

论。"① 其实，奕䜣等人对国际法并不陌生，在此案发生的前十数年，总理衙门就已接触到国际法，而且，还曾大力支持过《万国公法》②的出版："该年（1863年）十一月蒲安臣（Anson Burlingame，时任美国驻华公使）介绍丁氏（丁韪良，《万国公法》的翻译者）于总理衙门。文祥因得崇厚方面的吹嘘，当时表示欢迎。旋由总理衙门派出章京陈钦、李常华、方浚师与毛鸿图四人，帮助丁氏删改字义，一年完成。后又由总理衙门给银五百两为印费。该书（《万国公法》）印成后，以三百部呈送总理衙门，由总理衙门发给各通商口岸，以为制伏外国领事官的法律。"③ 而奕䜣本人还曾实际运用于处理国际纠纷，然而，他只是抱持拿来主义的态度，从本心上却难以虚心接受："《大清律例》现经外国翻译，中国并未强外国以必行，岂有外国之书转强中国以必行之理？"④ 日本对待该书之态度却截然不同："《万国公法》在日本销行颇佳，先后翻刻达五次之多，即庆应元年（1865年）、四年（1868年）、明治八年（1875年）、十四年（1881年）、十九年（1886年）各版。"⑤ 因此，大久保主动祭出了国际法的大旗，奕䜣却只能表示"本王大臣未能详悉《泰西公法》全书精义，不相据以问难"。

好在这时《中西闻见录》发表了署名"皂白居士"的专论《台湾公案辩略》，从国际法的角度对日方相关主张进行了逐条批驳：

日本兴兵伐台湾"生番"，旋又占据其地，每引公法条例以饰其非。窃思万国通例所以称公法者，为其一秉大公，而一国不得私之；创公法之人，所以称公师者，为其持平论断，无倚无偏。今诚如日本所引者，则公法不复为公法，公师不得为公师，将何以通行于天下乎？用是一辩述之。

其引发得耳氏，（发得耳系瑞士国人，非法国人也），曰："一国新占旷地，非实力占有，即就其地建设馆司而获实益，公法不认其主权"一节。然法氏上

———————

① 《给大久保照会》，载洪安全：《清宫洋务始末台湾史料》第二册，台北故宫博物院1999年版，第1036页。

② "万国公法"一书，译自美国著名国际法学家亨利·惠顿（Henry Wheaton,1785—1848）于1836年出版的《国际法原理》（*Elements of International Law*）一书，翻译者是美国传教士丁韪良（William M.P.Matin,1827—1916），于1864年（同治三年）冬在总理各国事务衙门资助下由丁韪良创办的教会学校崇实馆刊印发行。"引自[美]惠顿：《万国公法》"点校者前言"，丁韪良译，何勤华点校，中国政法大学出版社2002年版，第6页。

③ 蒋廷黻：《国际公法输入中国之起始》，《政治学报》1932年第2卷。

④ 蒋廷黻：《国际公法输入中国之起始》，《政治学报》1932年第2卷。

⑤ 田涛：《国际法输入与晚清中国》，济南出版社2001年版，第61页。

文曰："航海之人，秉君国信凭，寻觅海岛或空地，往往为己国占为属地，而后该国若有迁彼而居者，各国概认其主权。"今中国既于台湾设郡县，华民数十万迁居生聚者二百余年，岂非实力占有？虽于东岸未建设官司，然亦与各国常例——于海岛占据一边，全岛亦归该国之例相符。况法氏所谓"各国认其主权者"，中国亦有之，盖台湾归中国，其主权二百年来，为各国所认，而莫之争焉！即西国地图而论，莫不以台湾归中国。即其事实而论，亦莫不以主权归中国。前此美国人于台湾遭患被害，美国先诉之于中国，而后遣兵伐"生番"，然兵船并未流连，仍由中国办理。日本未发兵之先，亦曾以情诉之中国，非中国实有主权，两国何以先后申诉而明认之乎？

其引麻氏言曰："一国徒宣告占有之意，不足以为占有。虽寻觅一岛，固属创获，非有实力掌管之迹，不足以为占有。"理固确凿，其如与台湾一案，渺不相涉何！盖中国从无徒宣告占有之意，而信有占有之实。试观台湾设立府厅县汛，岂非实力掌管之确据乎？若谓郡县设于偏旁，化泽不及东岛，"生番"即不足为掌管。不思英之于澳大利亚、西班牙之于吕宋、荷兰之于苏门答腊，各道皆然，均有不服化之土人。设他国藉端取其尺寸之地，其国必鸣鼓而攻，不能坐听攘割也明矣！即日本亦复如是，其四大岛，最北者名耶瑣，有虾夷居之，日本惟居南沿海口数处而已，若华人与虾夷寻隙，而以兵占其地，试问日本能甘心乎？且所引麻氏"一国专管之权，行于接近地土及岛屿、不容他国揽越"之言，有足证其非者。盖台湾全岛与中国接近，"生番"复与中国所设郡县毗连，自属中国管辖，岂容他国揽越哉？

其引叶氏（亦作海氏）曰："凡有掌管地土之意向者，必要继以实力占有，又证以永远制治之措置"，此与中国所行无不相符。盖建城设官二百余年，若不足证其永远制治之意，则更无可证矣！然其所引，惟此一条，而不引叶氏第十一条所云："各国掌地之主权，根据有五：与地主议明而得者一也；遇无人掌管之地而自占踞之一也；其地历来为己有而无人在其先者一也；其地系久属，而各国往来以实事认其主权者一也；以兵力征服而得之一也。"此五者，中国明有其二。盖大清于中华定鼎之初，正值郑氏以台湾归诚之始，兹后各国莫不认之为属华，虽日本亦曾认之，则今日之视"番地"为不属华，亦属矛盾。

至所引貌氏："兼并蛮夷之地者，必当教化其民、创造其政，方得主权。"今台湾有"熟番"，已服教化。若以"生番"梗化不服，便谓中国无主权，即可以美国无管辖红苗之权，以英、荷、西等国无管辖南海岛夷之权，而日本亦无管辖北海岛夷之权矣，有是理乎？[①]

　　这一通批驳，不仅点出了大久保对国际法的断章取义，而且也揭露了他对人对己的双重标准及其自相矛盾之处，原先貌似有理的观点、论据便随之被推翻。于中国本已疲软的外交而言，不啻一剂起死回生的强心针。该文反响颇大，远在上海的《万国公报》随后亦转载了此文。[②] 论述及此，我们不禁对"皂白居士"有些好奇，他究系何人？张卫明认为他是"京师同文馆的学生"，"皂白居士"系其笔名[③]。白瑞华（R. S. Britton）认为"皂白居士"就是丁韪良（W. A. P. Martin），他在《中国报纸（1800—1912）》一书中写道："1871年，琉球漂民被台湾生番杀害，中日矛盾因此事件升级，丁韪良从国际法角度撰写文章，对此进行分析。"[④] 尽管不能确定"皂白居士"就是丁韪良，但可以论证该文的写作、发表同他有十分密切的关系：他是《万国公法》的译者、京师同文馆的总教习、《中西闻见录》的编撰者。即便文章不是丁韪良亲自所写，但文章的写作尤其是发表，他应是知情的。

　　至于大久保所提"罗妹号"一事，舆论界也存在类似看法。如"7月20日（8月31日），香港《循环日报》中有论《必有备而战》一则，内云：'美（英）国人碧德灵（Pickering，一般译作毕卡林、必麒麟）深入生番境中，与生番头目结约定盟。盖前者英美商船遭风飘至台湾者，辄为生番所陷害，所擒之人即不殊首亦以奴隶使之，如此非一次，故碧德灵志在用兵于生番，其取道亦自岛西。而头目竟与盟约，隐然自为一国，当时其地官宪置之不问。事后英美朝廷皆以碧德灵为能于其事，俱有优赉。美国既可假道以伐生番，日本何不可援美国以为例一也？生番头目自行纳约于美国，则其不归于中朝之统辖也明矣！日本以兵力服其人而据其地，亦未可谓之非也'"。[⑤] 对此，《万国公报》一方面指陈"生番之地，原属中国。而各国商船经过受害，应请中国办理。况中国不当须请亦应格加保护各国经过商船，再约束生番不准残害经过之人"。另一方面原文刊登当年"中国台湾生番与美国所立之约，并中国官回复条议及闽粤庄头、

---

　　① 皂白居士：《台湾公案辩略》，《中西闻见录》1874年第26期。

　　② 《选二十六号〈中西闻见录〉皂白居士〈台湾公案辩略〉》，《万国公报》1874年11月28日。

　　③ 张卫明：《晚清中国对国际法的运用》，复旦大学博士学位论文，2011年，第49页。

　　④ 白瑞华：《中国报纸（1800—1912）》，王海译，暨南大学出版社2011年版，第66页。

　　⑤ 《中国台湾生番前与美国立约条款》，《万国公报》1874年9月19日。

四重溪熟番所具保结"。此举意在从证据上全面否定《循环日报》所云"而头目竟与盟约，隐然自为一国，当时其地官宪置之不问";"生番头目自行纳约于美国，则其不归于中朝之统辖也明矣"等妄言。从《万国公报》刊出的内容来看，当时中国官宪也是参与了约定的。"中国复条"中明确记载:"贵领事（李仙得）面见十八社番目卓杞笃，据称此次洋人被杀，实因从前龟子角生番曾被外国洋人无故杀灭，仅留二人，以致世世挟仇、心存报复。现在彼此和好，应请发给旗号交卓杞笃收领，并将旗式通知各国领事自相约束，嗣后商船遭风以便见旗救护，免致仇杀相寻，以绝后患";"和息之后，该生番再有戕杀情事，着落保结之闽粤头人帮拿凶番"。此外，"和约"与"保结"均视"番地""番民"为中国所属，而且特别强调中国官府对"番民""番地"的监管与约束之责。"和约"载:"琅璚应添设文官一员，炮台内设武官一员，文武二员专责管理生番及闽粤人";"保结"载:"嗣后，无论何国商船遭风到地，认明旗号，互相保护救援，不敢擅行杀害，递交闽粤头人送郡等情，清（闽庄头人张清）等愿出保结，保得琅璚十八社生番不敢擅杀。如有此事，一经官兵到地，愿同别社生番齐心协力、帮同拿凶、解官惩治，不敢推诿。"[1]

同《循环日报》一样，《申报》也曾发表类似文章。7月2日，《申报》刊登署名"东洋杞忧生"的来稿，谓:"彼生番者乘人之难而为盗、为贼，加之惨毒、残忍无所不到也。呜呼，其罪恶贯盈，有可赦之法乎？华官既知之而不理之，曰:'是度外之民，度外置而不问也！'故去年我朝副岛大臣之在北京也，与总理衙门王大臣等议及之，王大臣等议定曰:'台湾生番之罪，一委任之东朝处分，不肯支吾也'。"[2] 文中"我朝"二字表明，作者是日本人。照理，此时《申报》不应发表这类文章，因为，《申报》自六月初获悉李鹤年转给品川的照会后，便已不再相信"中国许日本自行征伐"的传闻，转而认为日本"兴师之擅"。一个月后再发"许其自征"的文章，的确有些奇怪。两个多月后，《申报》发表署名"言佃敬委夫"的文章，对上文予以辩驳。撰稿人透露:"此稿寄交《汇报》馆月余，未见刊列报中，不解其意"，可见，此文被搁置了一个多月。所幸《申报》予以了全文登载（分作9月7日和9日两次刊登），尽管距离"东洋杞忧生"的来稿已两个多月，但亦不失为一种回应。该文辩驳道:"生番之为中国人、番社之为中国土，总理衙门并无允准东人往征明文";"东国欲

---

[1] 《中国台湾生番前与美国立约条款》，《万国公报》1874年9月19日。

[2] 东洋杞忧生:《来稿》，《申报》1874年7月2日。

兴问罪之师,义当先行照会,若中国不为惩办,然后约期往征,方为正理。乃兵船已到厦门,始有照会通知,随即率兵前去。一似匪徒向劫,甫唤开门,即已破扉直入,以出人意外为得计,尚复自称至当。"并举例道:"先是同治六年,美国'罗妹'遭风到彼,冲礁沉没,凫水得生者被番所害。美领事李让礼申呈前闽浙总督,言中国不办,当驾兵船往剿,即经檄委府、厅大员督带兵勇亲莅究惩。李领事停止兵船,另坐轮船往观。生番畏罪悔过,送还洋妇尸骨及洋镜、影像等物。李领事旋与番目祝其笃讲好立约,照会撤兵,并议定龟鼻山顶建设营房防护商舟,事乃完结。若非中国疆土,何以美国照请中国惩办?"①

三、英文报刊摇摆不定

与日文报刊和中文报刊的鲜明立场有所不同,以英文报刊为代表的西文报刊的对日立场则相对复杂。上文提及的《日本公报》《日本每日先驱报》等在日英文报刊于日本侵台部署曝光之初,即一致认为台湾为中国领土,并极力反对日本出兵台湾(前文已有交代,在此不再赘言)。在华的《北华捷报》明知台湾系中国领土,却有意袒护日本。4月18日,得到日本远征台湾消息的《北华捷报》一方面表示"此次远征的威胁来自中国对该岛的主权声索"②;一方面却说:"中国政府认为,中国放弃了对这片领土的所有管辖权,并否定对这片领土上各部落的所作所为负有责任。的确,中国地图上的台湾是由一条南北贯通的明线标识的,这是很明显的暗示。"③"中国人可能会说:'我们告诉你们可以惩罚罪犯,但并没叫你们去殖民台湾。'但日本有一个清楚的回复:'免责声明意味着权力的丧失。'如果你们领有台湾,就要对你们的臣民负责;反之也必然是正确的。你们声明你们对他们不负管理之责,这样的话,就否定了你们所谓的主权。我们同意你们的那个'声明',因此,我们那样做是自由的。"④甚至不惜对李鹤年转给品川领事的照会妄加诡辩:

中国人过去一直否认,并且仍然否认他们对番地上的所作所为负有责任,尽管日前一位高级官员(李鹤年)写下了同此相冲突的文字。用我自己的护照

---

① 言佴敬委夫:《东洋杞忧生述征番事辩谬》,《申报》1874年9月7日。

② "*North-China Herald*", April 18, 1874.

③ "*North-China Herald*", April 25, 1874.

④ "*North-China Herald*", May 30, 1874.

可资证明，这些文字见之于用英文书写的"注意事项"，也见之于中文的印戳，那就是"在番地通行不受保护"。

这位中国官员援引了日本人受到礼遇的孤证，这的确是个例外。事情是这样的，它发生在通商口岸官员们的眼皮底下。去年春天，在一次日本沉船事件中，四名幸存者在台湾东南海岸被驱赶上岸，由一位头人照料。那位头人对世界的感知大体源自其在打狗（高雄）医院所获救治。他知道自己可能会因此而得到回报，将他们留在家里过了大约两个月，时机成熟时便把他们带到打狗，之后送往府城。①

诚然，中国不许外国人擅自在"番地"通商、传教、游历，这是事实，亦载入各类通商、传教的文书，李鹤年转给品川的照会并未就此提出异议。《北华捷报》混淆了两个概念："不许深入番地通商、传教、游历"与"船难幸存者在番地遇劫"，前者有明文禁令，后者则不在那些禁令之中，属于例外情形，对此例外情形，清政府一向持救护、抚恤的态度，"清廷对所有外国漂抵船只和漂流民，采取一视同仁的做法，动用公费，赏给衣粮，修理舟楫，遣返本国"②。至于对日本难民的救护，并非仅此一次，因为自 18 世纪中叶以来，已形成固定的日本难民遣送路线，即"由嘉兴府属乍浦归国"③，百余年来究竟有多少日本难民被救护，已无从考究，但有一点是确定的——绝非一次，否则难以形成固定的遣送路线。而且，清廷对"番民"与外人的纠纷也并非坐视不理。1865 年，法国天主教传教士在藏区遇袭身亡，尽管颇觉"西藏番情桀骜"④，但总理衙门因"事关人命重案"，故一再催促景纹，责令其会同"得力番官"尽速查办。⑤

在日与在华英文报刊截然相反的态度，也为身处其中的某些英文报刊所察

---

① "North-China Herald", July 18, 1874.

② 刘序枫:《清代档案与环东亚海域的海难事件研究：兼论海难民遣返网络的形成》,《故宫学术季刊》2006 年第 2 期。

③ 刘序枫:《清代档案与环东亚海域的海难事件研究：兼论海难民遣返网络的形成》,《故宫学术季刊》2006 年第 2 期。

④ 时任驻藏大臣的景纹奏报，在藏地官员看来，"（法国天主教士）前在猛卡地方建教堂传教，煽惑愚番，是其居心欲侵占藏属地面，我阖藏僧俗原以黄教为主，誓死不愿外国之人入境传教"。因此，他有"西藏番情桀骜"之感。见《天主教在猛卡被番民劫杀一案请在川省拣派司道一二员赴猛卡会办由》，1867 年 1 月 23 日，台北"中研院"近史所档案馆藏，清总理衙门档 01-12-224-04-019。

⑤ 《咨复天主教在猛卡被番民劫杀一案仍由西藏派员查办俟禀复到日再行咨报由》，1868 年 1 月 18 日，台北"中研院"近史所档案馆藏，清总理衙门档 01-12-225-01-005。

觉。1874 年 8 月 1 日，《日本邮报周刊》撰文指出：“在日本的外国媒体以及一般的外国大众，几乎同声一气地谴责日本政府的行径；而另一方面，在中国的外国观察家却同样普遍地批评中国当局的政策。”① 不过，后来在日的英文报刊也多倾向于日本②。《北华捷报》《字林西报》则除了继续为日本侵略行径辩护之外，还对中国不乏揶揄、不屑之词：

对中国官员来说，无异于自尝苦果，因为这一切源于他们平时的敷衍塞责。总理衙门极有可能否认，曾告知副岛种臣“中国从未宣称东半部台湾属于中国”，然而，这需要有力的证据。毫无疑问，中国人并不认为他们是东部台湾的主人，因为在他们看来，惟有实际控制（征服）才能宣示主权。只有当他们发现，外国人认为他们对台湾全岛拥有主权，才开始意识到自己的无知与昏庸。总理衙门官员们的免责声明及将“讨番”任务推给倭奴（Japanese barbarians）的做法，无疑貌似精明的政治举措。然而，他们毫无政治远见，以致难以预料由此引起的后果。自幼长在京城、一直受古老传统束缚的人们，怎能对外面的事件作出合理的判断呢？……他们一贯视“四书五经”、小楷积习和繁文缛节为修齐治平之至要。③

这篇文章发表于 6 月 27 日的《北华捷报》，头一天的《字林西报》已发表该文。在《北华捷报》刊登该文的同一天，《申报》也将其译文刊出，并直接将标题拟作《译十三日字林报论台湾事》，此处的“十三日”系农历五月十三日，即阳历 6 月 26 日。英文原文对中国的贬损太过，以至《申报》在译载时，将一些特别刺眼的字眼拿掉，换作与原文不太相干的表述。如，拿掉“foolish”“weak”两词，将“they begin to think they have been foolish as well as weak”一句译为“然后华官始悔其前言之失耳”；拿掉“seem”一词，将“It no doubt seemed very clever statemanship”一句译为“方以为办理外务之良策”。④

---

① 聂友军：《1874 年横滨英文报刊对“台湾远征”的报道——以〈日本笨拙〉与〈日本邮报周刊〉为中心》，《年报非文字资料研究》2014 年第 10 期。

② 聂友军较为细致地考察了日本英文报刊的态度转变，详见聂友军：《1874 年横滨英文报刊对“台湾远征”的报道——以〈日本笨拙〉与〈日本邮报周刊〉为中心》，《年报非文字资料研究》2014 年第 10 期。

③ "The Japanese in Formosa"，*North-China Herald*，June 27,1874.

④ 具体译文详见《译十三日字林报论台湾事》，《申报》1874 年 6 月 27 日。

第三节　日军媒体形象之对立

各报对日本侵台行径的是非与真伪之辩，多属论理，主要是自历史、法理、逻辑等方面展开，表意相对直接；而对日军形象之刻画则常常借助于描写、抒情、想象、联想等文学的手法，表意相对隐晦、含蓄。

一、正面形象之塑造

日文报刊自然是不遗余力地塑造日军的正面形象，除此之外，也有一些外国报刊、报人参与其间。首先，将日本军队刻画为文明之师的形象，而其在台地的剿抚行为则被视为文明征服野蛮的开化之举。《东京日日新闻》曾这样写道：

他（西乡从道）召集七位头人，并告诫他们，既倚重军事力量，也有赖信任。这些头人们感激涕零并听从他的吩咐，请求成为攻打牡丹社的先锋。如此一来，他们被赐予我大日本国的国旗，还有剑跟毯子。随后，他们被邀请参加宴会，享用啤酒和香槟。[①]

Matthew Fraleigh 认为，"日本明治初期，啤酒和香槟是相对新潮的饮品，这些'文明开化'时代的流行标识令同时代的读者大开眼界。分享的这些新奇物件（啤酒和香槟），加上赐予的日本国旗和剑等新兴国家的象征，凸显了文明使命的杂合性。台湾土番们屈服于一种明白晓畅的日本威权，不过，这种威权也同样包含着而且传授着现代'文明'"。[②] 即是说，头人对西乡的屈服，国旗与剑的赐予以及啤酒和香槟的分享，每一个细节都昭示着日本军队从头到脚都闪耀着现代文明的光辉，而无论其"剿"还是"抚"，均是对现代文明的传授。因此，即便是残酷的杀戮，也被说成是"文明开化的必要步骤"：

---

① Matthew Fraleigh, "Japan's First War Reporter: Kishida Ginkō and the Taiwan Expedition", *Japanese Studies*, vol.30, no.1, (May 2010), pp.43-46.

② Matthew Fraleigh, "Japan's First War Reporter: Kishida Ginkō and the Taiwan Expedition", *Japanese Studies*, vol.30, no.1, (May 2010), pp.43-46.

所有台湾"土番"均已屈服于我们的武力，只有牡丹社逃匿至深山而不出，全军从三个方面对其发动大规模攻击，并放火烧山以致他们无处藏匿；已经降服的头目们充当中间人。1874 年 7 月的第一天，牡丹社人来到司令部，不仅为他们（过去的）罪过致歉，而且投诚了。此后，"番地"彻底平静了。不得不说，"惩番"的远征是开启这片土地文明进程的第一步！①

此外，日本报刊还大肆渲染牡丹社少女渡日的消息，6 月 26 日的《东京日日新闻》"配有一幅插图，上书'台湾牡丹少女'，画中日本兵士正在替小台（牡丹社少女的昵称）穿都督赏赐的漂亮和服"②。7 月 4 日，《北华捷报》也援引《长崎日升报》（Nagasaki Rising Sun）的消息称："她是在部队在进军那片山区时俘获的。这个女孩看上去约摸 11 岁，眼睛深陷，其中一只眼睛瞎了，鼻子扁平，颧骨突出，她的长相更类南洋土人而不是中国人。她被暂置于长崎海关大楼，在那里她受到四方宾客的尊敬。（尔后）她被一艘日本轮船送到东京，（在那里）她受到了礼遇，玩具任其摆弄，她对战争给她年轻的生命所带来的命运转变，似乎颇为满意。"③ 这番渲染无非是通过"牡丹社少女"渡日以来的种种礼遇及变化④，将日军塑造成文明之师的正面形象。

其次，将日本军队刻画成威武之师、胜利之师的形象。对日军威武、胜利形象的刻画，突出地体现在有关"石门之战"的报道中。6 月 13 日，《北华捷报》在报道"石门之战"时写道："这次作战很艰苦"，"土番一般都在掩体下猛地站起来，先开火，然后逃跑、重新占据有利地形"；"日本人极其勇敢"，"他们唯一的'缺点'是过于无视自己的生命，宁可自己冲上去，也不愿采取土番

---

① Robert Eskildsen: "Of Civilization and Savages: The Mimetic Imperialsm of Japan's 1874 Expedition to Taiwan." *The American Historical Review*, vol.107, no.2, (April 2002), pp.388-418.

② 周婉窈：《从琉球人船难受害到牡丹社事件："新"材料与多元诠释的可能》，《台湾风物》2015 年第 2 期。

③ "*North - China Herald*", July 4, 1874.

④ 陈其南在《牡丹少女事件簿》一书中记载："台湾蕃地事务局对于'教化'小台可谓不惜成本，该事务局每月支给小台的照顾人上田发太郎 20 圆，作为小台在东京的生活照护和教育费用。当时雇请一位看护的妇人，日夜陪伴她。一旦有疾病，上田氏一定要上报，立即延医治疗。诸多费用可向大藏省申请。小台的教育，包括语言、裁缝以及教养三大类。根据上田的报告，小台在东京不满一月就已经通语言和礼节。更令人惊奇的是，不久之后，上田竟然请当时的名儒学者和诗人佐佐木支阴来教小台日文！"转引自周婉窈：《从琉球人船难受害到牡丹社事件："新"材料与多元诠释的可能》，《台湾风物》2015 年第 2 期。

的策略——充分利用掩体"①。7月4日,该报还刊登了转自日本报刊的西乡从道亲笔信,信中写道:

鉴于明天(5月27日)"高砂丸"(Takasago-maru)将前往长崎,于是我趁机发出这封信。我离开时曾得到不轻易同台民开战的指令。"日进"(Nishin)、"春日"(Moshin)及其他抵达琅璚的舰船,停泊在琅璚湾(harbour Ronkiyo)。当"日进"舰沿海岸测量之时,它遭到了来自岸上的攻击,并导致轻微受损。由于这个原因,我打算将营地移至通向牡丹社的四重溪口(a valley at Shiyu)。于是,(5月)18日派遣了一些侦察兵前去打探情况,他们突然遇袭;(5月)21日,他们再次遭到伏击。因此,次日(5月22日),我向四重溪周边的三个村庄派了200人,去收缴"土番"们所持兵器。晌午前,便已将他们的兵器悉数缴获,且沿着溪流行军约4、5町(cho),为日后进攻进行侦察。行至一个叫"石门"(Sekimon)的要害处,只见"土番"们开始集结,士兵们猛烈地向他们射击,一场持续两小时的战争随之爆发。我们终于胜利了,我们斩获了12颗敌人首级。据当地"土番"报告,其中包括牡丹社头目的首级。另据推测,他们中的死伤者更是难以胜数。我们有14名死伤者。自此战役以来,"土番"们甚是畏惧,而且一些人还给我们送来了酒和鱼。

(5月)24日,卓杞笃(Tasotoku,实为潘文杰),猪朥束社(Tsurare tribe)头目;伊萨(Isa),小麻里社(Sapane tribe)头目;卡露特艾(Carbai),蚊蟀社(Mansutan tribe)头目;皮那莱(Hinarai),龙兰社(Rezvan tribe)头目;朱雷(Tsurai),加芝来社(Kachirai tribe)头目等等提出投诚,并送给我们一些牛和家禽。我与其他官佐同他们举行了会议,给他们逐一下令:无论在何处遇到牡丹社的人,均应反抗之。在会议上,他们表示,牡丹社有30人在石门战役中被杀,并且,他们为牡丹社首领及其儿子的死亡所慑服。这大概是因为,死者中有人胳膊上所戴银环和徽章,与这五位头人的佩戴相似。

我们拟于下月(6月)2号或3号向牡丹社进军,并相信能很快将他们降服。②

① "The War in Formosa","*North - China Herald*",June 13, 1874.

② "The Formosa Expedition","*North - China Herald*",July 4, 1874.

二、还原侵略者形象

与此同时，日军无恶不作与失道寡助的负面形象也在国际舆论圈传播。《日本邮报》所刊台民来信颇为典型，这封信历数了日军在台的累累罪行以及台民的种种不满：

他们到台之初，以甜言蜜语和小恩小惠等方式，骗取了邻近居民的信任。但五月间（阳历七月间），一名日本士兵无故开枪打死了一名叫黄文竹（Huang Wen-chu）的柴城男子。另有一些日本士兵调戏新街（Hsin-chieh）兴顺商店（Hsing-shun shop）的杨姓女子——文真（Wen-chen）之妻，她的叔叔张赛生（音译，亦作"张来生"）（Chang Saisheng）上前劝阻，其中一人竟用军刀砍他。乡亲们愤怒地朝他们扔石子，并叫喊着抓住他们，这时，他们悉数逃离。为此，（乡民）曾向日军统帅控诉，但他却无动于衷。现在，日本人乱闯民宅，对居民的惊扰不可言状。因此，柴城的居民一致同意禁止任何人为日军服务或与之打交道。日军的罪行，罄竹难书。①

这令日军相当难堪，于是，日军投书字林报馆辩称："日前传说日师之驻台者，五月二十八日（7月11日）有日兵闯至村落间，强逼妇女，因而互启争衅，杀毙多命一节，当查并无其事。实缘日兵数人于是日同赴坊间采买书籍，为该店妇唾骂并捡他物抛击门外。"不仅如此，还谎称："该处土人与日兵极相浃洽，且喜其久驻于台。"②其实，《日本邮报》所刊事实同样见之于沈葆桢、潘霨等人的奏折，据称："五月二十八日（7月11日），有倭兵五人在柴城调戏民妇张杨氏，其族人张来生前往阻止，为倭奴刀戮，身受重伤数处，乡邻掷石喊捕，一倭兵头额受伤，乃归率五六十人寻杀，经其魁遏之始息。臣等一面委员验明张来生伤痕，一面照会倭将查办。据委员报称，张来生伤已渐瘥，而倭将于臣等照会仍置之不复。"③另外，由西乡从道"置之不复"的态度亦可推断，此事并非子虚乌有，如若不实，西乡定会辩解，断然不会置若罔闻。可见日军所谓"辩诬"，不过是贼喊捉贼、混淆视听罢了，其目的无非是消除不利影响、维护日军

---

① "PLACARD BY 'ALL THE SCHOLARS AND PEOPLE OF FORMOSA'" (Translation-from the "Japan Mail"), "North-China Herald", November 5, 1874.

② 《日人来书辩诬》，《汇报》1874 年 10 月 5 日。

③ 《钦差大臣沈葆桢等奏》，载王元穉：《甲戌公牍钞存》，文海出版社 1978 年版，第 103 页。

的正面形象。

中文报刊尽管长期苦于没有一手消息①,如《申报》所陈:"自东人涉履台湾以来,其先后各情,本馆曾已陆续登录,顾皆藉西人转述,而西人又不通于华语及日本之言,则其转述或不免有失确处。"②但是,这并不意味着它们没有关注到日军在台军事行动,它们从包括日本报刊在内的其他报刊获取相关消息,然后,从中发掘日军的负面信息,作不利于日方的解读。

6月6日,《申报》援引长崎、香港两地报刊的消息,对"石门之战"进行了报道:"长崎西字新报传曰:四月十四日(5月29日),有日本新购火船名'犹可马鱼'(高砂号,系英文 Takasaya-maru 的音译)者,由台湾而回,具报曰:'先发载兵之四船既及台湾,立使兵丁登崖。不多时,一哨探兵为生番弋获,当即剥衣斩首焉!既而东兵挑战,将生番败退,东兵阵亡者一、士受伤者又一名,生番死伤者共五十余人。'先此,又有东洋小火轮艇二只在沿滨海探测,突有岸上暗伏之生番开枪轰击;东兵还击,生番立即鸟散。""又香港西报传述厦门四月十二日(5月27日)寄至信札曰:五、六日之前,东师发兵一百五十人,往山内侦探。既走较远,遥见生番数人摇手,如欲召来状,东兵三人应召而前。及相距十五步,番人忽以铳开击,中弹毙命一人、受伤者又一人,带伤者与一未伤之人作速奔回。事闻于元将(西乡从道),即下令此征不必获因,惟杀为章。于是,商定围攻附近一小村。既二日,照议于天未明时以五、六百人围攻之。两造相战,由是而起焉。其细情尚未得悉。顾传闻东兵被杀二人,而其徒亦以番首十一级并获弓箭、矛铳多件而归营云。"③

6月9日,又援引香港西文报刊的消息,予以多方关注:"香港西字新报曰:日报者特派有主笔之士往台湾东洋营内,传记日录事焉。今将该士人所寄函译出,相于别传更为可据。四月初六日(5月21日),记曰:东兵屯于琅璚,距打狗(今高雄)一百二十里、离岛之南滨不过三十里,有平原长方五、六里。原内华乡数处,该人于北京来往,皆因山路有盗,故乘船一行。初,东兵扎营在平原之上,处位似属甚便。奈绵雨速下,屯兵势如寝卧水中。于是,移营于

---

① 陈霭亭等香港中文报刊的记者一度被派往台湾,但并未深入"番地";《申报》也"于月前(6月中旬的样子)曾经特派华友径赴台湾战场,以记述诸事"(《台湾近势》,《申报》1874年7月3日),但其时,日本军事行动已告一段落,因此,该特派员给《申报》发来的所谓"战地通信",不过是一些旧闻与背景资料的介绍,详见《台湾军务实录》(《申报》1874年7月22日)。

② 《台湾近势》,《申报》1874年7月3日。

③ 《台湾近日交锋情形》,《申报》1874年6月6日。

近滨沙坡一带之上。营状虽无先日之整齐，然于兵士舒服倍蓰。自来各兵虽勤劳于筑营，又被雨湿所难。亦经有与野人试用后门装弹枪者，且已两造各丧人数名。有一日，番人一大众突冲东兵六士，东兵迫于飞奔，已一人丧命，番人即斩其头，以为战攻之观。""四月初八日（5月23日，实际应为22日）：今早作战，生番死者十五、东兵阵亡六人。后诣医院，又知被伤者又十人内一人，状不可起。凡东兵被伤死者，已皆得归入营内；东洋所杀番人，当场皆斩其头，至营内亦葬之。"①

自内容上看，《申报》与《北华捷报》《东京日日新闻》等对"石门之战"的报道基本一致；所不同者，对同样的事实却有着不同的解读。在日本报刊看来，"惩番的远征是开启这片土地文明进程的第一步"，而《申报》却认为，日军屠戮"番民"、蹂躏"番地"不过泄愤而已，与文明无涉：

各"生番"以其（日军）器艺之精、训练之善，自觉不克与之敌，故少有不求和者，惟白党（牡丹社，系英文"Butan"的音译）一大社并别有数小社，势若不共戴天，此东人所特与为仇，若不灭此而不可朝食焉。夫白党境内最强极众之社，既与东兵相角而不敌，且复为敌所乘，则惟有弃村墟、舍庐室而退入深山之巢窟，静以待时矣。于是乎通岛"生番"之各旷地，皆为东人蹂躏，且分驻小营以联络声势，为镇守计。又设法将山内强悍之"番人"，皆渐次以归服，然则其仇人经两次败绩，焚其乡、戮其众，使余党或皆饥饿于山内。在东人已可谓大示惩戒，而又复何求乎？②

而日军屠戮"番民"之举则与野蛮无异："嗟乎，兵祸，固为惨事也！乃两造以不囚人而惟杀为例，则残忍孰甚焉！夫生番无知之野流，于大国囚人而不杀之规，自不能识也。乃东洋自称文雅之国者，则何为效恶习于野人乎？东人自称取法于泰西，然岂曾闻泰西有此习耶！"③在《北华捷报》看来，"日本人极其勇敢"，"他们唯一的'缺点'是过于无视自己的生命，宁可自己冲上去，也不愿采取土番的策略——充分利用掩体"，对这同一则信息，《申报》则译作"按东兵胆勇，不畏死，其特所不及者，每不顾命以争先，不如番人之伏俟慎谋

① 《译西字日报述台湾事》，《申报》1874年6月9日。
② 《台湾近势》，《申报》1874年7月3日。
③ 《台湾近日交锋情形》，《申报》1874年6月6日。

也"。① 这显然是两报不同立场所致,《北华捷报》将此行为认作是日军神勇之表现;而《申报》则将此行为视作有勇而无谋的莽夫之举,甚至不如"番人"之"慎谋"。

至于结果,《申报》援引香港报刊的消息称,日军并未征服牡丹社,反而其自身处境堪忧:"今牡丹社之地已皆盘踞,庐舍亦尽为烬余,然牡丹社人依旧不能擒获。盖以偏处俱有设伏,深林茂菁之间时有持枪而暗伺者,故东人不敢独行于各营之外,务需二三人成群,然后可以安步。"②《循环日报》更是认为,即便是已降"番众",亦存在诸多变数:"即生番之慑,亦不过迫于一时耳。一旦我军云集雾沛,刻期驱除,彼必为我声援,互成犄角,彼攻其内,我攻其外,靡不蹶矣。"③ 事实上,当时的确存在类似情形,莿桐脚庄庄民曾向日军禀报:"及至今年贵国兴兵来台征伐,土番牡丹社经此一战而请降,其余各社望风归顺,少有番人胆敢抗拒。只因大龟文、蟀虭等社恐惧受到讨伐,而委托敝庄为媒介求和,但其并非真心归降,头目尚未会面。一直到今日,清官派人联络并招服顶社土番,赏给他们布匹、物件。他以为有泰山之势可以倚靠,而声言不再畏惧,顿时生出异心,经常出没并埋伏于荒山僻野,窥伺杀人,除了官兵不杀以外,其余不论敝庄或各处人民等,都想要赶尽杀绝。像这种蛮横行为,将来山边之路,实在难以通行。然而土番突然如此猖炽,都是因为清官长他人志气的缘故。"④

此外,日军的非战斗减员相当严重,有研究者称之为"一场看不见敌踪的战争"⑤,这在舆论界自是引起了不小的反响。6月30日,《汇报》称有火船"自台湾载病卒回日本甚多"⑥。7月22日,《申报》刊登特派员的文章称:"东人往往有染暑疫而病逝者。"⑦10月13日,《孖剌报》(Hong Kong Daily Press)又发表来自高雄通信员的文章称:"过去的一个月或是更早些时候,发烧病例数目惊人。目前有六到七百人患病,每天大约有十人死去。"⑧ 以致日本军方如坐针毡,不惜

① 《译西字日报述台湾事》,《申报》1874年6月9日。

② 《译香港西字报述台湾事》,《申报》1874年7月24日。

③ 《台湾近日消息》,《循环日报》1874年6月27日。

④ 《莿桐脚崩山记事一条》,载王学新:《风港营所杂记》,"国史馆"台湾文献馆2003年版,第428、430页。

⑤ 林呈蓉:《牡丹社事件的真相》,博扬文化事业有限公司2006年版,第87页。

⑥ 《日兵多病》,《汇报》1874年6月30日。

⑦ 《台湾军务实录》,《申报》1874年7月22日。

⑧ "The Japanese in Formosa","North-China Herald",November 19, 1874.

编造谎言以掩人耳目，如，日军授权《日本公报》发布："有关日军在台死亡率过高的报道是不正确的。据刚从岛上回来的海军军官们说，尽管那儿病患众多，但死亡并不多见。"① 然而，事实不容否认，关于日兵染病的记录遍布各类随军日志、书简，据《风港营所杂记》记载："各兵舍窗户多半开放，以致夜间瘴疠之气侵袭，或易受雨露所侵入，因此普遍有不少人罹患疟疾。"② 据《征蛮医志》记载："病患增加得快，已约占全军的十之八九，其中弛张热（疟疾）约占十之七八，伤寒次之。"③ 7月9日，大隈重信在致柳原前光的书信中透露："因风土炎热而罹病致死者，于长崎病院已有四十余名，尚有近日将由蕃地送回长崎之患者三百名。"④ 当然，还有大量病死于台湾的，"在大本营所在的龟山海岸附近，埋葬了许多病亡日军将士的遗体，据说木牌林立的景象，从海上远望便可以肉眼看到。"⑤ 具有讽刺意味的是，一直替日军鼓吹的岸田吟香也因染病，不得不于6月20日离台。在疾病面前，日军威武之师、胜利之师的形象早已荡然无存，留给世人的恰是羸弱与萎靡的形象。

---

① "The Formosa Complication", "*North-China Herald*", October 29, 1874.
② 《由于罹病士兵逐渐增多而医官提出申请茅草案》，载王学新：《风港营所杂记》，"国史馆"台湾文献馆2003年版，第574页。
③ 林呈蓉：《牡丹社事件的真相》，博扬文化事业有限公司2006年版，第88页。
④ 《大隈长官函柳原公使有关蕃地死伤患者之略记、经费支给之概算等事宜》，载黄得峰、王学新译：《处蕃提要》卷五，"国史馆"台湾文献馆2005年版，第300页。
⑤ 林呈蓉：《牡丹社事件的真相》，博扬文化事业有限公司2006年版，第93页。

第三章　对中日善后工作的舆论观察

当日本在台军事行动告一段落之后，中日双方进入旷日持久的和谈时期，日本曾两度派出谈判代表，先是派出柳原前光，由于柳原对华交涉毫无进展，后又派出大久保利通，前后持续数月之久。在此期间，舆论界密切注视着形势的变化。

第一节　和战传闻

一、朝廷部署泄露

日军久踞不去，而清廷命沈葆桢巡台，遂引起舆论界对中日"和战"的关注。《福州捷报》(The Foochow Herald) 报道："沈葆桢（福建船政大员）被任命为负责对日交涉的钦差大臣，已奉旨前往台湾。总督（李鹤年）即将衔帝命赴台湾府，据说（中国的）皇帝对他极为不满，因为他曾允许放任（日军）入侵，而丝毫没有抵抗。显然，（西乡从道）司令迫切需要增援，（因为）一旦遭到中国军队（足足十万之众）的攻击，他那三千人的小队伍将面临严峻考验。不过,中国是否发动攻击还有待观察。"① 《福州捷报》的这则报道刊行于 6 月 18 日②，是较早关注中日"和战"动向的一篇报道。它不仅为 6 月 20 日的《北华捷报》所转载，还为日本驻上海领事品川所获悉。获悉这则消息的品川，于 6 月 23 日将其寄给了大隈重信，品川此信甚至在细节方面较《北华捷报》的转载更为详实，如提及了具体的时间和军舰数量："六月十四日，五艘清国军舰已自

---

① "North-China Herald", June 20, 1874.
② 《品川领事致长官有关台湾处分之事并检附各港报纸事宜》，载黄得峰、王学新译：《处蕃提要》卷四，"国史馆"台湾文献馆 2005 年版，第 264 页。

福州起锚航向台湾。"①与这则消息一同寄出的，还有来自《厦门西报》的消息："依据我自北方取得之报纸，其中有清国政府对当今情势之记事，阅读其内容，研判大概会对日本出兵。"②综合这些消息来看，舆论界已获悉清廷动态，甚至秘密，比如，皇帝对李鹤年之不满。尽管说获悉沈葆桢巡台的消息并不难，但要获悉皇帝对李鹤年之看法则不易。

事实上，这确实涉及一桩泄密案。奕䜣奏："臣衙门近阅上海新闻纸，竟将本年三月二十九日（5月14日）密寄谕旨刊刻其中，殊堪骇异。"③5月14日的这则"密寄谕旨"，一方面对李鹤年提出了批评："李鹤年于此等重大事件，至今未见奏报，殊堪诧异。生番地方本系中国辖境，岂容日本窥伺？该处情形如何，必须详细查看，妥筹布置，以期有备无患。"另一方面传达了对沈葆桢的指令："著派沈葆桢带领轮船、兵弁，以巡阅为名，前往台湾生番一带察看，不动声色、相机筹办。"④这则谕旨经由军机大臣廷寄给沈葆桢，5月31日，沈葆桢接到这封廷寄谕旨。奕䜣所谓"近阅上海新闻纸"得知该谕旨遭泄露，缘自《汇报》《教会新报》对这封廷寄的转载。两报均称转自香港《华字日报》，《汇报》的转载时间是7月6日，《教会新报》的转载时间是7月11日。朝廷收到奕䜣的奏报后下旨"著李宗羲严密确查，据实覆奏，毋得稍涉含混"。⑤嗣后，李宗羲回禀："饬据苏松太道沈秉成查复，香港《华字日报》内有'台湾消息'一条，已载明'由福州寄来'字样"；"上海林华书院新报（《教会新报》）、上海《汇报》，一系五月二十三日（7月6日）刊发，一系五月二十八（7月11日）刊发，均系照抄香港《华字日报》。至香港《华字日报》，则系五月十二日（6月25日）刊刻，并已载明消息来自福州。虽所言未可尽信，而此次泄露并非由于上海，已无疑虑"。⑥朝廷据此"著文煜（福州将军）等严行查究，即将泄露

①《品川领事致长官有关台湾处分之事并检附各港报纸事宜》，载黄得峰、王学新译：《处蕃提要》卷四，"国史馆"台湾文献馆2005年版，第265页。

②《品川领事致长官有关台湾处分之事并检附各港报纸事宜》，载黄得峰、王学新译：《处蕃提要》卷四，"国史馆"台湾文献馆2005年版，第264页。

③《总理各国事务恭亲王等奏》，载洪安全：《清宫洋务始末台湾史料》第二册，台北故宫博物院1999年版，第896页。

④《谕军机大臣等》，载洪安全：《清宫洋务始末台湾史料》第二册，台北故宫博物院1999年版，第717页。

⑤《谕军机大臣等》，载洪安全：《清宫洋务始末台湾史料》第二册，台北故宫博物院1999年版，第898页。

⑥《两江总督李宗羲奏》，载洪安全：《清宫洋务始末台湾史料》第二册，台北故宫博物院1999年版，第1072—1073页。

根由确切查明，据实奏报，不准稍涉含混"①。文煜等人探查的结果是"查香港《华字月（日）报》发端于德臣洋行之新闻纸馆，平日'京报'等件俱其首录。询诸该馆西人，以为出自主笔之人。续查出主笔陈贤，即陈瑷（霭）亭，广东新会县属潮连司人"。②至于谕旨究竟得自何处，尚无从知晓。③无独有偶，同此廷寄一同曝光的还有沈葆桢等人 6 月 3 日的奏章，在这份奏章中，沈葆桢等人提出了著名的防台"四策"："联外交""储利器""储人才"和"通消息"④。6 月 29 日，《申报》以《钦使请战》为题，转录了这份奏章中的两策——"储利器"与"通消息"："传得简派之沈钦使业经具奏，谓中国与东洋接战，务须先行购办铁甲船二艘，然后始克以从事；又请自台湾府至厦门一带，在海底铺设电线，以期速通音问。"⑤这两起泄密事件致使中方的相关部署悉数为日方所获。7 月 2 日，泄密之廷寄被柳原前光原封不动地寄给"三大臣（太政大臣三条、左大臣岛津、右大臣岩仓）及寺岛外务卿"；同日，奏折也被其摘要抄寄"三大臣及寺岛外务卿"，所摘内容即是《申报》转录部分。

二、柳原违逆舆情

6 月 14 日，沈葆桢、潘霨等自马尾登船前往台湾，潘霨 15 日抵台，沈葆桢一行于 17 日抵达台湾安平。由于礼炮齐鸣，原本高度警惕的舆论界，顿时炸开了锅，误以为中日已开战，《申报》谓："谣传台湾中东之兵业已接仗，为日已久。"⑥据柳原称，"（因）沈所率数艘军舰发射礼炮，且以往即镇守该处之六千人陆兵亦同时齐发大炮步枪，表示敬意，并由配属之海兵列队护卫上岸。此时停泊该处我国（日本）军舰亦击发礼炮祝贺，故居留该附近之外国人误解两

---

① 《谕军机大臣等》，载洪安全：《清宫洋务始末台湾史料》第二册，台北故宫博物院 1999 年版，第 1073 页。

② 《福州将军文煜、闽浙总督李鹤年、福建巡抚王凯泰奏》，载洪安全：《清宫洋务始末台湾史料》第二册，台北故宫博物院 1999 年版，第 1120—1121 页。

③ 文煜等人在闽台没有逮着陈贤，认为其"难保不回新会原籍，即使仍在香港，按照条约，就近由粤照会英国官解送，似亦易获"，并请求朝廷"饬下两广督臣张兆栋，密饬设法查拿"。于是，清廷又"著张兆栋密饬所属，将陈言（贤）即陈霭亭设法查拿"。后不了了之，并未查获泄密之人。参考《福州将军文煜、闽浙总督李鹤年、福建巡抚王凯泰奏》《谕军机大臣等》，载洪安全：《清宫洋务始末台湾史料》第二册，台北故宫博物院 1999 年版，第 1226—1228 页。

④ 沈葆桢等：《为遵旨会筹日本驻军在台一事大概情形恭折仰祈圣鉴事》，载台湾史料集成编辑委员会：《明清台湾档案汇编》第四辑，远流出版事业股份有限公司 2008 年版，第 320—321 页。

⑤ 《钦使请战》，《申报》1874 年 6 月 29 日。

⑥ 《再复日本游客书》，《申报》1874 年 8 月 31 日。

国已发生战争，立即以电报通知本地，致谣言四起"。①《申报》在报道谣言之余，还报道了台湾富户闻知沈、潘等来台而纷纷离岛的情形："兹本馆于甫印新报之际，得一台湾消息，用即刊登。据昨日（6月21日）有外国帆船自台湾来者——按：是船于四月二十八日（6月12日）开行——船主谓：福建所派兵船皆已抵埠，潘钦使亦抵台。而东洋各兵船以怕风，皆已离岛，不知何往。所有富户诸华人，皆束装以备出岛焉！"②富户为何"皆束装以备出岛"？无外乎是惧怕战争，《申报》的这些报道营造了一种大战在即的紧张氛围。

不过，在清廷任命沈葆桢为巡台钦使之际，日本亦派柳原前光使华，日本的这一举动一度令《申报》感到"和战"终将真相大白："（柳原前光）驻沪养息数日，想即须北上也。而台湾一节，究竟有无收回成命，亦可得其实在矣。"③然而，柳原前光并非像《申报》所期待的那样，诚心交涉。他并未径直赴京，而是采取了在沪上先行交涉的策略，所选取的对象是自京返闽途中的巡台副使潘霨。他将所拟三事函告潘霨："第一，捕前杀害我民者诛之；第二，抵抗我兵为敌者杀之；第三，蕃俗反复难制，须立严约，定使永远誓不剽杀难民之策。"④并立即得到潘霨答复："第一条第二条，经贵大臣（柳原前光）面称，此系专指牡丹社、卑南社二处抢害之生蕃而言，与别社并未滋事之生蕃无涉，足见办事头绪分明。如再有滋事者，应由中国派兵查办，事属可行，第三条所云，中国自当照约竭力保护，拟于海船经过要隘，或设营汛、或派兵船、或设望楼灯塔，使商船免致误入，再被生蕃扰害。"⑤对此答复，柳原甚为满意，他在致"三大臣及寺岛外务卿"的信函中得意地写道："彼此见解渐趋一致，殆至七日（6月7日）黄昏，互相来往文书，终于议定讨蕃是为日本政府之义举"，"此函一夕在握，此番一举如获至宝，又可居坚固不摇地位之策略"，"我国君臣西顾之忧得以稍解，并可为善尽职责之明证，顿觉宽心不少"⑥。无怪乎柳原得意，潘

---

①《柳原公使自上海致函寺岛外务卿有关总理衙门致柳原来函与泉州道台致美国领事函及其他数件来函抄略》，载黄得峰、王学新译：《处蕃提要》卷四，"国史馆"台湾文献馆2005年版，第256页。

②《台湾近信》，《申报》1874年6月23日。

③《东洋钦使到沪》，《申报》1874年5月30日。

④《柳原公使致福建布政使潘霨函》，载黄得峰、王学新译：《处蕃提要》卷四，"国史馆"台湾文献馆2005年版，第237页。

⑤《福建布政使潘复柳原公使函》，载黄得峰、王学新译：《处蕃提要》卷四，"国史馆"台湾文献馆2005年版，第238页。

⑥《柳原公使自上海上陈三大臣及寺岛外务卿有关潘霨往返信函及其他数件》，载黄得峰、王学新译：《处蕃提要》卷四，"国史馆"台湾文献馆2005年版，第232—233页。

霨的答复几乎等于同意了其所提"三事",完全放弃了本该坚持的正义立场,与半个多月前李鹤年的照会大相径庭。李鹤年主张"台湾为中国疆土,生番定归中国隶属,当以中国律法管辖,不得任听别国越俎代谋";"贵国政府并未与总理衙门商允作何办理,径行命将统兵前往,既与万国公法违背,亦与同治十年所换合约内第一、第三两条不和"。[①] 作为福建布政使的潘霨不可能不知道朝廷在此事件上的立场,更不可能不知道闽浙总督李鹤年的立场,他之所以如此表态显然别有缘故。柳原称"潘霨仅为次官,列位沈葆桢之下,固然(无)书写如此决断性复函之权限,其实本答词系以威逼方式取得",又称"经逐渐笼络潘霨后得此复函"[②]。即是说,在柳原的威逼利诱下,潘霨做出了如此答复。后来,李鹤年在弹劾潘霨的奏折中,不仅说他德性有亏,也述及其在办理该事件时的卑躬屈膝:"福建布政使潘霨,由捐纳佐杂出身,心术阴柔、人品卑琐,差委员缺,多系捐班人员,以致物议沸腾,编造歌谣粘贴街市。且有袒护同乡、结为朋党,及与将军拜认师生各情。今日办理日本事宜,卑词下气,求悦夷人,大失国体。"[③] 潘霨自知处置失当,亦知要请示沈葆桢和总理衙门,于是一面要求柳原替他保密[④];一面告知柳原"俟本司到闽后,向沈大臣秉商,咨请总理衙门核示,即行奉复"[⑤]。柳原则信心满满,决定"收取沈、潘官方文书后,递送本国,并立即前往北京,俟谒帝事毕后回朝"[⑥]。意即,他离沪赴京的时间取决于收取"沈、潘官方文书"的时间。

然而,6月11日,潘霨到闽后,并未及时回复柳原。因此,柳原便一直滞留沪上,等待潘霨的回复。而潘霨回闽未久,却前往台湾,从事与西乡从道的交涉工作。直到7月1日,潘霨才回复柳原,除告知与西乡会晤情形外,着重向柳原表达,其所提"三事"已悉数办理:"本帮办思此次贵国用兵前来,既专

① 《大清钦名三品衔督办通商事务署福建盐法道公文递至》,载黄得峰、王学新译:《处蕃提要》卷四,"国史馆"台湾文献馆2005年版,第218—219页。

② 《柳原公使自上海上陈三大臣及寺岛外务卿有关潘霨往返信函及其他数件》,载黄得峰、王学新译:《处蕃提要》卷四,"国史馆"台湾文献馆2005年版,第233页。

③ 《军机大臣密寄钦差办理台湾等处海防兼理各国事务大臣前江西巡抚沈葆桢》,载洪安全:《清宫廷寄档台湾史料》第三册,台北故宫博物院1998年版,第1657页。

④ 《福建布政使潘复柳原公使函》,载黄得峰、王学新译:《处蕃提要》卷四,"国史馆"台湾文献馆2005年版,第238页。

⑤ 《柳原公使自上海上陈三大臣及寺岛外务卿有关潘霨往返信函及其他数件》,载黄得峰、王学新译:《处蕃提要》卷四,"国史馆"台湾文献馆2005年版,第233页。

⑥ 《柳原公使自上海上陈三大臣及寺岛外务卿有关潘霨往返信函及其他数件》,载黄得峰、王学新译:《处蕃提要》卷四,"国史馆"台湾文献馆2005年版,第234页。

为牡丹社生番杀害琉球国难民一事，现在该社已经痛办，似可泄忿。""经本帮办谕以利害，嗣后遇有中外遭风船只，必须保护送官，不准再有剿杀，自取罪戾。各番社头目真心向化，均各出具切结。"①柳原 7 月 8 日收到潘霨来信，大失所望，7 月 10 日复函潘霨称："日盼贵处文来，以期照议践办。岂意今来此函，绝与前言相反，本大臣遽难准信"，并叮嘱潘霨"仍依原议，即照在沪面定回闽秉商之贵函文字样，缮成照会，连衔送来，以照前议可也"。②7 月 11 日，柳原从西乡来函中得知，"沈葆桢致西乡照会文中揭载谓下官（柳原）于本地与潘霨谈判时，下官（柳原）曾同意退兵之议"③。于是，7 月 15 日又致函潘霨，进行辩驳："因贵帮办复函将第一、第二条归我国所应办，至第三条云欲应归中国接办，以纾我国隐忧。""即用此函，称为柳原议定三事，甚至沈大臣（沈葆桢）送西乡公文内，亦与云帮办潘布政使自上海晤柳原公使，已商允退兵等因，殊属辗转绸缪，何堪骇异？"④柳原在上海并未等到欲得之信，内心极度失落、愤懑；而其国内"三大臣"又命其"尽力促使谈判达成，不可无故拖延立约盖章之期"⑤，不得不于 7 月 17 日离沪。柳原自 5 月 28 日抵沪至 7 月 17 日离沪，在沪逗留了近两个月，并未如《申报》所料"即须北上"。

7 月 21 日，柳原抵津。7 月 24 日与李鸿章面谈，多次提及与潘霨前议，反复与李鸿章辩论。其天津之行，不仅未得到想要的结果，反而信心全无、颇感沮丧。他在临赴北京之时（26 日），致函岩仓、寺岛等人称："其（清廷）锋芒已于本地（天津）显露出来。先前就已挂念此事，故于出发前朝议时就请求另派官员出使，但当时未获采用，而形成今日之骑虎难下之局势，以致进退两

① 《钦差帮办潘霨致柳原全权公使书摘译》，载黄得峰、王学新译：《处蕃提要》卷五，"国史馆"台湾文献馆 2005 年版，第 304 页。

② 《柳原公使由上海上陈三大臣、外务卿有关潘霨与西乡谈判因与前约龃龉而责问潘沈及辩驳等事宜之一号至六号来函》，载黄得峰、王学新译：《处蕃提要》卷五，"国史馆"台湾文献馆 2005 年版，第 302 页。

③ 《柳原公使由上海上陈三大臣、外务卿有关潘霨与西乡谈判因与前约龃龉而责问潘沈及辩驳等事宜之一号至六号来函》，载黄得峰、王学新译：《处蕃提要》卷五，"国史馆"台湾文献馆 2005 年版，第 302 页。

④ 《柳原公使由天津上陈三大臣、外务卿有关辩驳潘霨书甲号并致都督乙号等书信》，载黄得峰、王学新译：《处蕃提要》卷五，"国史馆"台湾文献馆 2005 年版，第 336 页。

⑤ 《三大臣致函柳原公使有关兵备调整谈判贯通告谕及函送陆海军内示案等事宜》，载黄得峰、王学新译：《处蕃提要》卷五，"国史馆"台湾文献馆 2005 年版，第 324 页。

难。"① 柳原到京后与总理衙门的交涉，一如其在天津与李鸿章之交涉，毫无进展。因此，《申报》此前对其之期待："台湾一节，究竟有无收回成命，亦可得其实在矣"，也就无从实现。柳原之行，不仅没有达成任何协定，反而强化了中日双方的军事部署。中国方面，朝廷依李鸿章等人建议，"即饬唐定奎统带所部步队六千五百人，由徐拔赴瓜洲口，分起航海赴台，听候沈葆桢调遣"。② 日本方面，得悉中国调兵遣将的消息③，着实好一阵紧张，三大臣在致柳原的信中指出："近来依据报纸及外国人之传言等，李鸿章等人言论主张激烈，而趋向于战争。因此认为万一由彼先发动时，则成为重大失策，实为国家之大患。故此对内调整兵备，对外贯彻谈判者，乃不可延宕之事，丝毫疏忽不得。"④ 太政大臣三条则密令陆、海军："难保彼（中国）不会挑衅，故朝议决定若不得已时亦会发生战争。方今陆海两军创立未久，本来就不敢期望其拥有充实战力，但不可或缺随我战力以应急并戒备意外等设施。应深切体会此意而尽力商议，以筹画策略。"⑤ 得知柳原交涉实情的日本政府再次密令陆、海军："台湾蕃地处分之后，如先前之秘密通知。今后万一开启战端时，有关军事方略事宜，皆由尔等专任。"⑥

第二节　舆论界总体主和

一、仗打不起来

鉴于中日双方的紧张局势，舆论界开始对"和战"严加考量。8 月 29 日的《北华捷报》直接以《究竟是和平，还是战争？》("*PEACE OR WAR*——

---

① 《柳原公使由天津陈报岩仓大臣、寺岛外务卿有关反驳李鸿章之拒绝而出发前往北京一事》，载黄得峰、王学新译：《处蕃提要》卷五，"国史馆"台湾文献馆 2005 年版，第 343 页。

② 洪安全：《清宫廷寄档台湾史料》第三册，台北故宫博物院 1998 年版，第 1633 页。

③ 柳原在 7 月 2 日致寺岛外务卿的书信中，报告了中国调兵遣将的有关传言："最近本地报纸揭载李鸿章将统率四万士兵前往台湾，据清官谓此亦为往常之传言。"见《柳原公使由上海陈报寺岛外务卿有关至清国政府之回答书以及沈潘前往台湾等事宜之抄略》，载黄得峰、王学新译：《处蕃提要》卷五，"国史馆"台湾文献馆 2005 年版，第 288 页。

④ 《三大臣致函柳原公使有关兵备调整谈判贯通告谕及函送陆海军内示案等事宜》，载黄得峰、王学新译：《处蕃提要》卷五，"国史馆"台湾文献馆 2005 年版，第 323 页。

⑤ 《三大臣致函柳原公使有关兵备调整谈判贯通告谕及函送陆海军内示案等事宜》，载黄得峰、王学新译：《处蕃提要》卷五，"国史馆"台湾文献馆 2005 年版，第 323 页。

⑥ 《致陆海军卿辅之秘密通知》，载黄得峰、王学新译：《处蕃提要》卷六，"国史馆"台湾文献馆 2005 年版，第 355 页。

WHICH?"）为题，自中华文化的角度进行分析、推演：

鉴于军事政策问题上争论不休的困局，不妨从另一个角度来讨论这个问题，看看中国在"和平与战争"的重大问题都有些什么样的理论。孟子，拯救了一个不幸的时代，是和平的倡导者。他的一些言论在今天仍值得重温，孟子曰："有人曰：'我善为陈，我善为战。'大罪也。"这是非常精彩的论断，因为在孟子生活的时代，战争被视为君主的事业，而无上的荣光来自征战。值得注意的是，在中国那些风雨如晦的岁月里，更多卓越的信条被传扬。虽然中华帝国的学问也许迂腐不堪，但在古代，其英雄仍是士大夫，国民头脑中的哲学偏见使中国人害怕并抵制以战斗求名望的诱惑。当然，也许有人会说，这种不愿参战的态度是由人们懒散与懦弱的性情所致，但这种看法是站不住脚的，因为在所有有判断能力的人看来，中国军队领导有方、令敌胆寒、训练有素，且在战时富于效率和忍耐性。我们可以大胆预测，即便如此，中国人也不会像许多欧洲国家那样仓促应战。

他们正在慢慢地学习我们的和平教义，困难之处在于如何引导西方国家接受少数智者近来向他们展现的教义。比如说，我国一大有影响力的政党，总是倾向于战争。那些传统而怀旧的追随者，总是无比美好地追忆那段用剑获得荣耀的旧时光。在中国，情况正好相反，有威望的裁决者站在和平的一边。如果引用伟人的名字，那就是学者、圣人和谋士的名字，他们教育黑发种族以和为贵，并宣称反对侵略和流血。麦笃思（T. T. Meadows，又译"密迪乐"，曾任英国驻沪领事等职）先生描述了一名中国佬（Chinaman）撤离到战斗中心近旁时的情形，一边将矛置于身边并顺势坐了下来，一边面奸笑着说："如果他们来这里，我就战斗；如果他们不来，我就不打。"我们相信这是中华民族精神面貌的真实写照。如果他们能逃避，他们绝不想卷入战斗，而且，他们拥有来自经典的一系列有利证据，以支持他们的不作为的策略。因此，他们心安理得，并不感到自身的懦弱。

传统及民意，通常陷国家于战争，而在这里却一致奉劝和平。[①]

分析与推演的结论是仗打不起来。同一日，《北华捷报》还提醒在华的外国

---

① "Peace or War——Which?", "*North-China Herald*", August 29, 1874.

居民，不要支持打仗，因为，一旦中日开战，他们将面临险境：

> 外国人通常认为，这些准备工作（清政府的军事准备工作）完全是针对日本的。然而，和其他伟大的文明国家不同，像中国这样的国家，其军事活动的情况复杂而多变。战争的号角唤不来忠诚、热血的兵士，却事与愿违地招来一群乌合之众。更何况，哪怕他是一名堂堂正正的军人，在中国也总归是一个"征夫"，并不受人尊重。当合法的军职令其沮丧时，非法雇佣便成为他唯一的财源。他不是一个拿着帝国俸禄的勇士，便是一个打劫同伴的强盗。

> 失败会把这些人交还到中国手中，这将严重威胁到她国内的安定；胜利极有可能将同样的危险带给外国人。但是，在当前这场危机中，还有一些其他的潜在因素，未必不令人沮丧。那就是无数的秘密社团，一些由反政府人士组成；有的渴望借机向外国人泄愤；有些是会党（Chinese commune）一类，准备对既定社会秩序宣战。

> 密谋者们在"新太平"或"新秩序"的旗帜下聚集，就像太平天国宣称的"太平"那样；而且似乎暗藏一个漫无边际的劫掠计划，其中包括对外国人的袭击。我们只是列举了可能存在的危险局面，并无意于制造不必要的恐慌，而是为了提醒外国人注意他们所处的环境。在一个政府不能有效维持秩序、他们（外国人）一直遭受歪曲和误解的国家里，不能指望我们的当局（殖民当局）能有效履责。①

这表明，《北华捷报》不相信中国会与日本开战，也不希望中日开战。日本的英文报刊也基本持此立场。《日本邮报》表示"清廷的总体部署是尽可能地避免战争"。②《日本公报》声称"任何说外国社会希望看到中国攻击日本的言论都是一派胡言"，"我们不相信会有战争"。③

二、"以守为上"

中文报刊方面，也不愿中日交战。在中日局势紧张之际，《申报》料定"水师，则日本演习既久，容或彼善于此耳"，"（日本）欲出于一战，俾得大快其所

---

① "North-China Herald", August 29, 1874.

② "The Formosa Expedition", "North-China Herald", August 15, 1874.

③ "The Formosa Expedition", "North-China Herald", August 15, 1874.

欲，然后迫令求和耳"，"天下非礼之加，只能以威驭之，必不能以理折之也"，因此，主张"以守为上"。① 即是说以加强守备的方式令日军不战自退。事实上，这是《申报》的一贯主张。在日本侵台之初，《申报》即主张"缓抗"，6月5日撰文指出："由今观之，该生番尚能奋其锐气以与东洋人作难，吾华人闻之不禁举欣欣然有喜色而相告也。我国姑俟东人被生番挫折私志，然后权变，或从事于干戈，未始非良策也，故不必迫于行事亦属计之得耳。"② 6月26日，则更为直白的表示：

> 夫东洋之侵扰我疆、震动我国，我中国姑受之而不报，亦无妨也，然通国之人，当无一以为然。何则？国体攸关也，但不知与他国相战而不胜，亦非所以崇国体也。今东洋既置有铁甲船，固属偶出于我料之不及，然制造铁甲船，迟则一年、快则数月即可购到，我国可随意以办。与其目前蹈险陷于其彀中，何妨暂且容忍，俟铁甲船既备、后门开之枪既齐，并已将精兵万人重为熟练，则肤功克奏，势所宜然，将东人之在台湾者皆逐出境，兵船咸轰沉不留片板，岂得谓之迟乎？③

7月3日，再次申论："东人在台湾之势如是，既据其地，犹称欲与中国商议立约，其欲立何约，盖不问而可知矣！所以中国民人念及此事，无不义愤塞胸，将图一战，然'兵凶战危'，古人所戒，今之当事者既不加责言，而反视为缓图，是实从权之道也。盖既不能保万全无失，则莫若暂为容忍。今日东兵自守于台湾，即至日后亦仍不过在台湾耳。即稍延缓，亦何妨碍？"④ 由此可见，《申报》所谓"缓抗"，乃是暂时放弃抵抗，待力量积蓄充足后再做打算，而这个积蓄力量的过程便是其谓之的"守"，因此，"以守为上"即是"缓抗论"的中心意思。《循环日报》的见解几乎与《申报》如出一辙，6月27日的《循环日报》刊文称：

> 说者谓八闽远在南峤，与京师相隔数千余里，疏牍往来，动需时日；简将

---

① 《刍言》，《申报》1874年8月22日。
② 《论东洋与生番交战大略》，《申报》1874年6月5日。
③ 《西友谈兵》，《申报》1874年6月26日。
④ 《台湾近势》，《申报》1874年7月3日。

调师，非易集事。封疆大臣，例可以保境而卫民，一战而驱之，未为不可。不知此说也，志虽勇矣，而实未免鲁莽以从事也。日本所恃者有四：铁甲之坚也，火器之利也，战士之猛也，谋主之计深而虑也。一击不中，岂不自挫其锋，而执法之吏，已握刀笔而随其后矣。

说者谓必待朝命之下以定行止，则民人已为其所摧残、土地已为其所侵据，彼得以转客而为主、转劳而为逸，事机坐失，悔等噬脐。不知彼所占者，仅海滨片土耳，旷地荒芜，人烟绝迹，而我台境之一郡四邑固自若也。即"生番"之慑，亦不过迫于一时耳。一旦我军云集雾沛，刻期驱除，彼必为我声援，互成掎角，彼攻其内，我攻其外，靡不蹶矣。故我缓之者，正以厚其毒也，此即兵法"姑以骄之"一法欤！ [1]

事实上，《申报》和《循环日报》所掌握的日军信息并不准确，客观而言，日军并没有他们所认为的那么强大。当时的日军并没有所谓的"铁甲舰"，据《日本海军史》记载："在征台之战（即'1874年日本侵台事件'）中，日本派遣了5艘军舰和3艘运输船。这些舰船都是从幕府和各藩接受过来的陈旧舰船，根本不是清国海军的对手。" [2] 在当时，不仅报界不明真相，作为钦差的沈葆桢也毫不知情，错误地以为："该国尚有铁甲船二号，虽非完璧，而以摧寻常轮船，则绰绰有余。彼有而我无之，水师气为之夺。" [3]

与《申报》《循环日报》有所不同，《汇报》并不认为"铁甲舰"之可恃。7月13日，《汇报》刊登题为《日本谬恃铁甲船论》的署名文章，称：

项阅各报皆盛夸日本铁甲船之利，云闲生阅之而笑曰：嗟乎，天下固有挟一铁甲船以夸无敌者乎？夫用兵之道，伐暴救民也；度德量力也；天时、地利、人和三者皆得，此战之所由克也。不此之务，而一船是赖，未之前闻也。

铁甲船吃水太深，又恶飓风、极难修理，得失之数与从前战舰略相当耳。……今以施之台湾，无异以方柄凿圆柄也。被处风潮险恶、海沙胶固、暗礁林立，利于剑戟船，若深入，或搁浅滩、或陷淤泥，触礁而沉、遇飓风而覆，

---

[1] 《台湾近日消息》，《循环日报》1874年6月27日。

[2] [日]外山三郎：《日本海军史》，龚建国、方希和译，殷宪群、许运堂校，解放军出版社1988年版，第24页。

[3] 《福州将军文煜等奏为遵旨会筹台湾防务陈联外交、储利器、储人才等三条》，载洪安全：《清宫洋务始末台湾史料》第二册，台北故宫博物院1999年版，第748页。

救死之不暇，何轰沉十七船之有哉？假使"生番"激厉（励）其众，日人宴息则数出以惊之，日人穷追则深入以避之，待其既敝，然后与官兵要（邀）而击之，无遗种矣。此时台飓将作，彼亦知藏匿战船而转运愈艰。师老财匮，驻扎穷山，编木为营，烈日当天、炎燠遍地，不待征剿而死亡疾疫之患不可胜数也。[①]

然而，《汇报》却自根本上抱持和平的主张。早在 7 月初，《汇报》就已表明其不可语战的态度："惟我朝素以文德柔远，不肯先动杀机。所谓兵者，凶器，圣人不得已而用之，仁之至也。而目睫之见，辄谓中国懦弱畏惮，日兵听其横行不敢加遗一矢，何其妄欤！然谓我中国处心积虑，有尽歼日众之意，则又不然。盖日本有事生番，并未颂言内犯，所谓意存窥伺及谋欲侵扰者，皆属道路揣测之词。我若存逆亿之心，为先发之举，是中国本直而反曲，日人之本曲而反直矣。赫赫天朝安肯出此？"[②]而且，应该看到，《汇报》的《日本谬恃铁甲船论》一文，并非为鼓战而作，其意乃在赢得对日的心理优势。《申报》等其他中文报刊亦有此类表现。在《汇报》刊出《日本谬恃铁甲船论》的前几天，《申报》就已刊发《东洋水师不敌中国》一文，辩称：

今幸得其底细，彼东人之虚张声势耳，惜哉，我中国轻信而不先为抗拒也。然为今之计，似亦不难。盖中国水师既强于东洋，便可隔断台湾东洋两路之来往，使东兵之在台湾者孤立无援，则军器、糗粮不久而自当告匮，我兵乘其敝而攻之，此一鼓可下也。深望于我国之臣不稍相让，东人既大犯万国相交之例以欺我国，则非我国明证其罪，不足以尊国体而示威于后日也。[③]

向持和平主张的《申报》，也并非借此鼓吹对日开战，其用意与《汇报》如出一辙。这大概是中文报刊异于英文报刊之处，它们不仅要表达自己的观点，还要顾及民族的情感。因此，它们尽管不愿意有战事，但是，不能罔顾同仇敌忾的民族感情，如一味自叹弗如则不免有"长别人志气，灭自己威风"之嫌。

---

①　云闲生：《日本谬恃铁甲船论》，《汇报》1874 年 7 月 13 日。

②　《论日人久驻台湾》，《汇报》1874 年 7 月 1 日。

③　《东洋水师不敌中国》，《申报》1874 年 7 月 7 日。

三、主战失据

相对中英文报刊主和的立场，日文报刊表现出明显的主战倾向。《东京日日新闻》将日本侵台事件与丰臣秀吉的海外殖民活动相提并论，大力鼓吹拓殖台湾的灿烂前景：

我们进军台湾是自丰臣秀吉征韩以来的首次海外征战，我们所有出征的将士都必须牢记这一事实。最重要的是，我们必须十分小心谨慎，不要做任何可能导致使我大日本帝国蒙羞的事情。我国繁荣的开端就取决于我们目前正在努力开拓的这一事业。我们必须确保这项事业最终获得成功，到那时日本的国土面积将急遽扩张，边疆将日益开放，贸易将更加兴盛，这样，我们大日本帝国的荣光将光耀世界。难道这不是最令人高兴的事情吗？让我们团结一心，众志成城，为了帝国的利益而殊死搏斗！①

志同道合的日本勇士们，你们听着！在凤岗至保力南部的沿海地区，有车城、琅峤、社寮等村庄，那儿土壤肥沃。如果大量种植烟草，肯定会赚取丰厚的利润。虽然东边山脚下天气炎热，但清风徐来，令人心旷神怡。如果在那里建造房屋，那么，它将是宜居的好地方。如果政府予以大力扶持，那么，这儿一定会成为十足的风水宝地。当地人喜欢饲养家畜，水牛在山间、河畔悠闲地漫步；这儿也适宜种植五谷。②

那么，中日双方的政府到底是何主张呢？清政府主张和平解决。李鸿章表示："闽省设防备御，非必欲与之用武，已函致沈葆桢，只自扎营操练，勿遽开仗启衅，并饬唐定奎到台后，进队不可孟浪。"沈葆桢也认为"现在兵端未开，澎湖、鸡笼口等处，彼以避风为词，似宜防之，而未宜遽阻之"。③尽管奕䜣表示"持之日久，又恐日本兵在番界乘暇勾结番族，转得固垒深沟，为备我之地。故近日往来与该使臣（柳原前光）论议，总抱定和好之意。原冀宽其时日，使

① 《东京日日新闻》（1874年5月13日），转引自 Matthew Fraleigh: "Japan's First War Reporter: Kishida Ginkō and the Taiwan Expedition", *Japanese Studies*, no.1, 2010.

② 《东京日日新闻》（1874年6月28日），转引自 Matthew Fraleigh, "Japan's First War Reporter: Kishida Ginkō and the Taiwan Expedition", *Japanese Studies*, vol.30, no.1, (May 2010), pp.43-46.

③ 两处引文均据《恭亲王等奏陈日本使臣到京屡次晤议及来往照会、信函、辩论之情形》，载洪安全：《清宫洋务始末台湾史料》第二册，台北故宫博物院1999年版，第907—908页。

我得以有备"。① 但是，其军事准备却一方面是为了吓阻日本侵略企图，逼其就范；另一方面是为了台湾的长治久安，并非是要与日本作战，即其所谓"然就目前而论，非武备实修，持议难于就范。就大局而论，即倭酋听命，武备亦应急筹。"② 日本方面，尽管主战的声音不绝于耳，如驻扎在风港的陆军大佐横田弃上书西乡，建议："现在我方趁此征讨牡丹社之机，挥兵追击，占领北方"③；"在一些建白书中也明显地表现出积极的扩张主义想法，例如，青森县士族矢附苏修在明治七年（1874 年）二月间提出给三条实美太政大臣的建白书，便指出应该镇抚九州、用兵台湾，进而席卷朝鲜，并三国为一"④。但是，日本上层却并不想同中国开战，且不说其在预谋之时"不与中国为敌"的设想，单就其派出大久保利通的举动便可见一斑。当柳原与中国的交涉陷入困境之时，日本政府又派大久保使华，可见日本政府以和平手段解决台湾问题的决心。日本天皇在致大久保的敕书中也着重强调了"和平成议"的宗旨："或恐有事出谬传，交际生衅，因以命我派驻清国全权公使柳原前光，令与大清国政府，将恳亲之意，妥为商议在前，而尔后致启种种论端。朕又为事属至重，宜别简于朕之信重大臣，以其熟知朕意切近所望者，委付全权令往，便是参议兼内务卿大久保利通。朕深信其有才干，且忠直能堪厥任，乃兹授为全权办理大臣，著往清国，令与大清国皇帝所派该其同权大臣，或议定条约，或议成约书，以副朕意所望为要。"甚至明确提出"谈判以保全两国亲善交谊为主"。⑤

第三节　舆论界对和局的反应

1874 年 10 月 31 日，在英国驻华公使威妥玛的斡旋下，中日签署《中日北京专条》。该条约规定："兹以台湾生番曾将日本国属民等妄为加害，日本国本意惟该番是问，遂遣兵往彼，向该生番等诘责。今与中国议明退兵并善后办法，

---

① 《恭亲王等奏陈中日失和即各国枪炮无从购办及与日本使臣辩论但求了结台事不令认错情形》，载洪安全：《清宫洋务始末台湾史料》第二册，台北故宫博物院 1999 年版，第 910—911 页。

② 《恭亲王等奏陈日本使臣到京屡次暗议及来往照会、信函、辩论之情形》，载洪安全：《清宫洋务始末台湾史料》第二册，台北故宫博物院 1999 年版，第 908 页。

③ 《呈西乡都督书》，载王学新：《风港营所杂记》，"国史馆"台湾文献馆 2003 年版，第 132 页。

④ 吴密察：《台湾近代史研究》，稻香出版社 1994 年版，第 273 页。

⑤ 《致大久保办理大臣之敕旨》，载黄得峰、王学新译：《处番提要》卷六，"国史馆"台湾文献馆 2005 年版，第 355、356 页。

开列三条于后：一、日本国此次所办，原为保民义举起见，中国不指以为不是。二、前次所有遇害难民之家，中国定给抚恤银两；日本所有在该处修道、建房等件，中国愿留自用，先行议定筹补银两，别有议办之据。三、所有此事两国一切往来公文，彼此撤回、注销，永为罢论。至于该处生番，中国自宜设法妥为约束，以期永保航客不能再受凶害。"① 尽管报界（特别是中英文报刊）多持和平主张，但它们对事实上的和局却反响不一。

一、中文报刊分作两派

中文报刊方面，单纯就和局而言，几乎是一致叫好。得知和局消息的《申报》大喜过望，认为这是一个两全其美的结局：

本馆于此役，亦以定和为私心所祝祷。盖战事一开，而诸累不可穷测：海面卫沙各船须停其往来，各省货物将难于转输。商贾必为之束手，民生必为之酸心。且恐又须重捐，以供给其大费。战事或者久延，须五六年而元气始可望复。且战事亦不能有定操必胜之权，即或有捷报，而于国事仍然无半点之利可沾也。盖东人究可席卷窜回其国，而我国水师实不能以穷追之也。故即以竟能我战必克之局而论，已有一面空得报捷之喜，一面反有贸易或半年、或一年受害之处，而国家终又有数千万银之耗费也。总理衙门今已度实酌情稍让，畀日本以五十万银而能"化大为小"，岂不美哉！

吾又为东洋衡量如此了局，而亦为庆幸之事。盖日本即能与中国一班也，尚未必能有必胜之望。至所须交战费，大约亦与中国所需者大同小异，顾东洋既小于中国十倍，其国之被蹙者亦当十倍矣。且东洋即有暂时报捷之侥幸，甚之得意索盟，然此望亦殊非远谋之图也。盖虽目下得逞其先于中国办备外国军器，以驾于中国，而中国堂堂大邦，岂有不心怀报复小邻之义愤乎？其报复也，必昭昭不爽矣。若中国能振扩其军务，而东洋亦必效行以自保，乃一十倍小之国欲与十倍大之国相争军实，则大国不动兵而小国以糜耗必先自堕矣。故衡量其各情，今能免战，既为中国之幸，而于东洋实更可庆矣。②

同日，《汇报》亦表示："从此锋销横海，甲洗天河，凯歌声挟风云，兵器

---

① 《中日北京专条》，载许同莘等：《同治条约》，文海出版社1974年版，第1163—1164页。
② 《喜息兵论》，《申报》1874年11月9日。

销为日月。"①

　　然而，就条约的具体内容而言，各报则分歧明显。一派以《申报》《中西闻见录》为代表，较无异议，觉得如此甚好。《申报》认为是两全其美；《中西闻见录》则自中方角度阐释了如此了局的种种合理性："或谓中国出款太巨，然以余思之，犹为轻甚。盖生番梗化久矣。设中国以兵讨平，费当不赀。今得日本如此代办，殊属事半功倍。且中国与日本均称大国，倘一旦互相兵争，势必炮火纵横，锋镝交错；轰塌城垣，损坏舟楫；商旅禁绝，居民涂炭；其所伤、所费又安可数计？迨至师劳饷縻、国敝民残，而后讲和，奚若息干戈于杯酒之间乎？由是观之，两国失和，实启万国之殷忧；两国存和，实深万国之共庆也。"②另一派则以《汇报》《循环日报》为代表，对和议条款颇有微词。早在坊间传闻中日"妥议"之时，《汇报》就曾表示：

　　近闻都中消息，纷传台湾军事，中东均已妥议，且云中朝允其偿费之请，异口同声！然以时势度之，深愿此说之不确。在日人必欲索补偿费始允退师，否则，志在久延，坚不欲退。然日本蕞尔之国耳，言乎地则数小岛，言乎民则三十兆，而中土之地则幅员万里，中土之民则两千余兆，众寡大小之不敌，无待蓍龟矣！乃敢肆夸诈于大邦，索补偿于上国，而中朝优以大度，事其含容，乃竟允其所请，不亦异乎？

　　今闻中朝予以赔偿，令其退师，是长其贪鄙之志。他日苟有细故，必可借端而来。吾知执政者洞悉机宜，断不出此。

　　方今各省疆臣整饬江防、缮修武备，正当时哉！勿失之期！我则以逸待劳，人则劳师涉远，且日人当帑储告匮、军费不支之际，又何遽以大度容之，而竟俯俞所请哉！吾故愿此说之不确，而仰望中朝执政折之以理，拒其所请，则国体于以尊、天威于以振矣！③

　　得到确信后，《汇报》又明确表示："惟所议各条款，总署过于优容，有议为专事羁縻者，厥有数端，是其显证。""补给经费一节，且其欲索偿费而借以

---

①《中东和议已定》，《申报》1874 年 11 月 9 日。
②《台案了结》，《中西闻见录》1874 年第 27 期。
③《译论中东军事》，《汇报》1874 年 11 月 3 日。

为名耶？中朝大度含容而将就若此，闻者咸以为奇。"① 相对《汇报》仅将矛头指向"赔偿"的做法，《循环日报》的批评视野则更为开阔，看到了条约背后的隐患：

> 日本以琉球出海之船遭风失水，其人为台湾生番所戕害，因此兴师问罪，几至与中国失和。有为之居间排解者，乃始立约退兵。顾琉球介于两大之间，此时究属于何国？当议和时，未及明言也。
>
> 中国偿饷于日本五十万金，其中十万系抚恤琉球被难之家，其银由日本转畀琉球，则琉球之为日本所属，不言而喻。然中国亦何必于此固争属与不属，亦何常之有中国岂必欲贪其土地哉！但恐琉球土人不欲日本人作主耳，以其来缚驰骤，国政必至于外移，大权必至于旁落。②

这两派报刊的差异，实际反映了外人报刊与国人报刊的区别，《申报》《中西闻见录》均系外人所办；而《汇报》《循环日报》则由国人自办。早在中日议和期间，这种差异便已显现。一方面，对同样的见闻作不同的解读。9 月 30 日，《申报》听信个别中国官员的传言，以《和音已至》为题，兴奋地写道："昨闻本处官宪新得京都来谕：中、东之事，经总理衙门与东使哦古坡筹商大局，其余较小各情，今犹和平逐渐互商。两国相战之祸，今已幸免矣。此言系本处官宪所相告者，言系属京都中、东商议之事情，想当可信矣。果能如此，则三、四月以来之挂虑，竟以雪消冰解，中国可望享升平之福——内地荡平、外邻敦睦，何乐如之！"③ 同时得到这个消息的《汇报》却写作了《中东和议尚无确耗》一文，命意全然不同："沪上制造局总办冯竹渔观察，昨已由津郡遄返沪局。其在津启行时，闻都中传说纷纷，谓日本使臣阿枯伯（大久保）与总理衙门会议两国交涉事宜，和衷共济，已成和议。而详细情节，臣民均未周知。然闻有议战之论者，未见明文，不敢衷于一是，大抵言议和者为多，究以不能据以为实也。"④ 不仅如此，《汇报》还对《和音已至》一文批评道："近阅申报有时事之最要者，得之如获拱璧，无不据以为实；及乎证以他耗则又咸以为虚。岂主笔人

---

① 《详述中东和议事》，《汇报》1874 年 11 月 9 日。
② 《西报论琉球所属》（原载《循环日报》），转引自《申报》1874 年 12 月 15 日。
③ 《和音已至》，《申报》1874 年 9 月 30 日。
④ 《中东和议尚无确耗》，《汇报》1874 年 10 月 1 日。

杜撰而成者耶？前阅七百四十四号《申报》，有《和音已至》一则，言台湾军事和议已成，不至互启兵衅，闻者信之。泊乎各轮船由天津来沪到埠者不一船次，第询之则茫然不知，又询之西国驻沪各领事及日本领事之驻沪者，则亦茫然不知此等消息。为时事之最要，凡官吏衙署无不先有见闻，岂官宪皆无所闻而《申报》独得其秘乎？闻阿使臣与总署所议之件殊属隐秘，未易得有确音。"①另一方面，和议立场渐显分歧。刚开始，《申报》和《汇报》都极力反对赔款。6月26日，《申报》获悉赔偿兵费的传闻，认为其简直不可思议："至外面曾有妄谈，谓我国愿赔补东人出师之费，以使其退兵，噫，此何言欤！中国虽以铁甲船之故，为邻邦暂为所侮，然以赔补师费之数亦能在欧罗巴办买铁甲船及各精器也，将见一月之内东兵倒戈投甲而去，东船皆沉之海底也。"②7月18日，《汇报》亦斥其荒诞不经："或曰日本亦自知万无胜理，惟尚声言索赔军费。嘻，日本愚矣！中国亦愚至此乎？饿虎入陷阱，饲之肉以肥之，无是理也！""为此说者，无异丐者在门恶声强乞，获钱而去，明日即复来耳。主人震怒，严饬弗与，使干仆执而鞭之，则帖然服矣。奈何不自量者，必鞭挞及身而后悔耶？"③8月3日，《申报》再次论列，直斥日本"寡廉鲜耻"："或又曰：日本亦明知其谬矣，所以迟迟不退者，盖欲中国少赔其军费，以为遮羞之计也。吁，是何言也！夫万国公法，必理屈势穷者，方赔偿理直势壮之兵费。今果谁之理直势壮乎？日本虽悖，不能自知，试问在华之列国，当亦废然自返矣。""至赔偿兵费之说，实属寡廉鲜耻之谋，更属无聊、无赖之计！"④可是，到了10月中下旬，两报开始分化，《申报》突然转向，放弃既有立场，无原则地劝和、促和。10月19日，《申报》称："今若果有议法可兼全国体而又免战祸，想中国众民无不欣然愿闻也。而紧按万国规例以行此，既非稍有取辱，反示人以诸事惟理为主也。夫万国规例既载有'我民若犯彼国之民，总须设法惩办'，欲用银与己民动兵，理亦然也。故日人原来所用银若干以自办番人，我国支之亦可也。"⑤10月21日，又刊登"局外人"稿，称"今东人于番人已立大功，各番社皆已慑服，乃在中国固可藉'日本代征生番，令归王化'之辞，稍给兵费以为犒赏东师之意，令其

---

① 《中东和议不实》，《汇报》1874年10月7日。

② 《西友谈兵》，《申报》1874年6月26日。

③ 《日本生事台湾续论》，《汇报》1874年7月18日。

④ 《劝罢兵说》，《申报》1874年8月3日。

⑤ 《中东定局之事宜》，《申报》1874年10月19日。

退兵"。①《申报》的如此转变还一度激起读者的不满:"贵馆前论日本侵犯台湾之事,多是中国而非日本,是中国正当用兵以惩创日本矣。何以今又列此'局外人'之论,岂不与贵馆前日所论大相剌谬乎? 贵馆之言是,则局外人之言非也;局外人之言是,则贵馆之言非也。二者必居一于此矣。"②

值得一提的是,上述两派报刊在中国上层均有着深厚的意见基础。当时的中国士大夫们一方面对此种了局方式表示认可,大有松了一口气的感觉。如巡台的钦差大臣沈葆桢得知"倭事定局"后,曾致信沈秉成称:"至以为慰,恤赏了结,甚为得体。数日来极费苦筹,朝廷论功当为首屈一指也。"③郭嵩焘亦表示:"闻东洋事已了,台湾屯田之兵均自撤回本国,去兵费五十万金而已,办理尚属妥协"④。另一方面,却又有些不安。如文祥奏称:"数月以来,力疾趋公,商办台湾一事,只以备虚力绌,将就完结。然问心殊多郁愤,更不能不思患豫防。""日本与闽、浙一苇可杭(航)。倭人习惯食言,此番退兵即无中变,不能保其必无后患。"⑤清帝在向大臣们转述文祥奏折内容时,措辞更觉严厉:"大学士文祥奏敬陈管见一折。台湾之事,现虽权宜办结,而后患在在堪虞。"⑥奕䜣等颇感委屈,向皇上陈情道:"查此案实由日本背盟兴师,如果各海疆武备均有足恃,事无待于辩论,势无虞乎决裂。今则明知彼之理曲,而苦于我之备虚。自台事起,屡经购买铁甲船,尚无成局。沈葆桢所谓'兵端未开宜防而未宜阻',李鸿章谓'闽省设防非必欲与用武',亦皆为统筹目前大局,不能不姑示羁縻。"⑦由此可见,尽管士大夫们认为结局不是太难看,也顿觉松了一口气,但是,扪心自问却难以心安。

不过,中国士大夫们似乎不觉得该条约对琉球问题有什么不利影响。近来,亦有学者认为:"日本国属民等"及"保民义举"之民不是专指琉球国漂民,亦包含日本漂民;"既然日本出兵的藉口是琉球与备中州两案并提,为什么在条约

---

① 《劝中东息兵论》,《申报》1874 年 10 月 21 日。

② 《书"局外人"〈劝中东息兵论〉后》,《申报》1874 年 10 月 22 日。

③ 《致沈仲复观察》,载陈支平:《台湾文献汇刊》第四辑第三册,九州出版社、厦门大学出版社 2004 年版,第 227 页。

④ 郭嵩焘:《郭嵩焘日记》第二卷,湖南人民出版社 1981 年版,第 842 页。

⑤ 《大学士文祥奏》,载佚名:《同治甲戌日兵侵台始末》第四卷,文海出版社 1983 年版,第 201 页。

⑥ 《谕军机大臣等》,载佚名:《同治甲戌日兵侵台始末》第四卷,文海出版社 1983 年版,第 202 页。

⑦ 《总理衙门奏台湾一案与日本议定条款折》,载许同莘等:《同治条约》,文海出版社 1974 年版,第 1159—1160 页。

中却只字不提琉球呢？这应归功于通过辩论日方作了让步，中方的观点占了上风的结果。既然条约中只字没有提到琉球或琉球漂民，说条约断送了琉球主权，有什么法理根据呢？"①该观点似有几分道理，大久保尚且认为："虽然清国对琉球隶属于我版图的事实有所表态，但没能达到一目了然的结局。"②然而，即便是模糊表述，也是有利于日本的。既然承认"日本国属民等"及"保民义举"之"民"包含琉球与日本两地漂民，那么也就等于说琉球漂民同日本漂民一样，均系"日本国属民"，日本所谓"义举"即是保护这两地漂民。至于是否明确提及"琉球"或"琉球漂民"，已无关紧要。并且，自后续事实来看，这个条约进一步刺激了日本吞并琉球的野心，1875年，即发生日本阻止琉球向中国朝贡的事情。

二、公论和局利日

日文报刊则毫不掩饰地颂扬日本的胜利："我国政府昨天发出通知说，中日之间的争端已经友好解决，一笔赔偿金将用以支付台湾远征的费用，双方将永遵彼此达成的协议，对此我们衷心地祝贺。从此，日本将誉满全球。"③"由于我们的全权办理大臣大久保的不懈努力，我们与中国的谈判得到了和平解决，这使我们每个人都喜悦无比"，"自神武天皇即位以来的2534年中，没有什么事情可堪比拟，或者说没有什么比这更能提高她在世界上的尊严与声誉"。④英文报刊与日文报刊殊途同归，也就是说，无论是日文报刊，还是英文报刊，均认为中日和局于中国不利，于日本有利，只不过日文报刊从正面宣扬了日本的胜利；而英文报刊另辟蹊径，从反面对清政府的暗懦昏庸大加奚落："奇怪的是，当中国政府被迫屈服于因自己摇摆不定或治理无方而致的外来压力时，它会'恪守'其软弱而带有自杀性的政策：自命不凡地自诩为天朝上国，妄图蒙蔽其子民，使他们相信：没有什么不顺，或者已经摆脱困窘。"⑤这番奚落激起了《汇报》的强烈不满，进而回击道：

① 陈在正：《牡丹社事件所引起之中日交涉及其善后》，《"中央研究院"近代史研究所集刊》1993年第22期下。

② ［日］大久保利通：《实施琉球处分计划书》，转引自徐斌：《明清士大夫与琉球——以中、日、琉三国关系为中心》，福建师范大学博士论文，2004年，第93页。

③ "Japan and China"，"North-China Herald"，December 3, 1874.

④ "North-China Herald"，December 17, 1874.

⑤ "North-China Herald"，December 10, 1874.

中东既定和议，而后上海各西报之论其事者，往往有侮慢中朝之语。然第就事论事，似亦不足为奇。假令美国与他小国亦如中东今日之举，而华人之游于旧金山者，即以其事登诸华报，大肆讥评。美人闻之，当必勃然大怒，以居是邦而不敬其邦人也。今西人之来沪者，指不胜屈，食毛践土、通市谋生，自应敬礼华人。乃西人于言动举止间，则复轻视华人，极为傲慢。明理君子当不其然，然游沪西人可称为明理君子者，卒不多见。

数月前，英前驻京钦使阿公（阿礼国，Rutherford Alcock）曾在英《大新》报馆言："中国西字日报每论中事，辄多轻慢之词，独不思总署妥定日本交涉事宜，已显然曲为将就。虽未咨照各国申明其故，要亦别有深意存乎其间。"而沪上各西报辄谓其惮于用兵，以致曲徇所请。报中讥评时事，褒贬均由于人。[1]

事实上，通过这个条约，日本已基本达到其侵略目的。三大臣曾向柳原作出两点重要指示："谈判之要领在于获得偿金后让与所攻取之地"；"应利用此次机会断绝琉球为两国属地之渊源"。[2] 这两点"指示"悉数体现在《中日北京专条》中，在这个意义上讲，日本已达到其侵略目的。另外，在日本国内，这个条约亦被朝野视作谈判胜利的果实[3]，而大久保本人则受到了英雄般的礼遇。日本《先驱报》报道了东京和横滨民众万人空巷迎接大久保归国的情形："大久保阁下于上个月（11月）27日从台湾回到横滨，他的到来引起了极大的兴奋，江户（东京的旧称）和横滨都因这位成功大使的归来而张灯结彩。"[4] 以至日本天皇、大隈重信等人都兴奋不已。日本天皇称赞"其功可谓大矣"[5]；大隈则表示："不但清廷承认琉球人为日本居民、琉球群岛为日本领土，且使各外国认识日本的兵力，再加英、法两国自幕府末年迫害外国人以来即驻兵横滨，现亦因而撤

① 《西报论华事书后》，《详述中东和议事》，《汇报》1874年11月16日。
② 《与清官谈判应注意事项》，载黄得峰、王学新译：《处蕃提要》卷五，"国史馆"台湾文献馆2005年版，第324—325页。
③ 当然，亦有少数好战之士，甚觉遗憾。据称："其弗悦之人，多系双刀兵弁，性好战斗。今闻息事罢兵，惜无用武之地故也。"见《日本近事》，《中西闻见录》1874年第28期。
④ "North-China Herald", December 10, 1874.
⑤ 《岩仓公实记》下卷，转引自米庆余：《琉球漂民事件与日军入侵台湾(1871—1874)》，《历史研究》1999年第1期。

退，故在明治外交上，所受间接的利益，是很大的。"①

三、威妥玛平议

舆论界对中日和局的不同反响，同时引发了对斡旋人威妥玛的讨论。一方以为，威妥玛居功至伟。《申报》在《论威公劝和中东事》一文中写道："近中东两国互起猜疑，争议多日，势将决裂，两国几至均陷无穷之战劫，于是英钦使威公劝和，保全大局，以嫌化睦、以仇为友，庶几毗邻两邦各得安居乐业、长享承平，斯皆威公一人之力建立大功。中外之人，理当同播颂声，称厥大德。在我华人，想亦当无异说也。"②《中西闻见录》转述日文报刊的消息称："至国君（天皇）则深以讲和为喜，特于英国驻扎日本钦使陛见时，面谕曰：'蒙贵国驻华大臣，善为调停，使吾两国获全和好，中心甚感望致意于贵国君主前，代申谢悃也'。"③ 不仅如此，《横滨每日新闻》还甚至替威妥玛辩解："有关'中国人认为威妥玛先生支持日本'的流言，意在表明，英国政府希望支持日本"，"这显然是一种荒谬的异议，因为日本人可以得出同样的结论，即当威妥玛先生敦促他们（日本）尽快和平了局时，这便意味着，英国政府站到了中国一边"。④而另一方则不以为然，埋怨威妥玛多事或处事不公。相对日文报刊对威妥玛的认可，日本的英文报刊则谓"向来遇事，每偏厚于中国"⑤。《北华捷报》也刊登署名"Kin-ming"的西方读者来信⑥，指责威妥玛不务正业，而且吃力不讨好：

当他（威妥玛）把时间花在一件仅有中国人和日本人直接感兴趣的事情上时，威妥玛先生是否同中国总理衙门圆满地解决了英国国民感兴趣的几个问题？例如，我要问，（威妥玛）是否已彻底忘却上海商界期盼已久的吴淞口疏浚工程？在他忙于关心中日间的台湾交涉事宜之时，根本没有时间催促恭亲王去开展这项紧要的工作吗？而这项工作的完成将极大地维护英国在华商业及远洋利益。

---

① 大隈重信：《开国大势史》，转引自李祖基：《"牡丹社"事件——1874 年日本出兵侵台始末》，《台湾历史研究》2016 年第 3 辑。

② 《论威公劝和中东事》，《申报》1874 年 11 月 25 日。

③ 《日本近事》，《中西闻见录》1874 年第 28 期。

④ "Mr. Wade and the Formosa Difficulty"，"*North-China Herald*"，December 10, 1874.

⑤ 《日本近事》，《中西闻见录》1874 年第 28 期。

⑥ 据转载了此信的《汇报》（1874.11.21）交代，"前月 25 日（11 月 3 日），有西人自北京致书字林报馆。"由此可知，该信先由《字林西报》刊出，《北华捷报》亦系转载。

　　恕我冒昧地问一下，威妥玛先生在中日两国事务中的努力究竟有怎样的积极结果呢？威妥玛先生劝说清政府向日本政府赔付了上述钱款，这使中国人感到他们不仅在自己的眼中被贬低和羞辱，而且感到自己在全世界的眼中都是如此。如果威妥玛先生没有干涉中日事务，那么日本全权大使大久保先生和总理衙门的负责人恭亲王之间的谈判会有什么解决方案呢？我的回答是，清政府将被迫鼓起勇气，以大无畏的英雄气概面对困难；将被迫购买铁甲来对付日本的同类船只；在被提供这种武器之前，她无疑会被打败，但她最终会取得胜利；她最终会把日本人赶出台湾，并将整个岛屿置于自己的统治之下。此后，不仅在本国臣民眼中，而且在外国人眼中，清政府都将是一种威严而可敬的形象。[1]

　　"Kin-ming"的这封信经《汇报》译载后，还在报界掀起好一阵波澜。获悉《汇报》译文后，《申报》攻击道："连阅《汇报》所载译《字林日报》'西人论中东事'一则，不禁太息者屡。有感于心，遂不能已于言，故走笔而为之论曰：排难解纷者，君子之深心；幸灾乐祸者，小人之常态。威公所行，究不失为君子；众人所论，恐少涉于小人也。"[2]单就《汇报》的译载行为而言，《申报》的反应过于强烈了。而事实上，《申报》此举不仅有捍卫自身观念的意思，也有趁机攻击的味道。为什么这样讲呢？因为：第一，最初发表该文的是《字林西报》，《汇报》不过是译载而已，即便要攻击，主要矛头也应对准《字林西报》，而不是《汇报》；第二，即便是不满《汇报》的译载行为，正常的论争即可，没有必要谩骂，说什么"小人之常态"。《申报》何以恼羞成怒？乃是因为《申报》与《汇报》的扞格由来已久，或者说积怨已深。在一定意义上讲，《汇报》的创办是受了《申报》言论的刺激。《中西闻见录》在介绍上海"新设报局"时，这样写道："兹闻有广东寓居上洋者，以从前《申报》，持论有不允当处，恐将来有偏袒不公，遂另设一局，刷印新报，每日一出。"[3]《申报》也坦承："盖《汇报》之设，实基于以绅控优一案而已。当时本馆指陈刑讯之惨，以故地方官挟怨而另设一报，以谋抗我也。"[4]实际上，《申报》并未仅是"指陈刑讯之

---

① "The Settlement of the Formosan Difficulty"，"*North-China Herald*"，November 26, 1874.
② 《书〈汇报〉"译西人论中东事"后》，《申报》1874年11月26日。
③ 《上海近事：新设报局》，《中西闻见录》1874年第24期。
④ 《书墨痴生来信后》，《申报》1874年11月21日。

惨"，其围绕"杨月楼案"①的评论委实有些过火，对案件的评说超越了其应有之范围，从评说案件本身演变为辱骂整个香山人群体："盖粤人所称，为'糠摆渡'（comprador），俗名'买办'、'细崽'、'广东婆'、'咸水妹'者，均系香山一县男女也。生无耻之乡，习不堪之业。在粤人已不齿之于人类，而香山男女方以此为生财之路，致富之端，扬扬得意以为光荣实甚"；"'糠摆渡'等之最可痛恶者，赚足洋人银钱，便自命为绅富，诚如伊等自供，平昔所作所为肆无顾忌，忘却本来面目，究竟伊等知何道理，明何律例，故于此案有此胡行乱为"②。正因为叶廷眷、郑观应、容闳、唐廷枢等香山同乡倡设《汇报》有抗御《申报》等外报舆论的初衷，所以，《汇报》尚处酝酿阶段，《申报》就甚为不快，以致大加奚落："馆则设立于招商局侧，并闻另延西人，代为出名。但赫赫县尹，堂堂粤绅，办此小事，尚不敢出头，反请西人露面，未免心欲大而胆欲小矣。""夫在今日，叶君则上海邑侯，唐君则招商局总办，其余亦皆有财有势，开设之后，即有得罪他人之处，谁敢与官长为难！但谚有云：'花无百日红'，倘叶君一旦升迁去任，另易他省之人，无事则已，不幸有事，吾亦将为主笔之人危矣！"③

其实，早在威妥玛等提出斡旋之议时，以奕䜣为代表的清廷大员就不无担心。奕䜣等奏称："沈葆桢以联外交为要义；李鸿章于法国使臣热福里（Geoffroy）由津来京，亦经面加抚谕，该使臣有愿从中调停之说；上海道沈秉成呈寄沪上官伸（绅）所上刍言，亦以邀请各国使臣评论曲直为计。而英国使臣威妥玛尤于此事始终关说，意欲居间。臣等亦曾将与日本来往文信通行抄录照会各国使臣，与之委蛇虚与，在若离若即之间。即使各使臣欲为调停，亦系彼国所求，而非出自中国之意。"④在威妥玛斡旋的过程中，奕䜣等人也感到威妥玛盛气凌人："威妥玛来臣衙门，初亦关切，继为恫吓之词，并谓日本所欲二百万两，数并不多，非此不能了局。"⑤尽管奕䜣等对威妥玛的斡旋并不十分欢迎，但是，

---

① 事起于杨月楼与旅沪香山富商韦氏之女的婚约。因韦女对杨月楼爱慕不已以至茶饭不思，韦母便助其与杨月楼订立婚约。其时，韦氏本人在外经商，并不知情。获知此事的韦氏宗亲遂提出退婚，杨月楼见势不妙，乃与韦母定下"抢亲"之策。此举激起韦氏宗亲的强烈不满，他们联合旅沪香山籍绅商对杨月楼提起公诉。几经辗转，杨月楼被判充军流放，后适逢慈禧四十寿辰大赦天下，得以免于充军流放。这就是"杨月楼案"的梗概。

② 《广东同人公致本馆书》，《申报》1874 年 1 月 4 日。

③ 《论新闻日报馆事》，《申报》1874 年 3 月 12 日。

④ 《总理衙门奏台湾一案与日本议定条款折》，载许同莘等：《同治条约》，文海出版社 1974 年版，第 1157—1158 页。

⑤ 《总理衙门奏台湾一案与日本议定条款折》，载许同莘等：《同治条约》，文海出版社 1974 年版，第 1158 页。

又觉得"若不稍与转机，不独日本铤而走险事在意中，在我武备未有把握，随在堪虞；且令威妥玛无颜而去，转足坚彼之援，益我之敌"。也就是说，若不给威妥玛几分颜面，接受调停，则一方面担心日本开战，另一方面害怕威妥玛站到日方那一边。由此可见，如同对待最后的和局一样，奕䜣等士大夫们对待威妥玛之斡旋，态度也相当复杂，从一开始的担心、不情愿到斡旋途中的不快，再到忍辱含垢地接受。

那么，威妥玛斡旋的历史真相究竟如何？首先，应明了其初衷。8月14日，威妥玛曾向清政府建议由英、法等国担保，在中国沿海和内河区域设立"非战区"，以使各口岸免于战火，并明确表示，各国担保需要"报酬"，中国必须为此付出代价，英国方面所提条件有："一、彻底改革厘金制度；二、开放全国境内可以行驶汽船的沿海口岸和河流；三、在云南、四川两省设置领事。"[①] 可见，威妥玛早就有以恫吓的手段从中分一杯羹的盘算。而且，对中国的恫吓不仅在国家层面展开，也同时在地方层面进行，8月20日，英国驻沪领事麦华陀（W. H. Medhurst）对陈福勋讲："日本心怀叵测，不似泰西诸国，仅在通商而已。日本自与泰西诸国通商后，无事不仿西法而行，练兵将及十年，枪炮皆已纯熟，且连年所购枪炮，不惜重价，皆选购新式极精者。铁甲本有两只，现又添置一号，并新买径寸口格林炮一百尊，后开门新枪数万杆，其药弹火器，不计其数。此次台湾之役，不过小试其技。若中国调停不善，彼即藉端失和，分兵窜扰各口，意图占地。"[②] 其次，应弄清威妥玛在调停中的倾向。在大久保尚未来华之时，威妥玛就致信麦华陀，表示："日本派兵赴台实出大久保之意，现在恐柳原在京职力浅薄，是以专来助彼，决定和战之意。若欲退兵，中国须补偿出兵费用；将来生番须由中国官认真管束，嗣后不准再有残害东人之事；并须言明，此事出师赴台，实非日本之错。如能议此三者，写立笔据，便可息兵。"[③] 这个意见经龚照瑗转给了总理衙门。9月22日，在总理衙门与大久保激烈争执之时，威妥玛又派梅辉立（W. F. Mayers）前往总理衙门当面询问："中国是否打算给予日本一些条件，或者准备考虑日本方面的建议？"[④] 10月24日，中日僵持不下之时，大久保以辞行之名前往英使馆，告诉威妥玛："赔款的数目可以酌减；

① 《威妥玛致德比》，转引自王绳祖：《中英关系史论丛》，人民出版社1981年版，第55页。
② 韩汉雏：《同治季年日本侵扰台湾记略》，《新亚细亚》1935年第10卷第6期。
③ 韩汉雏：《同治季年日本侵扰台湾记略》，《新亚细亚》1935年第10卷第6期。
④ 《中日台湾争端》，转引自张建华：《英国与1874年日本侵犯台湾事件》，《北大史学》2001年号。

赔款可以不用军费的名义但也不能接受中国皇帝'恩典'的名义；日本可以先撤军后接受赔款，但必须先订立条约作为担保。"① 然而，就在 25、26 等日 "日本两使臣已悻悻然，作登车之计" 时，威妥玛见了奕䜣等人，却丝毫不提日方"可以酌减"的新情况，反谓"二百万两"并不多。奕䜣等人也不为所动，"一以镇静处之"。威妥玛在转身离去的那一刻，"坚欲问中国允给之数"，奕䜣等人才告知："中国既允抚恤，只能实办抚恤，即使加忧，数不能逾十万两"；"再允该国在番社所有修道、建房等件，留为中国之用，给银四十万两，供不得逾五十万两之数"。② 由此看来，尽管补偿金额由中方开出，但提出补偿等和议条件的是威妥玛以及日方，中方只不过是在他们设置好的议程下考虑问题、抒发意见。此外，该结局确给英国等列强带来了实在的好处。这自威妥玛迫不及待地通知报界的举动可窥一斑，据《申报》报道："本馆昨（11 月 21 日）录中、东新立之条约，兹见《字林》于昨日报中亦曾刊印。盖出于驻京威公之命也。威公于华九月二十九日（11 月 7 日），曾以此事札饬驻沪之麦领事，谓曰：'华九月二十三日（11 月 1 日）曾致书晓示，中东两国已于二十二日（10 月 31 日）议和立约。兹于昨晚业经恭亲王及总理衙门之大臣照会各国钦使，予以中东两国议条之底稿。其条约中之词语，即或此时尚未宣示于外人，而其命意经大众早已知悉也。以故合应公刊，使众人得有实凭可据。查台湾之事，两国辩论之下已历数月，假令议不能谐，则两国必罹于兵祸。因思我国与中东夙有通商之好，以故此事卒能出于和结，在英人亦皆可称为庆幸矣！用此，祈饬将议条两纸付登新报，以使英人皆得尽悉也'。"③ 具体而言，这种好处不仅体现在为通商提供了和平的环境，而且也遂了英、美等西方国家的夙愿：将"番地""番民"纳入清政府的治理范围，以保证台海通商、航行之安全。

① 《日本外交文书》，转引自张建华：《英国与 1874 年日本侵犯台湾事件》，《北大史学》2001 年号。
② 《总理衙门奏台湾一案与日本议定条款折》，载许同莘等：《同治条约》，文海出版社 1974 年版，第 1158—1159 页。
③ 《威公使札饬领事》，《申报》1874 年 11 月 23 日。

中篇：法军攻台舆论史

第四章　攻台先声："质地索偿"之议

法军攻台是中法战争的重要组成部分，在此期间，中法双方不仅十分留意舆论动向，而且还相当重视利用报刊散布对各自有利的消息和言论。与1874年日本侵台有所不同，法国无意于悄悄从事，而是先声夺人，设置舆论议题。

第一节　舆论界的初步反应

法军攻台的报刊舆论始于1883年法军攻陷山西（今越南河内西北）之后，是年底，法国报刊督促政府"质地索偿"，即攻占中国海岛为质以迫使中国向法国支付赔款，质地范围则圈定在海南、台湾以及舟山三岛。一时间，有关"质地索偿"的消息满天飞。

中文报刊得此消息后，自反应激烈程度而言，可分作两派，一派以《申报》《述报》为代表，反响强烈，自多个层面予了回应：其一，自地形、地缘、人文以及布防情况等方面判断海南可能是法军的首选目标。得到消息的第一时间，《申报》著论："按此三处地方，台湾素称险要，守之尚易为力。虽法舰能入，而海面曲折，未必遂能直达。舟山地属平原，四面临海，进取较易；惟前闻有英国兵船早停泊于该处口岸，英人巨商大贾皆萃上海，必当竭力保护商局。而舟山实为奥区，奚容法人涉足！""舟山，曾与英国立约，有相为保护之言，舟山倘有英船驻守，法人何能正眼相觑！惟琼州孤悬海外，四面皆守之不易。该处又无军兵，粤中欲发援兵，非渡海不可。设法人以兵舰中途拦截，则中国船械未若法国之利，赴援殊觉为难。而是处与越南最近，法军之来极便；故此地最为可虞！"[①] 稍晚，《申报》刊发专论《琼防紧要说》（《述报》随后转载），极

---

① 《狂言可骇》，《申报》1884年1月3日。

力强调海南之首当其冲。该文除从地形、地缘、布防情况等方面进行考量之外，还增加了人文的考量维度："琼州孤悬海外，地势与台湾相似。惟带水之隔，由雷州之徐闻对渡而南，不过半日之程；视台湾数百里洋面，远近相悬。故自汉以来，收入内地，治法与各郡县无异。若台湾，则自康熙年间始克底定，归诸版图于今甫及二百年，而设治建官仅在北面一带；内山纡远，野番杂处、犷悍无人理，途径几不能辨，国家以其荒远，姑置勿治。"[1] 其二，表示愤慨，指斥法国无理。两报认为："万国公法，为中西之通例，皆各国已行之成案：凡两国交兵，其后讲和，理直者当取偿用兵之费；商民资产、货物，一切用兵期内应沾之利为兵事所损，亦当一体赔还。前者普、法之役，法恳求和，应偿普国之银，甫于近年清楚，法京之普兵亦始撤戍，此旧事之可援为例者。法既甘为戎首，自锐意进兵；将来此项兵饷，自归法人所出。聚四洲众国之人而议，今日之事，断无谓中国理曲者。乃法人先发制胜，故为恫喝之言，转欲取偿于中国，且将夺踞琼、台、定海（舟山）以为质。何其言之梦梦也！夫至今日而法人犹为此言，真无赖之尤，无耻之甚矣！"[2] 其三，督促清政府积极布防，不可麻痹大意："第就各省守备言之，目下广东重兵尚可抵敌，如琼、台、定海则布置未必完密。道光季年，粤东和议未成，曾犯定海；曩年日本以生番戕杀琉球难民，用兵于台湾，卒被索银以去。法人习知其事，虽志在越南，不能分兵，而游弈（弋）于洋面之上藉以恐吓，则固法之所能为也。至于琼州孤悬海中，奇险不如舟山；而山岭峻削、平原坦夷、无异内地；周围沿海处，防不胜防，又较台湾为疏阔。省中如此严防，度必不弃琼州。然法人攻越之师船捩舵而东，不啻杭苇，朝发夕至，自是便捷。于此三口中，尤为紧要。安得以法兵疲敝而藐忽视之耶！"[3] 其四，认为中国具有比较优势，无惧法国之恫吓与要挟。先是《申报》发表《论法人大言不足惧》一文（《述报》随后转载），文章认为：

> 夫法人自以为强，而遇一刘永福已有束手无策之势。况中国之地，多于法人者几倍；中国之人，众于法人者又几倍；中国之兵饷，省（盛）于法人者又几倍；中国之将，似刘永福者何限！
>
> 法人动曰"封海口"，遇中国之船于海面，则截而取之。顾法国可夺中国之

---

① 《琼防紧要说》，《申报》1884 年 1 月 21 日；《述报》1884 年 5 月 6 日。

② 《论法人劫地索赔之谋》，《申报》1884 年 1 月 5 日；《述报》1884 年 5 月 15 日。

③ 《论法人劫地索赔之谋》，《申报》1884 年 1 月 5 日；《述报》1884 年 5 月 15 日。

船，中国独不可夺法国之船乎？中国目下，兵船亦不为少，若以分布各海洋，遇有法船之至，或开炮轰沉之，或遏之使不得进。彼孤船深入，究不足恃。彼之援兵远莫能应，而中国征调较易，呼应极灵。[①]

同时，该文也建议清政府以陆上进攻来缓解海上压力：“夫法人之欲取琼州，大抵为索偿兵费起见耳！以中国此时讲求武备、购买战船，亦既有年。古人言：‘我能往，寇亦能往。’今若反其道而行：‘寇能至，我亦能至。’与其俟法人攻琼州，而始为御侮之师，不如调兵数十万，集舰数十艘，直走西贡，非仅为围魏救赵之策，直令法人在西贡无可存身，然后一举荡平。”[②]未久，《申报》甚至抛出“弃琼州以专注越南说”：

中国近与法人将有构兵之意，而两国强弱，论者纷然。顾平心而论之，炮利船坚、善于海战，此法人之所长而中国之所短；马步纵横、善于陆战，此中国之所长而法人之所短。

近日法人有欲夺取琼州等处之说，他处姑不之论。即就琼州言之，该处孤悬海外，四面皆水，守之无可守；法人若欲进攻，则四面皆可进兵，防不胜防。若防一二处，必有瑕隙可蹈之处，若环而守之，不但无此多兵、多船、多饷，抑且无此守法。窃以为琼州一区虽有府□州县，地系中国版图，而其间“生番”错处，殊亦不少，大都与台湾及苗疆等处无异。法人即使果得其地，治之亦不易，计不如弃而勿守，使法人而果欲取之，即一任其长驱直入而无所阻。度法人虽横暴，然唾手而得之，必不忍复肆残杀民间，必不至受其创而民“番”不靖，既不能无为而治，又虑华兵环攻，以图克复，势不得不以兵守之，而兵又不得不多如此，则法兵势分矣！而我乃不用水师，但用陆兵重戍北宁，法人而攻北宁，则即与之力战。

法兵若败，济师极难。我乃乘势追杀，即以偏师由北宁而出，逼河内、海防、南定等处，以直捣西贡，据而有之。西贡虽系越南之地，而与中国尚有脉络贯通之势，较琼州之虽在版图而孤悬海外者大不相同。我既据其西贡，彼若藉口以索兵费，则彼此可以相抵：彼不还我琼州，我即不还彼西贡；彼此又足

---

① 《论法人大言不足惧》，《申报》1884年1月20日；《述报》1884年4月25日。

② 《论法人大言不足惧》，《申报》1884年1月20日；《述报》1884年4月25日。

以相当，法人其将奈我何哉？①

　　这表明，《申报》对中国海军没有信心，对防守海南岛亦无信心，因此，主张暂时弃守海南，以分散法军兵力。而基于对中国陆军的信任，遂主张集重兵于越南，予驻越法军以痛击，并料想分兵后的法军势难抵挡。在此情形下，即使法军占据海南，也可用越南之地易之。这个观点貌似不同于以往，但实际一脉相承。从主观意图上看，都是在思考如何保海南，只不过策略有所不同，以往强调的是直接护卫海南，此处讲究的是迂回战术，并非真弃海南。

　　另一派以《字林沪报》为代表，闻讯较《申报》《述报》要早，1月1日，《字林沪报》就宣称："前日，本馆接到伦敦电音言：'法国巴黎斯（巴黎）各新闻纸皆言，法廷欲向中国索偿越南兵费，如中国不肯赔偿，即拟夺中国琼州以作抵押'。"②而《申报》最早刊出这类消息在1月3日，《述报》尤在《申报》之后，可见，《字林沪报》闻讯较两报都早，这可能与其海外消息灵通③的优势不无关系。然而，其对消息的后续反应则相对温和，尽管也谴责了"法人无赖"，"夫法人攻打越南之兵费于中国何干？而欲中国赔偿，其属不应也，固有难逃公论者也"④；但却并非着眼于"战"，而是力陈此乃"和"之迹。先是在谴责"法人无赖"之时，从"质地索偿"的"无赖之言"窥见，"越南之事，从此有了局之望矣"，并分析道："法人既为此言，其心已不欲增添兵士以□东京，不过无可下场，借此声言遗祸中国、恫喝尝试，欲中国闻之恐吓，将就议和。盖亦素知中国向来但图息事，颇肯吃亏耳！"⑤不过，在该报看来，法国这种求和的"恫喝尝试"不能得逞，乃是因为"中国近来不特武备整饬、气壮心雄，决不受其欺吓。即目前总署及南北洋大臣以及各国钦使，莫不于洋务折臂折肱，于公法至精至熟，但使理处于长，即属有恃无恐。况中国非越南比，与各国立约者二十余，汇四洲商务之通，入万国公法之内，海疆安危，各国皆有关系"。⑥半月之后，详论"中法和象"：其一，法国民意不欲失和于中国："前者西报谓，

---

① 《弃琼州以专注越南说》，《申报》1884年2月10日。
② 《论法人无赖》，《字林沪报》1884年1月1日。
③ 关于《字林沪报》海外消息灵通一说，可参考田中初：《游离中西之间的职业生存——晚清报人蔡尔康述评》，《新闻与传播研究》2004年第3期。
④ 《论法人无赖》，《字林沪报》1884年1月1日。
⑤ 《论法人无赖》，《字林沪报》1884年1月1日。
⑥ 《论法人无赖》，《字林沪报》1884年1月1日。

法国子民咸有怨言，谓不应与中朝失睦、至损兵丁；法国商人亦恐启衅中朝、坐失通商之利，军饷不愿再输。"因此，"欲调兵而军籍不啻已空，欲增饷而输将未能踊跃"。其二，法若称兵，将面临败局风险，且必招致英国等国干涉："英国《泰晤士报》言：法国倘决与中国从事于疆场，实非细事，缘阿非利加州之阿而建，连阿地方及亚西亚、欧罗巴各处，法国威名素著，一旦战败，声势必衰；且于各国商务大有关碍，而犹以英国为更甚，英岂肯置商务于不问，而一任法人称兵！又师《登达报》（*Standard*，可能是《伦敦标准晚报》）亦云：'法人如与中国干戈从事，非但他国不能允准，我英国亦断不肯坐视'。"因此，法国必"畏首畏尾"，"其奚以为此（与中国干戈从事）"？其三，法军已陷越战沼泽，进退维谷："越南自乱臣弑君后，国中立党时与法使为难，从前逼立之约一旦而废，法兵麇聚东京，不能兼顾，只得付之无可如何。日前虽得桑台（Santay音译，即山西），不偿所失，空城需守，兵力又分，援助不来，饷需不给；瞻望北宁，兵精城固，而河内、海防等处之扰动，几于寝食不安。近来欲强西贡土人为兵，该处土人亦有群起而攻之势。法人进退维谷之状，至此殆岌岌难支矣。"因此，法军如"猛虎搏兽"，必"力穷自息"。[1] 总之，在《字林西报》看来，"质地索偿"简直是虚妄之说，实乃"法国新闻纸不达事理、好为夸大之辞，不顾他国耻笑，固空言而非有实事者也"。[2]

尽管两派对未来局势的看法明显不同：一派基于"战"，一派着眼于"和"；但却有一个共同点，那就是偏于乐观，基于"战"的一派，认为中必胜法；而预测"和"的一派，则对种种迹象的解读过于乐观，低估了法国的侵略野心。

不似中文报刊那么乐观，在《泰晤士报》看来，不仅认为法军将实现据"海南"为质的企图："所有人都承认，该岛（海南岛）现在可以被武力占领。本地（中国）的一份报纸[3] 在讨论这一点时坦承，中国无力阻止占领。于是只好建议，作为反击，中国应该进攻法国在陆上（越南）的阵地，甚至将他们赶出西贡。在越南，他们会取得多大的成功，这是舆论的事，而海南既然是中国固有领土不可分割的一部分，其被敌人占领将彻底唤醒北京政府，并迫使他们尽快以某种方式解决问题。此外，也不用担心与任何欧洲大国发生纠纷，因为尽

---

[1] 《论中法和象》，《字林沪报》1884年1月16日。

[2] 《论中法和象》，《字林沪报》1884年1月16日。

[3] 这里提及的本地的一份报纸，可能就是《申报》，《泰晤士报》引述的内容恰是《弃琼州以专注越南说》（此文刊于1884年2月10日的《申报》）一文的片段。

管其中有一个通商口岸位于该岛，但贸易规模很小，而且全岛完全由中国人掌控。"而且越南北宁也"迟早会落入法国人手中"。[1]甚至还推测尽管"与海南相比，台湾将更难占领，因为它的面积更大，距离法国的东京大本营更远"；但是，"如果法国有领土扩张的想法，台湾将会是一个比海南更诱人的质押地。它是一个极其富饶、肥沃的岛屿，能大量出口大米、糖、茶、烟草、樟脑等。它还拥有价值不菲的煤矿，这些煤矿多年来一直由进口机器开采，事实上，它是中国除开平煤矿外唯一处于开采状态的煤矿，那里的煤炭开采引进了欧洲的先进技术。据说，其他矿藏也极丰富。这个岛屿还有一个显著的特点，它是中国唯一一个允许欧洲商人入内贩茶的地方"。[2]

颇为蹊跷的是，国际舆论圈明明传的是"海南、台湾及舟山"三岛，为何《泰晤士报》压根不提"舟山"二字？且《申报》亦言："舟山，曾与英国立约，有相为保护之言，舟山倘有英船驻守，法人何能正眼相觑！"究系何因？原来早在1846年，英国迫使清政府签订《退还舟山条约》，便已将舟山置于英国的"保护"之下。在法报提出占据"琼州、台湾、舟山"三岛未久，香港商会会长布尔克雷·约翰逊（Bulkeley Johnson）即致函港英政府和英国外交大臣，督促政府按约保护舟山不被法国侵占。他在给港英政府的信中写道：

商会委员会在读了路透社下面的电讯后，深感不安。这条消息说，巴黎新闻界建议法国政府占领舟山岛作为向中国政府要求战争赔偿的物质保证。委员会提请阁下注意1846年4月由陛下政府全权代表德庇时（John Davis）和中国政府之间在虎门签订的协议中的第3条和第4条：

"3.英军退还舟山后，大清大皇帝永不以舟山等岛给他国。"

"4.舟山等岛若受他国侵伐，大英主上应为保护无虞，仍归中国据守；此系两国友睦之谊，无庸中国给予兵费。"

本委员会深切地感到，英王陛下政府维护所作出的这些保证的完整性，对本殖民地（香港，下同）和大不列颠的利益将有极其重要的意义。舟山和它那良好的港口控制着长江入口，即英国在远东的重要贸易中心之一。舟山如被另一个强国占领，必将成为一个长期的危险和忧虑的根源。这不仅对本殖民地来说是如此，对所有关心它的贸易的人来说也是如此。

---

① "The Times", April 18, 1884.

② "The Times", April 18, 1884.

本委员会希望阁下向殖民大臣转达——以便葛兰维尔勋爵（Lord Granville，又译"格兰维尔"等）（时任英国外交大臣）得知——商会殷切希望陛下政府将准备维护1846年的条约规定。[①]

而在给英国外交大臣的信中特别强调："不大可能有任何一个大国在和中国发生敌对行动时不回避这个条约中的规定，除非这个大国出诸别的原因不能不下决心和英国打仗。"[②] 即是说若法国不遵守该条约，强行占领舟山，则视同与英国开战。

第二节　舆论之深入与政府之应对

一、"质地索偿"舆论向政府延伸

在中法开战前，法国军政界便已热烈讨论攻击中国沿海事宜，然而，其用意尚非"质地索偿"，而是借以发挥法军的海上优势，达到牵制中国以缓解法军在越南的压力。1883年9月21日，东京分舰队司令孤拔（Courbet）向海军及殖民地部长裴龙（Peyron）建议："必须向中国宣战，在宣战的第二天就要炮轰其军港，摧毁其海军。当它知道我们决心采取这一激烈行动时，东京（越南北部）的形势才会改观。"[③]

待到法军攻陷北宁，法国军政界始倡"质地索偿"说。法众议院议员布朗书贝（Jules Blamsulé）致函内阁总理，正式提出以海南为质索要赔偿的建议："我以为应该对海南岛进行一次更有益、更实际的牵制。内阁总理先生，我有幸曾向您指出该岛的重要性，没有任何严重的障碍可以阻止我们占领该岛作为和平的抵押物，至少直至中国停止一切敌对行动和赔偿它对我们造成的损失为止。"[④] 法军舰长福禄诺（Fournier）也对前来"询问"的德璀琳（Detring）说："法国政府应该向中国要求巨额战争赔款（如果它还未提出的话），中国只有拿

① 《香港商会致香港总督包文爵士》，载张振鹍：《中法战争》第五册，中华书局2006年版，第831页。

② 《香港商会致英国外交大臣葛兰维尔勋爵》，载张振鹍：《中法战争》第五册，中华书局2006年版，第830页。

③ 《孤拔致海军及殖民地部长》，载张振鹍：《中法战争》第五册，中华书局2006年版，第149页。

④ 《众议员布朗书贝致内阁总理》，载张振鹍：《中法战争》第五册，中华书局2006年版，第793页。

出赔款才能避免受到严重损失，否则，像法国国内许多人所希望的那样，我们的舰队极有可能要求取得领土作抵押以保障对我们十分重要的军事、航海、贸易三方面的目标。"①

中国方面，在北宁失守前，甚至早于中文各报，李鸿章等已向清廷禀报："法兵攻破山西，进攻北宁，并闻将犯琼州，欲据以为质，图索兵费"，清廷于是"著兵部尚书彭玉麟专顾琼州"，并谓："越南山西失守，彼族势甚披猖，边事益棘，难保无伺隙滋扰、借此索费之事。琼州孤悬海外，备御空虚，甚为可虑。现在省城防务，张树声自己布防妥协，彭玉麟所部湘、楚各营，即可专顾琼州一路，著该尚书择地驻扎，妥筹调度，迅饬各营驰赴琼州。"同时又说"法人声东击西，亦未可定，张树声仍当力顾省防，以杜窥视"。②同时，清廷因"海防紧要"，起用"因养亲回籍"的前陕甘总督杨岳斌，令其"即行驰往福建，会同何璟等将海防事宜认真筹办"③。可见，此时清政府已意识到粤、闽海防之紧要，且亦视海南防务为重中之重。

稍后，同文馆正式将法报消息译出并呈报总理衙门。据同文馆译文称："西历一千八百八十三年十二月二十九日，有电线自伦敦来云：'法京巴黎新闻纸内议论者，催逼法军站（占）据琼州、台湾、舟山三岛，以为将来赔补军需之用'。"④随后李鸿章、曾纪泽等又纷纷向朝廷报告了此类消息。而此时的清政府由于得到法国拟增兵越南、攻打北宁的消息，感到"北宁兵力尚单"，遂将布防的重点由海南转到了越南，"著彭玉麟与张树声筹商，选派得力将领，添募数营，以资接济"。⑤

德璀琳同福禄诺会晤后，也迅即向中方转达了法方"质地索偿"的动议。他先是电告李鸿章，后是赴天津与之面谈并转交福禄诺密函。在此密函中，福禄诺明确提出："法国欲向中国索偿兵费，且拟乘此机会用其兵力占据东方沿海

① 《驻广州领事林椿致内阁总理茹费理》，载张振鹍：《中法战争》第五册，中华书局 2006 年版，第 878、880 页。

② 《著兵部尚书彭玉麟专顾琼州加强粤防谕》，载张振鹍：《中法战争》第一册，中华书局 1996 年版，第 734 页。

③ 《著前陕甘总督杨岳斌赴闽筹办海防谕》，载张振鹍：《中法战争》第一册，中华书局 1996 年版，第 734 页。

④ 《法新闻纸促法占据琼州、台湾、舟山以为将来赔补军需质押》，1884 年 1 月 19 日，台北"中研院"近史所藏，清总理衙门档 01-24-009-03-021。

⑤ 《著彭玉麟等选将募兵接济北宁谕》，载张振鹍：《中法战争》第一册，中华书局 1996 年版，第 741 页。

地方以为质押。"① 得到这个消息的李鸿章即电告总理衙门："粤税司德璀琳到津密称：晤法水师提督（福禄诺），谓兵船入华，将夺踞一口岸为质。若早讲解，可电请本国止兵等语。"② 得到消息的清廷指示李鸿章等："法人连陷越南北宁等省，其势甚张。彼以兵船来华，恫喝要求，自在意中。沿海各处，亟应妥筹备预。着李鸿章、曾国荃、彭玉麟、穆图善、何璟、张树声、卫荣光、刘秉璋、张兆栋、陈士杰、倪文蔚、吴大澂饬令防军加紧训练，于沿海各要隘力筹守御，务臻严密。琼州、台湾孤悬海外，久为彼族所觊觎，有'欲据为质，藉索兵费'之说。倘有疏虞，办理益形棘手。着彭玉麟、穆图善、何璟、张树声、张兆栋、倪文蔚督饬将领实力筹防，总期有备无患。"③ 看得出，经历了北宁之败的清廷，心境较山西败守时更为糟糕，不仅追究了前线将领的责任，而且还罢免了奕訢等军机大臣的职务，史称"甲申易枢"。在此情境下，清廷对法军"质地索偿"的担心有增无减，不再只盯着海南一隅，而将布防的重点扩至台湾。

二、聚焦"索偿"：舆论与政府行动之咬合

在德璀琳将有关消息告知李鸿章之时，法国驻广州领事林椿也将其告知了茹费理（Jules Ferry，法国总理，一度兼任外长）。得到消息的法国政府原则上同意了福禄诺的意见，遂指示驻华代办谢满禄（Semallé）："届时请证实您的确有理由认为我们准备根据下列基础进行商办：'互相保证中国和东京之间现在的边界，解决边界通商关系，根据中国向安南叛乱分子提供的援助确定赔款。'"④

此时，中西报刊开始莫名地盛传"索赔"数额。《字林西报》援引伦敦来电，称："法国现已立意向中国索赔军饷，拟取银六百万镑。"⑤《泰晤士报》称，"六百万镑"的赔额出自法国报刊或政府的"暗示"。⑥ 而实际的情形是，利士比（Lespés，法国远东舰队副司令，中国及日本海域分舰队司令）、福禄诺等人

① 《法国水师总兵福禄诺密函》，载中国史学会：《中法战争》第五册，上海人民出版社、上海书店出版社 2000 年版，第 310 页。

② 《北洋大臣李鸿章来电》，载吴幅员：《法军侵台档补编》，文海出版社 1980 年版，第 8 页。

③ 《军机处密寄署直隶总督李鸿章等上谕》，载吴幅员：《法军侵台档补编》，文海出版社 1980 年版，第 8—9 页。

④ 《茹费理致谢满禄密电》，载张振鹍：《中法战争》第五册，中华书局 2006 年版，第 892 页。

⑤ "法兵已攻占北宁将向中国索赔军费等事"，1884 年 4 月 5 日，台北"中研院"近史所藏，清总理衙门档 01-24-011-01-007。

⑥ "The Treaty of Tientsin"，"*The Times*"，July 4, 1884.

并未得到法国政府有关赔额的明确指示。利士比在致裴龙的信中提道"关于索取赔款事，路透社电讯说法政府已提出这一要求。鉴于至今未从您处获得有关此问题的确切指示"。① 福禄诺先是向谢满禄表示："至于赔款问题，我还不知政府要求赔偿的数目。我将在从您处或从司令（利士比）处收到政府有关指令后再提出这一我认为是最棘手的问题。目前，为防万一，我将对总督说，我想赔款将为六百万英镑，如您也能有意散布这一说法，我看是有好处的。"② 后又向裴龙汇报："关于赔款问题，利士比将军和我一样，不知道法国政府的要价，以及意图增加到多大的数字，只临时规定我以各家报纸指出的估计数为基础提出来讨论。"③ 可见，福禄诺提出的"六百万英镑"的赔额，也非政府授意，乃是据报道估测所得。尽管有关具体赔额的报道并不属实，但中文报刊闻知这一消息后，反应颇为激烈。3月28日，《申报》表示："此六百万磅者，皆曰赔其兵费耳。然试思法之攻越，为中国之教之乎？抑越南之请之乎？"因此，中国没有赔偿的道理。相反，"中国之兵，因法人而出，所费军饷理应法国偿还"。并提醒清政府"法人遽有此请，窃恐彼于越南从此将不甚力攻，必转而窥中国口岸，分遣兵船停泊境外，片纸相赔、十分要挟，许则如其所请，否则听其所攻"。④ 4月11日，《申报》再次著论（5月7日，《述报》转载了此文），叮嘱清政府万不可接受以赔款为代价的调停：

特赔费之请，彼正不以为可耻，而深以允赔为荣。所虑者，海口有事，商局攸关，诸国既同其休戚，甚不欲中法遽定失和之局，苟出而排解，而欲使法人不得所请，撤兵而退，此必不能。譬诸恶丐强索钱米，主人怒甚，已命臧获辈缚而殴之，然罪不至死，释而遣去，而彼之所索愈大，前则为果腹计，而后更以养伤请也。乡邻趋视，十九劝主人，与之，主人不敢终吝也。今之法人，毋亦类是！然吾雅不愿以此丐待法人，而深望中国之弗与焉尔矣！⑤

① 《利士比致海军及殖民地部长》，载张振鹍：《中法战争》第六册上，中华书局2017年版，第19页。
② 《海军中校福禄诺致谢满禄》，载张振鹍：《中法战争》第六册上，中华书局2017年版，第214页。
③ 《福禄诺致海军及殖民地部长裴龙》，载张振鹍：《中法战争》第六册上，中华书局2017年版，第107页。
④ 《论法人赔费》，《申报》1884年3月28日。
⑤ 《论中国宜坚拒法人赔费之请》，《申报》1884年4月11日。

清廷方面，尽管主战的声音不在少数，而且也于沿海做了一些防御准备，但却以"主和"为基调，针对福禄诺提出的和议要求，谕令李鸿章："'事属可行，许其（福禄诺）讲解，钦此。'望将此意电知福酋（福禄诺）"；"简明条约可在津定"。① 在李、福谈判中，"赔偿"与否是焦点之一，而清廷不予赔款的态度甚是坚决，同《申报》等中文报刊的态度颇为一致。在李鸿章与福禄诺就条约内容进行谈判前夕，清廷明确告诉李鸿章："此次法人侵占越南，衅自彼开，用兵以来，屡经谕令通商各口岸保护法商取以优待者，甚至我与彼毫无失和之意，为各国所共知。若再索偿兵费，不特情理所必无，亦与各国公法显背。"② 在他们议定具体条款的过程中，就此进行了反复交涉：

福（福禄诺）云：兵费照公法必应议赔。

（李鸿章）答云：中国驻兵越境，保护属国，为应尽之职；贵国自行添兵攻取，衅自汝开，与中国何干？何能说到此节？

福云：法国众议如此，我何敢违！

答云：我已说过，提到兵费，即无办法；汝若真心要成就此事，切勿再提。

福作为难之状，再四沉吟。答云：万不得已，只可另添一条，因感中国和好商办之情，姑允将兵费免去；但中国亦宜益敦睦谊，优待法人，许于越南北圻之边界，所有法、越与内地货物，听凭运销；并约明日派使另议商约税则，期于法国商务极为有益，庶外部可藉词搪塞议院需索兵费之口。③

作为交涉另一方的福禄诺对此番交涉的描述与中方记载大体一致。"余下要讨论的只有赔款问题了。我（福禄诺）是从如下方式着手的。我对总督（李鸿章）说：'我剩下要完成的是我使命中最困难的部分，我担心这会成为我们之间的绊脚石。法国政府向中国索取一笔数额巨大的赔款，赔偿由于你方部队干涉东京而给法国造成的金钱损失，我还不知道赔偿金的确切数目，正等候明确的消息。'""他（李鸿章）大声反复地说，他决不会同意这种如此有损中国的

① 《军机处寄李鸿章电信》，载中国史学会：《中法战争》第五册，上海人民出版社、上海书店出版社 2000 年版，第 311 页。

② 《军机处密寄署直隶总督李鸿章上谕》，载中国史学会：《中法战争》第五册，上海人民出版社、上海书店出版社 2000 年版，第 334 页。

③ 《李鸿章与法国总兵福禄诺面谈节略》，载中国史学会：《中法战争》第五册，上海人民出版社、上海书店出版社 2000 年版，第 354—355 页。

要求，因为北京会砍掉他的脑袋的。""他接着说，而且只要某些外国和法国的报刊文章有赔偿的说法，支付赔款在中国人看来就必然具有法国对中国施行惩罚这种令人有失体面的性质。在这种条件下，他把自己在中国朝廷中的全部威望和影响拿到这个问题上来冒险，也是徒劳无益的。他最后大声嚷道：'我们全部撤出东京，把这个富饶的国家及其辽阔的领土完全让你们管辖，难道还不够吗？'对这个问题经过长时间的深入讨论后，我意识到总督坚持反对赔款，将会使一切前功尽废。""于是，我灵机一动，想以含蓄地措词使中国承认赔款原则，但不要求它交付赔款，以便使它以在贸易上对我们有利的妥协办法来了结此事。于是我重新进行讨论，提醒李鸿章注意，他拒绝以赔款的形式给予我们的赔偿，是我们理所当然应当得到的，因此我们不能放弃；但是，如果双方一致同意法中关系按真正有利于我们进行贸易的条件加以调整，那么，法国政府也许会同意只从我们的东京新领地与广东、广西、云南边境各省的贸易往来的收入中来逐步取得补偿。"①

在最终议定的条款确实没有"赔款"一说，有关于此的叙述是这样的："法国既感中国和商之意，并敬李大臣力顾大局之诚，情愿不向中国索偿赔费。中国亦宜许以毗连越南北圻之边界所有法、越与内地货物，听凭运销；并约明日后遣其使臣议定详细商约税则，务须格外和衷，期于法国商务极为有益。"②清廷得知李、福所议条约"不索兵费"，认为"与国体无伤，事可允行"。③此约既成，李鸿章甚是高兴，认为"此次中法议约之妥速，实由于署粤海关税务司德璀琳从旁怂恿而成"，于是，签署"天津简约"当天即替他向朝廷请功，请求朝廷"将三品衔税务司德璀琳赏穿黄马褂并加二品衔以示优异"。④

奇怪的是，法军连陷北宁等地，举国皆认为应向中国"索偿兵费"，不仅茹费理在给谢满禄的指示中有此一条，而且此前利士比在致裴龙的信中也曾信心满满地表示："根据可靠消息，北京政府方面已开始考虑付给战争赔款，只是在赔款数额上还存在争议。如不赔款，那至少有一块领土作为抵押，我认为台湾

---

① 《福禄诺致海军及殖民地部长裴龙》，载张振鹍：《中法战争》第六册上，中华书局2017年版，第111—112页。

② 《中法简明条款（天津专约）》，载中国史学会：《中法战争》第七册，上海人民出版社、上海书店出版社2000年版，第419页。

③ 《上谕》，载中国史学会：《中法战争》第五册，上海人民出版社、上海书店出版社2000年版，第355页。

④ 《署直隶总督李鸿章奏请将粤海关税务司德璀琳赏穿黄马褂加二品衔片》，载中国史学会：《中法战争》第五册，上海人民出版社、上海书店出版社2000年版，第361页。

北面的基隆应是我们努力争取的地方；但我想总理衙门听到要失地，将会毫不迟疑地接受赔款解决的方案。"① 福禄诺为何会放弃"索偿"？似乎突然间"质地索偿"之议寝息了。对此，福禄诺的解释是"我认为在目前情况下，这种做法是非常策略的。不过，人们将会注意到，该条款暗中含有赔款原则，并把订立通商条约这一条件作为换取我们放弃索取赔款的补偿提了出来。因此，万一有一天中国违反该条款规定的义务，我们就有权利向它提出索款的要求"。② 而在议约之前，利士比就曾告诫福禄诺："如有可能，在赔款问题上可说得含混些，这样做我认为是恰当的。"③ "天津简约"议定之后，利士比致信裴龙称："我在烟台等候这方面的消息，把分舰队的所有舰只集中在那里，以便在事情出乎意料之外，中国没有像原先所议定的那样从东京撤军时，我们能够作好行动的准备。在这样的情况下，我认为最好立即攫取抵押品，在向您去电请示后，立即占领基隆煤矿和台湾北部。"④ 可见，主观上，利士比、福禄诺等人并未真正放弃"索偿"，而"质地索偿"依然是其必备项。而自行动上，就在准备与李鸿章议约之际，福禄诺曾率舰前往基隆，进行挑衅和侦察。据基隆通判梁纯夫称，福禄诺率舰抵达基隆后，"随有三人上岸登山瞭望，似画地图并欲进炮台游玩，经炮队尹营官及吴教习搁阻勿入，适有一犬在旁乱吠，炮勇将犬逐开"。⑤ 明明是上岸侦察，却被福禄诺说成是"休闲散步"，中方官兵之拦阻被说成是"谩骂和举枪威胁"，而犬吠则被说成是"放狗追逐"。为此，福禄诺要求驻地指挥官来舰上"赔礼道歉"，严惩"肇事士兵"，"发布告示，要求卫成部队规规矩矩，尊敬外国人，特别是到这里来没有作任何侵犯行为的法国人"。⑥ 接着又以购煤不得，要求中方作出解释，进而威胁道："如果明天（4月16日）早上8时我所需要的煤还没有运到'伏尔达'号（Volta，又译'窝尔达'等，福禄诺系该舰舰长）

① 《中国及日本海域分舰队司令利士比致海军及殖民地部长》，载张振鹍：《中法战争》第六册上，中华书局 2017 年版，第 173—174 页。

② 《福禄诺致海军及殖民地部长裴龙》，载张振鹍：《中法战争》第六册上，中华书局 2017 年版，第 113 页。

③ 《利士比致海军及殖民地部长》，载张振鹍：《中法战争》第六册上，中华书局 2017 年版，第 19 页。

④ 《中国及日本海域分舰队司令利士比致海军及殖民部长》，载张振鹍：《中法战争》第六册上，中华书局 2017 年版，第 96 页。

⑤ 《福州将军穆图善向总署抄送法兵船强向基隆厅购煤函件》，载张振鹍：《中法战争》第六册上，中华书局 2017 年版，第 55 页。

⑥ 《致军事指挥官》，载张振鹍：《中法战争》第五册，中华书局 2006 年版，第 903 页。

船边来的话，我就要对该要塞实施炮轰。"①面对福禄诺的无理挑衅，中方选择了妥协："军门（曹志忠）令驻守炮台员弁前往登船陪（赔）礼，且晓谕军兵免致嗣后肇生事端。并由基隆厅出示通晓该处民人，遇有购买食用物件，不得阻扰禁售；且派人前赴煤井，督饬将所需煤斤，于限内运赴兵船讫。"②对此事件，《述报》报道甚详：

三月二十二日（4月17日），台湾鸡笼（基隆）埠，有西人来信云：尔来数日，法人与是处华人甚形龃龉。与月之十八日（4月13日）十一点钟，有法国和路达（伏尔达）战船，由汕头到鸡笼，泊于港外。下午时候，是船有法官数员，登岸往拜。会船政司毕，遂赴华人诸炮台，流（浏）览形势，几位华兵所辱。因此，法国兵总科尼亚（福禄诺），即修书致鸡笼华官，要将守炮台之某员，分别责惩，用以谢过。

十九日（4月14日），科尼亚乘舢板往煤矿处购买煤斤若干，俾交和路达战船备用。惟司理煤炭之人，对科尼亚称说，奉华官示禁，不得供煤与法人，断难如命。嗣后科尼亚致书于华官，限以时刻要供煤于法船，否则兵戎从事焉！

二十日（4月15日），科尼亚连修书两函，递与船政司，转致华官，其信略云：限二十四点钟之内，要供煤到船，不然，即于二十一日朝七点半钟，先扯红旗，燃炮一响以示警，红旗既下，则再扯别旗，至八点钟，即用开花炮轰击，鸡笼埠料无噍类矣。

初时华官立意甚坚，不肯售煤与法。嗣经船政司咸美路（淡水关总巡胡美利）与华官会晤，陈说利害，颇为动听，华官恐蹂躏生灵，权准售与法人。是日一点钟，遂有人运煤赴和路达战船，想亦华官隐忍权宜，不得已之苦衷也。

据华人称说，并未凌辱法官，惟当其欲入炮台之时，善言婉谢。后法官复往炮台之后，将炮台形势，绘画形图，而华兵即令使之去而已。闻是处之华官，并无谙晓法人文字者，而和路达之员弁，又无识华文者。若非当时得船政司咸美路，将法官来信传达与华官，及力行劝解，定必酿成战争，究未知鹿死谁手也！于今此事已妥，人心复安。说者谓，当今法人目无中国，恣肆凭陵，料中

① 《致港务长》，载张振鹍：《中法战争》第五册，中华书局2006年版，第904页。
② 《总税务司赫德为法船在基隆口岸强行购煤等事致总署函》，载张振鹍：《中法战争》第二册，中华书局1995年版，第44页。

国亦必思患而预防之矣! ①

这篇报道不仅揭露了福禄诺此行的真正目的"将炮台形势,绘画形图";而且还将"法人目无中国"的情状描绘得栩栩如生,并提醒当局"思患而预防之"。正是根据福禄诺此次台湾之行的观感,利士比向法国政府报告并建议:"基隆港位于沃土地区,群山环抱,风景如画,停泊安全,可以容纳大量的船只。它由几个装备不良的炮兵连守着,只有一个连有五门克虏伯大炮。然而,'窝尔达'号避开它们,从侧面驶入内河抛锚地。所有这些都有助于非常顺利地占领该地。在战争时期,这个地方将是颇为宝贵的。占领整个台湾大岛,也不会有多大困难,而留守那里的军队,对我们来说是微不足道的。"② 在此,中外史家有一个较为一致的看法,那就是福禄诺的台湾之行为日后法军攻台之铺垫或序曲。③

---

① 《法人恃横》,《述报》1884 年 4 月 30 日。
② 廖宗麟:《中法战争史》,天津古籍出版社 2002 年版,第 337—338 页。
③ 罗亚尔在分析以台湾为质的原因时指出:"人们记得,这件十分优越的担保品,曾为窝尔达号战舰四月间示威行动的对象。自后,每次有某些战争朕(征)兆的时候,人们总就再谈到基隆这一名字,而且对基隆采取军事行动,是随时可以发生的。"(罗亚尔:《中法海战》,载中国史学会:《中法战争》第三册,上海人民出版社、上海书店出版社 2000 年版,第 539 页。)廖宗麟亦指出:"从某种意义来说:三月十八日(1884 年 4 月 13 日)的'窝达尔'舰基隆之行,是法军侵台的契机和起点。"(廖宗麟:《中法战争史》,天津古籍出版社 2002 年版,第 338 页。)

第五章 "以台为质"论的提出及其舆论分野

李鸿章同福禄诺在天津的和谈，并不为外界看好。果然，"天津简约"墨迹未干，即发生"谅山之战"（又称"观音桥事件""北黎事件"等）。法方借口此役因中方不履约所致，遂趁机向清政府勒索巨额赔款，且要求限期应允。与此同时，法方重提"质地索偿"，并积极准备取台湾为质。

第一节 "和局不可恃"

就在李鸿章与福禄诺议和之时，朝野反对议和的声音甚众。不仅御史们纷纷奏议，反对议和：吏科掌印给事中孔宪瑴等指出了"和局不可恃"的十条理由，如"从前未失北宁，德理固（Tricou，又译脱利古，时任法国驻日公使、遣华特使）来议和，李鸿章已谓其要挟较多，难就范围；岂有敌势方张，而反肯降心相从之理？""李鸿章又谓法人欲得越南，始终不稍松劲。今彼乃以攻我北宁之师为激于曾纪泽之一言，而反以曲归我，此不过欲掩其开衅之端，并弥其将来窥视之迹，以攻之不备。""如谓定约之后，必能永久相安；则当日西贡之于越南岂无成约？何以至今日而背盟不恤？"等等。[1]江南道监察御史吴峋不仅指陈了和议流弊，而且还奏请朝廷严惩主张议和的李鸿章："窃谓今日时势，促和，战局也；促战，和局也。倭人无故夺琉球，当时枢臣因循误国。法人又无故夺我越南，前敌挫失，正宜大举进兵，乃以和局饵我。此时隐忍议和，不需三年，英必夺缅甸，倭必夺高丽，俄必夺黑龙江，此若有券可操者。""李鸿章战而失利，应治以训练不实之罪；不战而和，应治以虚糜兵饷之罪。且该大臣坐拥重兵，朝廷倚畀十余年之久，销费帑项数千万之多，有事则因循议和，

---

[1] 《吏科掌印给事中孔宪瑴等奏和局断不可恃折》，载中国史学会：《中法战争》第五册，上海人民出版社、上海书店出版社 2000 年版，第 329—331 页。

并未自请议处，其轻视朝廷，无可解免。相应请旨将李鸿章摘去顶戴，拔去花翎。"① 而且，时任兵部尚书的彭玉麟也力主"可战不可和"，其一方面陈述了"不可和"的五点理由，另一方面陈述了"可战"的五点理由。在他看来，"和"不足以"张国威示天下"；法国不败而和，"必中藏诡谲"；"弃日前所索巨万之费不言，但言越境通商，其中不免有诈，必有十倍取偿于后者"；此次若与法和，"效颦法夷者，必猖猖然环向而起"；"若与议款，必由蒙自以内许其通商，迨为日既久，形势险隘，彼皆周知，广传邪教以张羽翼"。而利于"战"的形势有："我中华果以全力决战，审用兵筹饷之分量，彼族万难持久"；"将帅得人"，"忠勇辈出"；"民间不平之气，不可遏抑"；对中国而言，此乃义战，"深与齐人伐燕之义暗合，亦足征万法之公也"；对法国而言，则乃不义之战，"实为万国公法所不容"。②

舆论界也不无疑虑。《申报》撰文称："法人之急于议和，当必有故矣。夫法人从事越南，处心积虑、蓄谋已久，自流丕肇意以来，不惜添兵增饷，大有欲得甘心之势。前此曾侯（曾纪泽）就近诘问，则悍然不顾，以为与中国无涉；去年李傅相（李鸿章）在沪与德理固（脱利古）筹议至一月光景，而卒无成议；宝海（Bourée，时任法国驻华公使）在津议已垂成，而仍以法廷意见不合召之回国，而议亦寝。中国于是整饬防务，命将出师，筹饷筹兵，不敢自暇自逸，盖虑和议之必不可成也。今桑台、北宁、洪化等险要俱失，法兵正在得手之时，而竟汲汲与中国议和。""以是知法人此番之仓猝成议，不无可疑也。"③

相对《申报》之隐晦，《字林沪报》直呼上当："此番之约，法国实大占便宜，可为中国长太息者也。"④ 进而指出"和约之不足恃"：

立约之不足恃，古今同然、中外一致。不读《左传》乎？曰："盟可寻，亦可寒"；又曰："要盟弗信"。不观公法乎？曰："邦国盟约既立而不遵者有 五：不在其位而立之，一也；越权而立之，二也；蔑国而立之，三也；诈力而立之，四也；违理而立之，五也。"而此外之不遵者尤多，弢园主人尝著论曰："立约

① 《江南道监察御史吴峋奏筹杜议和流弊折》，载中国史学会：《中法战争》第五册，上海人民出版社、上海书店出版社2000年版，第341—343页。
② 《彭玉麟奏沥陈可战不可和情形片》，载中国史学会：《中法战争》第五册，上海人民出版社、上海书店出版社2000年版，第377—380页。
③ 《和局质疑》，《申报》1884年5月15日。
④ 《和约闲评》，《字林沪报》1884年5月21日。

一事，本非有所甚爱而敦辑睦之谊也，亦非有所甚畏而联与国之欢也。不过势均力敌、彼此无可如何，或意有所欲取而姑以此款之，或计有所欲行而先以此尝之。若利有所得，则先不能守矣。"故夫约之立也，己强人弱则不肯永守；己弱人强则不能终守；或彼此皆强，而其约不便于己，亦不欲久守。即如黑海之约（系1856年英俄等国为结束克里米亚战争而签署的《巴黎和约》），各国俱所与闻，不独英、俄也。英欲守之，而俄必欲背之，岂俄不畏诸国之议其后哉？诚以守此不渝，则擅其利者惟英，而受其敝（弊）者惟俄也。俄且日就富强，换岛于日本（1875年日俄签署"桦太千岛交换条约"，因签署地在圣彼得堡，亦称"圣彼得堡条约"，按该条约之规定，日本承认俄国对桦太（库页岛）的主权，作为交换，俄国承认日本对勘察加半岛以南整个千岛群岛的主权以及日本在鄂霍次克海的系列权益），而水师有其备矣；取地于霍罕（即浩罕汗国，被俄国吞并），而通商得其道矣。地兼三海、卷甲而趋，欧洲在其掌握；路辟西疆、屯兵伺便，印度据其咽喉。故英之欲守约者，盖藉此联络诸国以相援也；俄之欲背约者，盖非此则难越雷池一步也。此不独英与俄自知之，即天下万国亦无不知之者也。如是，而谓约足恃乎？抑不足恃乎？①

相对《字林沪报》之纵论古今，香港的《维新日报》则专注于公法一端，申论其不足恃之缘由：

要盟弗信，非即左传所谓"盟可寻、亦可寒者"欤！且尝考诸万国公法和约之立，固有宜守不宜守者。夫万国公法，不有所谓邦国同盟，约既立而不遵者有五乎？五者谓何？不在其位而立之，一也；越权而立之，二也；蔑国而立之，三也；诈力而立之，四也；违理而立之，五也。有此五者，即是和约既立，可守则守之，可弃则弃之。虽揆之万国公法，亦不得以违约相绳也。试思法人之立约也，不立于其国之大臣，而立于其国之船主，则与公法所不在其位而立者，将毋同？其以三省通商也，不曰与法国通商，而曰与各国通商，则与公法所谓越权而立者，又何异？且法人之于越南也，西贡既被其鲸吞，东京又归其蚕食，是越南全境，已在法人掌握中矣。况越王有位无权，迹同守府，国虽未灭，而地已全亡，此即公法所谓蔑国而立之者，法人有焉！至于法人之以诈力

① 《和约可恃不可恃说》，《字林沪报》1884年5月23日。

相竞也尤甚矣，当法使脱理固之抵津内也，名为筹商越事，实则窥视中朝、恫喝虚声、恐吓勒诈，不曰伐台湾、不曰攻琼州，则曰袭南省，而且调集战舰，穷进大沽，揆厥初衷，但欲挟制中朝与立和约，此非公法所谓诈力以立之者乎？若夫法人之违理，则更不待言矣。以同盟之谊，而伐中国屏藩，以无名之师而侵越南疆土，煽越南之乱，乘越南之丧，毒越南之民，易越南之主，违理背义，莫此为甚！此又公法所谓违理以立之者也。洵如是也，而与中朝议立和约尚得谓之和约乎？是则此约之成，固殊不足恃矣。[①]

因而主张"为今之计，究不如相天之时，因地之利，顺人之心，大起师徒，收复蕃服"。[②]

《泰晤士报》不仅对此简约之缔结甚觉奇怪，称其"在整个过程中，谈判都是极其秘密地进行的。而条约之缔结则'干脆利落'，颇有些毛躁。在北京，我发现总理衙门之外的官员 [海关总税务司赫德（Hart）爵士除外]，无论是中国的，还是外国的，均不以为条约已经缔结"；而且对履约前景也并不看好："拒绝后的一种情形——尽管不太可能在法国外交部的正式文书中找到，但我敢保证绝对会出现——那就是索偿 2000 万英镑并占领台湾，而这是难以抗拒的。"[③]

第二节 "以台为质"论出笼

一、确定"以台为质"

朝野及舆论界的担心并非多余，甚至有着某种先见之明，"天津简约"墨迹未干，即发生"谅山之战"；于是，法国借口清军背约、法军遇袭，又重提"质地索偿"，而且限期应允。先是 6 月 28 日谢满禄照会总理衙门，谓："奉政府之命，本代办强烈抗议违背协定的行为，中国政府对这一攻击行为造成的直接与间接的后果应负全部责任。本代办正式要求对法国在东京蒙受的损失与侮辱给以应有的补偿。本代办还坚决要求中国政府立即下令中国部队从全部东京地区撤退到中国边界之内。"[④] 当时,谢满禄尚不知有所谓规定撤兵日期的"福禄诺节

---

① 《论要盟弗信》，转引自《述报》1884 年 6 月 9 日。
② 《论要盟弗信》，转引自《述报》1884 年 6 月 9 日。
③ "France and China"，"*The Times*"，July 17, 1884.
④ 《谢满禄致总理衙门首席大臣奕劻贝勒照会》，载张振鹍：《中法战争》第六册上，中华书局 2017 年版，第 224 页。

略"① (有关该"节略"的真伪问题,下文将详细述及)。7月4日,茹费理致函中国驻巴黎公使李凤苞,正式扯出"福禄诺节略":"法兰西共和国与中国皇帝陛下5月11日在天津签署的预备性条约第二款明确规定,中国政府'保证立即将其在东京的所有驻军撤回其疆界内'。不久,为了解决执行这一条款的问题,我全权代表与拥有中国政府全权证书的直隶总督达成了一个补充性协议。根据协议,'二十天期限后,即6月6日,我们可以占据谅山、高平、室溪以及所有与广东、广西边界毗连的东京地区'。但直至6月23日才有一小队法国士兵被派去占领谅山,而在前往该地的途中遭到一支中国军队的突然袭击。"据此,茹费理再次重申法国政府的要求:"法国保留要求得到合理赔偿的一切权利";"(中国政府)命令其仍驻扎于东京的军队立即撤离"。②7月6日,抵沪未久的法国驻华公使巴德诺(Patenôtre)致电茹费理,重提"质地索偿",并主张限期应允,再拖延时间可能会使恫吓手段更难以奏效。"我们认为最好立即召回谢满禄先生",并向中国政府发出如下最后通牒:

(1)在"京报"上公布敕令正式承认福禄诺协议包括立即从东京撤军的各个条款。

(2)保证向法国支付两亿五千万(法郎),作为违反协议及补偿我远征军维持费的赔款。

(3)立即把福州和南京的军火库及码头交与我们控制作为抵押,直至付完赔款为止。

(4)立即任命全权代表,负责在上海签订以上基本原则为基础的最终条约。

可能要让总理衙门知道,如我们在三天内得不到满意答复,谢满禄先生就将降下旗帜,我们就要自己夺取我们要求得到的抵押品,必要时,夺取其它地方。③

---

① 谢满禄在回忆录中写道:"直到十一月底,我到巴黎时,我才由附在晨报一八八五年十月八日的影印原文得悉这个文件。"见谢满禄:《北京四年回忆录》,载中国史学会:《中法战争》第五册,上海人民出版社、上海书店出版社2000年版,第413页。

② 《茹费理致中国驻巴黎公使李凤苞》,载张振鹍:《中法战争》第六册上,中华书局2017年版,第239页。

③ 《巴德诺致茹费理电》,载张振鹍:《中法战争》第六册上,中华书局2017年版,第255页。

7月7日,茹费理复电巴德诺,原则上接受其建议,只是在细节方面略作调整,如不主张以南京为质,主张派军舰去福州、基隆;应允期限由"三天"改为"一周"。在这份电文中,茹费理还指示巴德诺催促谢满禄将据以拟定的照会立即递交给中国政府。①7月12日,该照会递交总理衙门。7月19日,茹费理规定的应允期限已经到期,并未得到想要的结果,遂再将期限延至8月1日。②同日,巴德诺致函茹费理,称"总理衙门的背信弃义,看来完全允许我们诉诸武力来获取它拒绝给予我们的赔偿。孤拔和我主张应该向总理衙门发出最后通牒,我们应该做好武力夺取抵押品的准备,因为占有抵押品对于使问题得以解决可能是必要的"。③7月31日,裴龙指示孤拔:"最后通牒期限已过,请立即将'拉加利桑尼亚'号和一艘炮舰派往基隆,占领港口及煤矿,等待赔款问题最终解决。"④茹费理据此电告巴德诺:"一俟得悉基隆港和煤矿业已占领,您即通知中国人,说明这种占领是取得了抵押品,因此只有当他们最终正式保证赔款之时,才会停止。"⑤至此,法国政府正式确定"以台为质"。

就在这个时候,舆论界开始盛传法军拟攻基隆的消息。7月17日,《泰晤士报》报道:"他们(法国人)似乎曾威胁以台湾为质向中国索要两千万英镑的赔偿金。"⑥7月19日,《申报》称:"昨阅京华电音至,法人拟夺鸡笼而取煤",并认为此乃意中之事:"窃谓此说未必出于无因也。中国此番不肯引咎,启衅之端实归法人,欲索兵费决难允从。如此则法人之愿未偿,势必出于一战。一经开战,则新加坡、香港、澳门等处地方为法船所经由之处,往往在此等□添装煤斤、粮食等类,此时中国亟照会各国使,各守万国公法,循局外之常例,不

---

① 《茹费理致巴德诺电》,载张振鹍:《中法战争》第六册上,中华书局2017年版,第268—269页。

② 7月19日,茹费理致函李凤苞,称:"为了再一次表示和解的愿望,我告诉我驻上海公使(巴德诺)说我接受该函提出的办法(即"总理衙门已于今天[18日]奏请皇帝指定两江总督曾[国荃]和您[巴德诺]在上海以令人满意的方式解决其它要求。因此,我们请您电令贵方各海军将领,停止一切军事行动,直至接到新的通知为止。")。因此一定要说定,与两江总督的谈判仅涉及7月12日照会的第二点,即赔款问题。问题最迟要在8月1日解决。在这一天之前,我海军舰队将保持目前状态。"见张振鹍:《中法战争》第六册上,中华书局2017年版,第327页。

③ 《巴德诺致茹费理电》,载张振鹍:《中法战争》第六册上,中华书局2017年版,第322页。

④ 《海军及殖民地部长致孤拔将军电》,载张振鹍:《中法战争》第六册上,中华书局2017年版,第387页。

⑤ 《茹费理致巴德诺电》,载张振鹍:《中法战争》第六册上,中华书局2017年版,第375页。

⑥ "The Times", July 17, 1884.

得以煤及各物售与法人。吾知各国亦不能贪利私售，自逃于公法之外。若此，则法船至华，轮行相距四十余日，其船中所载易于告罄，即在西贡添载恐亦不足敷用，若中途无从购买，法军势将坐困。故法人有事于中国，必先据有煤之地，兵船非煤不行，西人行军之际，以煤为军装之大端也。台湾之鸡笼山产煤为最佳，法人素耳其名，此时欲生事中国，而先趋鸡笼亦意中事耳。"①

二、曾纪泽之舆论折冲

从袭扰沿海到"质地索偿"再到确定以台湾为质，其间经历了大半年，这一方面与法国对中法实力的判断、权衡密切相关。在北宁之战未爆发前，法国对同中国开战颇有些忌惮。尽管法国驻华代办谢满禄认为，只有用武力才能迫使中国退让②，但是此间法国军政界的大多数官员对同中国开战多少有些忌惮。孤拔明显表现出对陆上作战的担心，他认为"问题不在于无限地增加远征军人数。不能这样做，因为他们会用十倍的兵力来对付我们的一支部队，而牺牲要少得多"。③ 裴龙则害怕北上作战："对天津的进攻不必考虑，因为它只属于对北京的进军问题，而我们对这种可能性尚待研究，因为我们目前的资源还不允许我们这样做。"④ 而梅依（Meyer，时任法军中国海及日本海分舰队司令）还详细论述了他的担忧：他观察到中国军事的进步，认为"进攻可能遇到相当大的困难"；他考虑到英国和日本的立场，认为如一旦开战，补给将成问题："因为我（法）方在中国漫长的海岸线上将找不到一处必要的军事补给基地。可以肯定的是，我方虽然能够不时地在预定地点以高价收购若干煤炭，但必须看到，这是纯属偶然的机遇。"⑤

另一方面，也与曾纪泽的舆论折冲不无关系。对此，福禄诺于1883年底递交给裴乐的报告中反思道："将军，我在这个报告中，不能不向您汇报中国和日

① 《论法人妄想》，《申报》，1884年7月19日。
② 谢满禄在致法国外长的信中写道："如果总理衙门大臣争战就接受被认为是屈辱的和平，那么，只有侵略中国领土造成的严重威胁以及外夷对北京发起新的远征造成的恐惧，才能消除他们对承担责任和招致惩罚而产生的畏惧。"见张振鹍：《中法战争》第五册，中华书局，2006年版，第422页。
③ 《孤拔致海军及殖民地部长》，载张振鹍：《中法战争》第五册，中华书局2006年版，第149页。
④ 《海军及殖民地部长致中国海及日本海分舰队总司令梅依》，载张振鹍：《中法战争》第五册，中华书局2006年版，第399页。
⑤ 《海军少将、中国海及日本海分舰队司令梅依致海军及殖民地部长裴龙》，载张振鹍：《中法战争》第五册，中华书局2006年版，第611—612页。

本之行所给我的痛苦的印象。我认为我们在远东海域的威信下降了，但愿这只是暂时现象。在我们进入北京、征服下交趾支那和炮击下关（Simonosaki）仅仅几年之后，为什么会发生这种惊人的变化呢？我认为这完全是由于我们的软弱和我们在东京军事行动迟缓造成的，也是由于我国政府同曾侯（中国驻英法俄公使曾纪泽）无休止又毫无结果的谈判造成的。两年来曾侯靠着大吹大擂，使法国被中国的阴影所吓倒了。"[1]在这份报告中，福禄诺还着重"描述"了曾纪泽在国际上的种种舆论折冲手腕：

目前，我国的确正被天朝使节玩弄于股掌之上。他用中国来威胁我们，而中国的实际情况与他所说的毫无共同之处。他在法国和外国报纸上就东京问题制造舆论，其目的是掩盖中国在军事上的虚弱。恫喝我们是为了达成一个有利于中国的外交协议。

为此，中国通过《泰晤士报》刊登由北京海关税务司赫德出了一大笔钱并授意金登干（Campbell）写的一些文章来鼓动一贯怀有嫉妒心的英国新闻界精心策划一场我国进入东京的十字军。至于美国新闻界，如果人们不知道是美国驻北京公使杨约翰（John Russell Young）先生向它提供的文章的话，那么人们就不可能了解：美国为什么对这件与它没有直接关系的事一直抱着敌对的态度。这是因为脱利古挫败了美国的调解，这一失败深深伤害了美国驻北京公使的外交尊严和他的商业利益，因为正是这位可尊敬的实业家向白宫建议，让巴黎请美国出面调解的，他想向他的朋友李鸿章显一显身手，从而捞取某些巨大的好处。这就是曾侯正用来牵动外国新闻界作表演的两根主要的绳子。

我就不谈曾侯在法国报纸的某些编辑部活动的细节了。当然，他在德国和意大利的新闻界中也做了大量工作。

由于曾侯在报刊上煽动的文章使法国人民每天都处于精神紧张状态，所以法国人不可能相信中国人对东京问题是多么不关心。[2]

依此看来，在福禄诺眼中，曾纪泽不仅通过操纵国际舆论有效破坏了法国

---

① 《"伏尔达"号舰长福禄诺致海军及殖民地部长》，载张振鹍:《中法战争》第五册，中华书局 2006 年版，第 457 页。

② 《"伏尔达"号舰长福禄诺致海军及殖民地部长》，载张振鹍:《中法战争》第五册，中华书局 2006 年版，第 457—459 页。

的国际形象，而且还蒙蔽了法国人民。曾纪泽的舆论折冲究竟有多大影响，实难考证，但有三点是基本确定的：

第一，与报界交往是曾纪泽的日常性工作，从其日记记载来看，仅 1883 年6 月份他就接待了六位欧美报馆主笔，而且每一次都交谈甚久。具体记录见下表①：

谈话日期	谈话对象、经过及主题	谈话时长
6 月 4 日	巴黎官新闻纸阿穰哈发之秉笔人□□□来询东京事	甚久
6 月 6 日	美国纽约新闻馆秉笔人□□□来谈东京事	极久
6 月 14 日	□□□新闻馆主笔来谈越南事	极久
6 月 19 日	西班牙前驻华参赞，现充新报馆主笔之毕洛特来	极久
6 月 21 日	（唐）景星引师坦达德新报馆主笔见余（主题不详）	久谈
6 月 22 日	费嘎罗新报馆主笔来（主题不详）	久谈

第二，他参与的某些舆论界的活动，不仅引起了法国报刊的不满，还引发了一起不大不小的外交事件。据曾本人交代："因德国人询问东京情形，故约略据实复之。"这通"复信"被德国报纸刊载后，传到法国，被法国报纸"视为轻侮法国"。②茹费理还专门致函中国驻巴黎代办庆常，令其调查此事："某些报纸发表了本月 8 日由曾侯先生从福克斯通（Folkestone）交给《德意志评论》（Deutsche Revue）的信件，请费神尽快通知驻共和国的中国公使先生，问他是否确实了解此信作者。"③一周后，庆常回复道："《德意志评论》主编先生多次致函曾侯，要求提供东京事件的情况，曾侯乃命其一名书记写了茹费理阁下来信所提到的事件。曾侯固可对信中所表述的一般观点负责，但与主编先生将该信公诸报端无涉。盖此信纯属寻常咨询之件，并无任何其他意义。中国公使从未料及该信会被发表，亦从未有借此诋毁外国要人之意，因此，公使绝未料到法报会把此信说成是对法国的侮辱。中国公使严格执行本国政府政策，从未有失

---

① 表中日期自上而下分别对应农历四月廿九日、五月初二日、五月初十日、五月十五日、五月十七日、五月十八日，日记内容引自曾纪泽：《曾纪泽日记》下，刘志惠点校辑注、王澧华审阅，岳麓书社 1998 年版，第 1251—1255 页。
② 《复德报馆信法报以为轻视法国谨将原信及照会等件抄呈鉴览》，1884 年 4 月 13 日，台北"中研院"近史所档案馆藏，清总理衙门档 01-24-011-01-016。
③ 《茹费理致中国驻巴黎代办庆常》，载张振鹍：《中法战争》第五册，中华书局 2006 年版，第 615 页。

检点；公众场合温良知礼而不失身份，更不会中伤其驻在的国家。"①此外，曾纪泽还表示，法国报刊之所以认为该文有"轻侮法国"的意蕴，乃是因为法报在译载时存在"词义轻重，未能恰（洽）合"的现象。自法报译文观之，确有令法国人不舒服的地方：

> 前者茹相（茹费理）请饷于议院，议院辄许之。而茹相明言法军欲攻兴化、山西、北宁，不顾中国咨明华兵驻守之地。茹相又言中国难日有兵，仍可听法收取，待事既成，中国必无异词。夫茹相所指三城，已得山西，于是夸耀兵威、宣贺捷报，即法兵遂能恢复德国所略之城（阿尔萨斯、洛林），其气焰不过如是。法国官私新报，竟有向中国索取兵费之说，而欲据地以为质。似此言语，是法国恫喝中国，使之明认法国东京之权也。既属恫喝，则不足以骇中国，而亦不禁中国施其全力，以守东京固有之权。若谓恫喝之言或将见于实事，则又言之太早。盖山西之破，不能比赛当（色当）之败（法君拿破仑攻德战于色当，一败涂地），而遽提兵费也。②

也许法报在翻译时，在某些语词上有故意失当之处，但基本事实还是遵从原文的，这一点连曾纪泽本人亦未予否定。由此可见，相较于十年前日本侵台时奕䜣等人对报刊的认识，曾纪泽已进了一大步，他已懂得利用报刊来进行国际议题设置。而且，他不仅自己重视利用报刊，还提醒总理衙门重视洋报馆主笔的意见，因为"洋报馆主笔人，有为尚书者、有为公使者。如法国前任外部尚书沙梅拉库，授职之前、退位之后均常在报馆主笔；美现今驻英公使路威尔，由报馆主笔人擢授今职。是主笔人分位，皆非卑贱；而民主之国主笔人，尤为有权"。③

第三，国际舆论对法国军政界产生过影响。梅依坦承，其对英国中立态度的判断就来自报章："我电文中关于英国态度的看法是由伦敦各报文章所引起的，尤其是《蓓尔美尔报》（*Pall Mall Gazette*）。这些报纸的文章，上海、香港各报

---

① 《中国驻法公使馆代办致茹费理》，载张振鹍：《中法战争》第五册，中华书局 2006 年版，第 667 页。

② 《复德报馆信法报以为轻视法国谨将原信及照会等件抄呈鉴览》，1884 年 4 月 13 日，台北"中研院"近史所档案馆藏，清总理衙门档 01-24-011-01-016。

③ 《出使大臣曾纪泽咨呈英外部对调停中法事照会译稿及法国勾尔瓦报馆主人嘎马与使馆参赞马格里往来函件》，载伯琴：《法军侵台档》，文海出版社 1980 年版，第 302 页。

均有转载，虽然可以认为此类文章均由相关人士散布，但的确反映了某些人的看法。如果真的一丝不差地照文章的意见去做，那么我方必将遇到极大的麻烦。亚丁、锡兰、新加坡如严守所谓中立，这便意味着我方战斗舰与运输舰无法在上述地方获得燃料供应，从而难以坚持对华战事！"①于是，他据此认为，与中国发生冲突，后果很严重。

出于对曾纪泽的忌惮与不满，当法国攻陷北宁后，福禄诺在提出"质地索偿"的无理要求之时，即建议："将召回曾侯作为首要和必要的条件。"②其在致李鸿章的密函中，大进谗言："中国公使曾侯，竭其生平智能，用去许多银钱，方能命各国新报并法国许多新闻纸替中国说话。今各新报尽以曾侯为笑柄，于中朝体面不无小损。英国代谟斯《泰晤士报》在法京之探报，现在不但不感曾侯之恩，且甚鄙夷曾侯，不啻以脚踢之。"并力主："中国宜迅将驻法公使曾侯调开，缘曾侯办事未妥，中国将其调回，甚有题目。若不遽回，亦宜勿令再充驻法公使，其在巴黎办事于法国国家命意所在，全未知晓；其所预断越南事宜，亦毫不符合。惟时时妄以中国将与法战相吓诈，致使中国有失体面，欧洲众议皆以中国为不可信。曾侯一日不行调开，即法国一日不与中国商议此事。"③李鸿章在致总理衙门的函件中，非但未替曾纪泽辩解，反而还将上年脱利古对曾之不满一并托出，暗示清廷将其调离："德理固（脱利古）去秋（1883年秋）在津，屡诋劼刚（曾纪泽）于各国新报造言，有失使臣之体。腊月间，德国新报传播劼刚一函，内将法人从前师丹（色当）之败，君虏国亡，比拟讥诮。德璀琳彼正在巴黎，法议院闻之，愤怒至不可忍，竟欲倾国之力，以与为难。""福禄诺函中谓，曾侯一日不调开，法国一日不与中国商议此事。盖怨毒之于人深矣。应如何办理解释之处，并候卓裁。"④总理衙门于4月22日收到李鸿章的来信，4月26日，便函告李鸿章："总署拟请令出使德国李大臣（李凤苞）暂兼法使。缘李大臣以届期满，应行更换。嗣后德、法两国即请以一使兼充，定于初四日具奏，奉旨后即行电知。至曾大臣暂令办理英、俄两国使务，俟薛福成等

---

① 《海军少将、中国海及日本海分舰队司令梅依致海军及殖民地部长裴龙》，载张振鹍：《中法战争》第五册，中华书局2006年版，第612页。

② 《驻广州领事林椿致内阁总理茹费理》，载张振鹍：《中法战争》第五册，中华书局2006年版，第880页。

③ 《法国水师总兵福禄诺密函》，载中国史学会：《中法战争》第五册，上海人民出版社、上海书店出版社2000年版，第309—310页。

④ 《李鸿章寄总理各国事务衙门函》，载中国史学会：《中法战争》第五册，上海人民出版社、上海书店出版社2000年版，第306—307页。

到京，酌定后，即行更换。"① 果然，两日后，四月初四日（4月28日），清廷正式下旨免去了曾纪泽的驻法公使职务。

免去曾纪泽的驻法公使一职，无疑是一大憾事，这不仅是对法方的妥协，而且是对曾纪泽舆论折冲努力的无视。对此，他在7月15日致叔父曾国荃的信中不无遗憾与无奈地写道："吾华兵力不足，议和亦是正办，惟所议之和约（即天津简约），侄愚未敢以为是耳。侄去年所争于法廷者，诚难如愿而偿，法廷所许于侄者，何难令其如言而践？吾华闻法不索兵费，遂将全越让之，且云中国南界亦由法人保护，后患何可胜言！夫兵费之说，本不合理，我若不认此理，法人可于新报中稍露其意，而不敢具牍明索，缘各国之所不韪也。今既于条约中明认其理，于是生谅山一波（指谅山之战），复有索兵费之议焉。受骗至此，可胜浩叹。"②

第三节　舆论界泾渭分明

一、李鸿章弄巧成拙

面对法国政府的无理要求，清政府的第一反应是"贵（法）国官兵应任攻打之责，认赔补之费"③。接着主张"一面定约，一面撤兵"④，并表示"此次衅端开自贵国官兵，中国顾全和局，现拟不向贵国索偿"⑤。总理衙门收到谢满禄转来的法政府通牒后，次日回复道："中国现已撤兵"，"于一月后撤竣"；"用西国成法，将索偿一事作为嘈噜台司特（系'Protest'音译），待他日再行理论"。⑥ 7月19日，海关总税务司赫德在与巴德诺会面后奏称："此事仅偿款一节难办，

---

① 《军机处寄李鸿章信》，载中国史学会：《中法战争》第五册，上海人民出版社、上海书店出版社 2000 年版，第 314 页。

② 曾纪泽：《曾纪泽集》文集卷五，喻岳衡点校，岳麓书社 2008 年版，第 196 页。

③ 《复法国署使臣照会》，载中国史学会：《中法战争》第五册，上海人民出版社、上海书店出版社 2000 年版，第 395—396 页。

④ 《总理各国事务衙门复李凤苞电信》，载中国史学会：《中法战争》第五册，上海人民出版社、上海书店出版社 2000 年版，第 407 页。

⑤ 《拟致法使照会稿》，载中国史学会：《中法战争》第五册，上海人民出版社、上海书店出版社 2000 年版，第 411 页。

⑥ 《致法使照会》，载中国史学会：《中法战争》第五册，上海人民出版社、上海书店出版社 2000 年版，第 413—414 页。

兹特复明偿款万不能免。"①20 日,清廷却叮嘱曾国荃(与巴德诺谈判的全权大臣)"所索兵费恤款,万不能允"②。22 日,总理衙门接到赫德来电,称法国"允展期至西历七月底(即六月初十日)"③。29 日,曾国荃致电总理衙门,称巴德诺"索费志甚坚"④。30 日,总理衙门又收到曾国荃的三通电报,告以事态紧急。其一谓:"巴(巴德诺,下同)使来,荃(曾国荃)等遵贵署历电辩驳等语摘叙节略。巴阅,竟谓:'此是决计不认赔,我当电回本国。'荃答曰:'允商。'彼竟怫然去。"其二谓:"巴来,告以抚恤名目,请旨只能数十万两。巴问实数,则许五十。请益,拒之。巴云:'电报法廷,直笑柄。'临行不允之词甚决。"其三谓:"今早探知巴已电报法廷。"⑤然而,清政府仍不为所动,且对曾国荃的允偿之举甚觉不快,降旨斥曰:"曾国荃等遽许法国抚恤银五十万两,虽系为和局速成起见,然于事无补。徒贻笑柄。法使尚言须听国主之命,中国大臣反轻自出口允许,实属不知大体!"⑥可见,中方拒赔态度之坚决。

那么,"谅山之战"的历史真相究竟如何?邵循正认为"北黎冲突发生,法方指为中国之阴谋,中方指为法国之挑衅,此实一不幸之误会。中国虽负大部责任,然并非有意预谋,证据具在,可资复案"。⑦此"误会"之说,系相信中法对相关条款存在不同理解。而事实上,"天津简约"并未有明确的撤军日期,有关于此的条款是这样表述的:"中国约明将所驻北圻各防营即行调回边界。"⑧看得出,法方却已将 6 月 6 日当作了接管谅山等地区的时间界限。5 月 17 日,福禄诺致电米乐(Millot,法国东京远征军总司令),称"二十天后,即 6 月 6 日,你们就可以占领谅山、高平、室溪以及所有毗连广东、广西的东京各地"。

① 《总税务司赫德来电》,载中国史学会:《中法战争》第五册,上海人民出版社、上海书店出版社 2000 年版,第 421 页。

② 《军机处电寄曾国荃谕旨》,载中国史学会:《中法战争》第五册,上海人民出版社、上海书店出版社 2000 年版,第 427 页。

③ 《总税务司赫德来电》,载中国史学会:《中法战争》第五册,上海人民出版社、上海书店出版社 2000 年版,第 432 页。

④ 《南洋大臣曾国荃等来电》,载中国史学会:《中法战争》第五册,上海人民出版社、上海书店出版社 2000 年版,第 448 页。

⑤ 《南洋大臣曾国荃来电》,载中国史学会:《中法战争》第五册,上海人民出版社、上海书店出版社 2000 年版,第 450—456 页。

⑥ 《军机处电寄曾国荃等谕旨》,载中国史学会:《中法战争》第五册,上海人民出版社、上海书店出版社 2000 年版,第 456 页。

⑦ 邵循正:《中法越南关系始末》,河北教育出版社 2000 年版,第 246 页。

⑧ 《中法简明条款(天津专约)》,载中国史学会:《中法战争》第七册,上海人民出版社、上海书店出版社 2000 年版,第 419 页。

"我已通知总督，这些期限届满后，你们要立即赶走所有仍留在东京境内的中国军队。"①5月27日，裴龙指示米乐："为执行天津协议，您应于6月6日以后派欧洲人或土著人部队占领高平、室溪及谅山，这是为确定我们在东京的权利而采取的必要部署。"②因此，在法方看来，6月23日，法军进据谅山是履约行为，中方的抵抗乃是违约行为。然而，问题的关键是，法方所认定的接管期限是中法双方的一致意见，还是法方单方面的意思？这就牵扯到所谓的"福禄诺节略"，即5月17日，福禄诺"为确定立即执行5月11日条约（即天津简约）的条件"，向李鸿章递交了一份"节略"，当中提到"二十天后，即6月6日，中国军队应该完成撤出（谅山、高平、室溪）等地"；"期限一到，米乐将军就立即驱逐仍留扎在东京地区的中国驻军"。③6月1日，福禄诺在记录"节略"递交"实况"的文章中写道，"我（福禄诺）提议，二十天内撤出与广东、广西接壤的地区"，李鸿章觉得"期限太短"，"似乎担心确定撤军的具体日期，会被北京朝廷认为具有最后通牒性质而有伤体面"，"但是我没有让步"，"我不得不把下面我就要转告米乐将军的通知正式告诉您：确定的期限满后，你们（法军）就可以立即把仍停留在东京境内的所有中国驻军赶走"。于是，"李鸿章向我肯定他保证把命令传达下去，以便不至于发生令人遗憾的事件"。④照福禄诺的说法，李鸿章接受了福禄诺提出的撤军期限。而李鸿章的记述则相对复杂。6月16日，接到潘鼎新有关法军往北进军的消息后，李鸿章在《论边兵退守》一文中写道："四月杪（农历四月二十三，即阳历5月17日），法兵官福禄诺赍约本回国，濒行时来询简明条约第二款，北圻各防营调回边界，究已调回何处。当告以粤军似在谅山一带，滇军似在保胜一带，皆距中国边界不远。福谓中法既经定约，仍请照约调回边界为是。该国拟派队巡查越境，二十日外（即6月6日后）当至谅山。""鸿章答以越本为我属国，我军分扎北圻边境，防范土匪，均近中国边界，与法何涉？法兵不必深入谅山等处，致启嫌疑。"⑤这显然是反对"福禄诺节

① 《致米乐将军电》，载张振鹍：《中法战争》第六册上，中华书局2017年，第140页。
② 《海军及殖民地部长致米乐电》，载张振鹍：《中法战争》第六册上，中华书局2017年版，第94页。
③ 《7（5）月17日致李鸿章节略原文》，载张振鹍：《中法战争》第六册上，中华书局2017年版，第341页。
④ 《福禄诺致海军及殖民地部长裴龙》，载张振鹍：《中法战争》第六册上，中华书局2017年版，第137页。
⑤ 《论边兵退守》，载中国史学会：《中法战争》第七册，上海人民出版社、上海书店出版社2000年版，第98—99页。

略"的态度。可是，他接着又写道："目下和局大略已定，可否由均处（总理衙门）请旨，飞饬滇、桂各营照约暂行移扎边界，俟巴德诺来议详细约款互订后，再订办法以免藉口。"① 这又无异于遵从了福禄诺的意思。在一文中竟然出现如此矛盾的观点，究系何因？我们不妨看看"谅山之战"后，李鸿章再次对"福禄诺节略"原委的交代："兹既和议，应俟详细条款定后，再议办法。今汝国商令限期退兵，语近挟制，我实不敢应允，亦不敢据以入奏。"② 此处，李鸿章称"不敢据以入奏"，显系搪塞，因为在"谅山之战"前一周，也就是 6 月 16 日，他已呈请总理衙门"请旨，飞饬滇、桂各营照约暂行移扎边界"，只不过没有明言。比对福禄诺和李鸿章两人对此"节略"的记述，基本可以判断，李鸿章当场确实反对过，这在两人的记述中均有提及。从李鸿章求总理衙门代为请旨、"飞饬"撤军的事实来看，他又确实按照福禄诺的意思在办，可见，他并未反对到底。联系到李鸿章所言"语近挟制"以致"不敢入奏"和福禄诺所说李鸿章虑及有伤体面，就能很好地理解：一方面他要维护议定"天津简约"的"功臣"形象和朝廷的体面，因此，他一再向朝廷表示并未应允福禄诺提出的撤兵期限；而另一方面，眼看福禄诺所提撤兵日期已过，不由得担心中法军队因此冲突而贻人口实，即其所谓"以免藉口"，所以，又不得不乞求总理衙门出面，请朝廷降旨，"飞饬"撤兵。可见，李鸿章对"福禄诺节略"规定的撤兵日期，有一个从反对到妥协的过程，他先是反对，终而妥协。他在向总理衙门报告此事时，只述及了他的反对部分，而未敢直接提及他的妥协部分，对其妥协部分，他则以"请求"的方式呈现。然而，李鸿章 6 月 16 日的"请求"不仅没有达到其撤防的预期，反而令朝廷更加重视谅山等地的布防："著潘鼎新严饬各营，仍扎原处，不准稍退示弱，亦不必先发接仗。倘法兵竟来扑犯，则衅自彼开，惟有与之决战，力遏凶锋。"③ 事后，朝廷对李鸿章未及时告知"节略"，深表不满："福酉前既与李鸿章言及拟派队巡查越境，何以该督并未告知总理各国事务衙门，殊属疏忽！"④

---

① 《论边兵退守》，载中国史学会：《中法战争》第七册，上海人民出版社、上海书店出版社 2000 年版，第 99 页。

② 《申明福禄诺原议》，载中国史学会：《中法战争》第七册，上海人民出版社、上海书店出版社 2000 年版，第 100 页。

③ 《军机处电寄潘鼎新谕旨》，载中国史学会：《中法战争》第五册，上海人民出版社、上海书店出版社 2000 年版，第 381 页。

④ 《军机处电寄李鸿章谕旨》，载中国史学会：《中法战争》第五册，上海人民出版社、上海书店出版社 2000 年版，第 381 页。

　　为回应外界的指责，李鸿章又上演了一幕掩耳盗铃的把戏。他先是利用《泰晤士报》散布消息："这个包含着有关中国撤军全部细节的文件（即'福禄诺节略'）已整体上为李鸿章所拒绝，于是它的各条款都被划掉了。福禄诺海军上校亲手签上了自己姓名的第一个字母，以证实那些段落遭到了拒绝。"① 试图表明，"节略"并不存在。然而，"这个目的没有达到，他的宣传对象中，本国人对其说辞反应冷淡，没有呼应，外国人对那个被勾抹的节略的真实性都不认可"。② 后来，又令其属下马建忠、罗丰禄致电《字林西报》，称："得知福禄诺海军上校在一封已被公开的信中否认在 1884 年 5 月 17 日提交给李中堂（李鸿章）的福禄诺节略中做过涂抹，我们想来说一点情况。那天福禄诺上校与李中堂会见时，我们在场，现严正声明：我们亲眼看见福禄诺海军上校亲手做了那些涂抹并签下了他的姓名的第一个大写字母。"③ 此举所引起的舆论反应，对李鸿章而言，亦全是负面的。《字林西报》对此评论道："公众舆论对这个争论发生了浓厚的兴趣，李鸿章的秘书们（马建忠、罗丰禄）代表他即时发给我们的电报不能不对公众舆论产生非常强烈的影响。然而，深为遗憾的是在福禄诺上校和总督会面时，他没有人陪伴，因此没有见证人可求，而总督有两个。"④ 从这则评论可知，《字林西报》暗示马建忠、罗丰禄等人的说辞不过是一面之词，不足取信。《文汇报》（The Shanghai Mercury）更是直接指责包括李鸿章在内的整个中国官场言而无信："一个自称是绅士的人可以把福禄诺海军上校的话与李鸿章或马建忠和罗丰禄的话相提并论，这是我们无法理解的。福禄诺海军上校有过为他的被怀疑的话找理由的事吗？另一方面，我们对李鸿章提出同样的问题不是很容易证明，他不仅曾经无耻地撒谎，而且曾向戈登（Gordon）将军以名誉（？）担保，又马上把这个担保破坏了吗？对一个中国官员来说，什么是名誉？他们当中没人懂这样一个词。干不名誉和欺骗这样的事，被认为是有名誉的。我们只需回顾一下过去英法联军联合对中国的背信弃义行为进行惩罚时的情形，就会发现中国的官员们是多么有名誉。我们愿指出，福禄诺海军上校不

---

　　① 《泰晤士报》（1884 年 7 月 28 日），转引自张振鹍：《福禄诺节略与中法战争两个阶段的转变——从〈泰晤士报〉的一篇报道说起》，《近代史研究》2017 年第 4 期。

　　② 张振鹍：《福禄诺节略与中法战争两个阶段的转变——从〈泰晤士报〉的一篇报道说起》，《近代史研究》2017 年第 4 期。

　　③ 原载《字林西报》，转引自张振鹍：《中法战争》第六册下，中华书局 2017 年版，第 1020 页。

　　④ 原载《字林西报》，转引自张振鹍：《中法战争》第六册下，中华书局 2017 年版，第 1020 页。

需要我们发声来宣布他是个名誉卓著的人。公众舆论什么时候都不会怀疑他的话，尽管整个中国都反对他。"①

由此可见，李鸿章弄巧成拙了。我们应当看到，尽管李鸿章贻法方以口实，但是，"谅山之战"归根到底是由法方侵略所致。即便李鸿章有所妥协，也是对法方不正当要求的妥协。而李鸿章在收下"福禄诺节略"后，一直对朝廷避而不谈，尤见该"节略"无理之甚，令其难于启齿。换句话说，惟有中方妥协到底，完全按法方要求行事，方能避免"谅山之战"。

二、指责与辩护：中西舆论之对立

对"谅山之战"的归责，舆论界分作立场迥异的两派，一派以《泰晤士报》《字林西报》等英文报纸等为代表，认为"谅山之战"的责任在中方，支持法方的立场。7月4日，《泰晤士报》撰文称：

昨天，茹费理先生在内阁会议上向他的同事们通报了一些来自中国的函件，这些函件似乎非常清楚地表明，冲突不是偶然的，并非没有预谋的。而北京总理衙门轻而易举地否定了中国兵士的责任，北京政府对法方抗议所作回应即是，清军遵令守土，抵御法军对谅山的攻占。

我们在另一栏中刊出的五月十一日的条约（"天津简约"）明确规定，"中国驻军应立即撤出东京"，并据此认为，法军派驻谅山是履约的行为。但总理衙门倾向于认为，"撤离边境"是以"法中详约"（指据"天津简约"第五款之规定，中法全权大臣应于三月后议定详细条款）为条件的，并且否认了李鸿章总督和福禄诺舰长签署的"节略"，即清军自6月6日从谅山等地撤回关内。

从某种意义上讲，西方必须始终团结一致地对付东方，但是在七、八个月前入侵中国的事件中（指山西之战），法国仍然没有得到多少（西方的）支持和同情。然而，中国经过一场有心无力、半心半意的战斗，于今年5月彻底投降，并通过李鸿章和福禄诺舰长所签署的条约，使法国的所有主张在道义上和法律上均具合理性。文明世界绝不容许公然撕毁条约的行为。如果法国决心以武力迫使中国就范，那么，欧洲应集体向中国施压。②

---

① 原载《文汇报》，转引自张振鹍：《中法战争》第六册下，中华书局 2017 年版，第 1020—1021 页。

② "The Times", July 4, 1884.

《泰晤士报》所言"在七八个月前入侵中国的事件中（指山西之战），法国仍然没有得到多少（西方的）支持和同情"，乃系实情，早先以《泰晤士报》为首的英国报纸并不支持法国的军事行动，这一度还被《字林沪报》视作"中法和象"的证据。笔者注意到，该报在同一日以法文刊出的"天津简约"，与中方文本并无差异。然而，蹊跷的是，并未将"节略"与"简约"一同刊出，可见，《泰晤士报》可能未见到"节略"文本，其对"节略"的认可可能来自法方的宣传。而其完全站在法方立场的表态，则更多地出自对战争的担心，这又恰恰是其一贯的姿态，在它看来，战争是"文明的灾难""悲惨的结果"，"将会给这个国家、德国以及美国的贸易带来严重的威胁"，因此，为了消除战争隐患，"无论如何，我们必须希望北京政府将再次屈服"。①相对《泰晤士报》，上海的《字林西报》对中方的指责毫不逊色：

> 天津新订草约第一款，言中国即日撤回戍守越南边界防兵，而两国议约大臣，犹恐此款不甚清晰，或至讹错，故另自私订小约（即"福禄诺节略"），未经印出。闻其中注明华人退兵时日，而法兵以西六月初六日为始，往守谅山高平镇、太原诸处。法国元帅，意以为中法交谊情深，轻骑软甲，缓缓而行。及至山林深处，见树木丛茂，路途崎岖，大有鸟道羊肠之景，法兵方歌行路难，忽闻号炮一声，喊杀连天，山鸣谷应，枪弹如雨。有华兵四五千人扼守，阻止去路，法人未曾料及，受惊匪浅，几如霹雳之降自青天。法统领即严整队伍，拼命迎敌。是役也，法兵计死七人、伤七十余人，此谅山交战之实在情形也。
>
> 本馆前曾论及此事，则以为南省大宪未遵圣旨，抑或另有讹错，总署必不任其咎，而背约之罪，全归领兵之员也。不料有大谬不然者，刻下函闻，中廷不特不辞其责，竟拟毁去已订之约。②

除此之外，《字林西报》更是以主人翁的精神，嫌法国外交作风拖沓，延缓了法方意图的实现：

> 法国的外交拖沓也没有帮他们多大的忙。发出一份最后通牒，第二天又加

---

① "*The Times*", July 4, 1884.
② 原载《字林西报》，转引自《述报》1884 年 7 月 30 日。

129

以否定而开始谈判，使最后通牒成了一纸空文；然后又往巴黎发电报请求延长期限，不顾茹费理先生的反对，继续进行令人厌烦的会谈；接着由于最后通牒已经期满，便又定出一个新日期。而在这期间，中国人一直在拖延时间，收回或者否认他们的诺言。最后虽在非正式会议上达成了某种谅解，但接着写在纸面上的是完全不同的东西。总之，所有这一切，只不过是浪费时间而已。（中国）当地的军事当局自然利用了这些时间来调动军队，巩固阵地，损害法国，全面地增强自己。倘若法国不是提出一个所谓的最后通牒，而是一个真正的最后通牒，在得到中国人的肯定或否定的答复之前，停止和中国人的一切谈判，然后从容不迫地夺取并守住吴淞炮台，那么现在问题也许已接近于和平解决了。①

《字林西报》这一通"恨铁不成钢"的责骂，巴德诺一方面感觉很冤，他在致茹费理的信中抱怨道，《字林西报》编辑部很自然地把这种政策归因于我个人，但阁下知道，我只不过是执行这种政策的驯服工具而已"；另一方面却认为是"毫不迟疑地表示支持我们（法国）"②。

另一派以《申报》《字林沪报》《述报》等中文报刊为代表，均同情中国，指责法国。《申报》认识到责任在法方，经历了一个曲折的过程。得到"谅山之战"消息的《申报》，第一反应是此乃法国人的诡计，中法"天津简约"速成，法方的意图便是"固欲中国稍疏防范，而彼可乘隙而入也"，因此遂有"谅山之战"。③两日后，并不清楚交战具体方位的《申报》，却抛出一个论断："五款条约（'天津简约'）中本有'中国即行撤兵'之说，若华兵犹在谅山，则是曲在中国矣；而中国电报则以为，法人无故突然至粤西（广西）边界——观音桥地方，令华营退舍，华兵不即退，遂被法人用炮攻击，华兵不得已而还击之，观音桥若在粤西边界，则是曲在法人。"④如果按照《申报》此说，那么"谅山之战"显然责在中方，因为"观音桥"属越南谅山地区，并非广西边界。发表此论的次日，明确表示"中国必无激怒挑衅之理,悔议背盟实出法人之本意"⑤。几

①　原载《字林西报》，转引自张振鹍：《中法战争》第六册上，中华书局2017年版，第396—397页。

②《巴德诺致茹费理》，载张振鹍：《中法战争》第六册上，中华书局2017年版，第396页。

③《论中国不撤防之善》，《申报》1884年7月2日。

④《论中法目前大势》，《申报》1884年7月4日。

⑤《论中法悔和》，《申报》1884年7月5日。

日后，却谓："（谅山之战）不得归咎中国，亦不得归咎法人。"①到7月中旬，《申报》基本确定"谅山之战"的责任在法方：

平心论之，约中既未定期撤兵，则稍待时日听后命而行，本非华军之过。假令法人不往相逼，断无交战之理。即略定疆界，亦可俟三月议妥之后；且如何分画，尚未会同华官相度形势，此时固不宜率然从事。似限日逼让，本属意在寻衅。必不得已而后战，吾知统兵之员此际实有被逼不堪者。不然，筹边以来已逾半年，北宁、洪化有谕旨可遵，犹复郑重不肯遽战；刉既和之后，而躁妄若此乎？故法人之启兵端已极明确。虽欲中国任咎而于理实有未安，目前法人亦知仅以退兵归咎中国，说不能圆，故罗偷（Reuters，路透社）电音，法外务大臣斐礼（茹费理）宣言议院谓，谅山一役，实中国用埋伏之计，故现向中国索偿兵费云云。②

与《申报》的迟疑有所不同，《字林沪报》起初即认为"戎首出于法人"："法人是役违法背约以欺我中朝者，厥有数端，请详言之：约（'天津简约'）中明言中国将所驻北圻各防营调回边界，是并非调回关内也，今大兵已退至观音桥，而法军犹逼令让地，欲华兵悉数入关，为约外无厌之要求，一也；即使观音桥地方去谅山不远，法人不肯认为中国边界，然既让出谅山一城，是中国已有调回防军凭据，至何处为中国边界、何处为越南境地界，划鸿沟尚须三月以后，今限期未满而贸然称兵，二也；即使观音桥地方按照草约华兵不应驻扎，亦只公法中所谓'行有未尽'，既已让出谅山一城，则中国实有守约之诚，法人何得遽动兵戈？三也；且两国立约事经全权大臣作主、两国亦既息兵，即使敌国有违碍条约之处，亦应详报朝廷，由使臣诘问，非有十分紧急之祸，何得擅动兵戈？今法兵弁未奉朝命带队而来，已有擅专之罪，及中国兵官婉言相告，又复不顾和好，竟以一矢加遗，是违国法而轻视和局，四也。总之，是役戎首出于法人。"③后鉴于外间对中方甚嚣尘上的指责，策略性地提出"任咎"说：

中朝此时亦正不妨任谅山之咎，惟不妨任其咎而后能不任其咎也。夫谅山

————

① 《论法人无必战之意》，《申报》1884年7月9日。
② 《论和议尚有难成之势》，《申报》1884年7月13日。
③ 《论法人轻启戎端》，《字林沪报》1884年7月3日。

131

之役之不为总署所使也，不待辩而明矣。然谅山驻守之华兵，则固我中国朝廷所派往以防法人者也，刻下和议已成，而此兵犹未撤退，必有所以不遽撤之故存乎其间。彼领兵官捧檄驻此谅山之地，皆其所应守之地，一日未奉撤退文书，即一日犹有防堵谅山责任，倘让敌寇逾此半步，失地之责实与地方官同。今法兵贸贸然来，欲令其不一过问，有是理乎？既过问矣，而法人恃强逞蛮，突然炮击，斯时衅端已著，欲令其闭关不出、束手待尽，有是理乎？然则法兵之来，固明明寻衅而至，此时为谅山带兵官者进既不能、退复不可，所处本属两难，犹幸其有备在先，故能以我乘人，而不为法人所乘耳。

若法人诘问而总署不知，势必诿诸疆吏，疆吏亦不知，势必诿诸带兵官，辗转推卸，使该员因功获罪，而今而后谁复敢蹈不测之险、效命疆场？且适示法人以曲在中国，而予以索偿兵费之券也。厥计岂不左欤？惟总署直任谅山一役为指使，乃使天下万国共知，法兵之来，不能不御，此际之背约，实有不得不然之故，谁为戎首，不难水落而石出矣。①

这是一种以退为进的策略，即通过承认谅山将士之抵抗确系国家行为，来换取外界对中国抵抗行动的理解。乍一看，清廷自任其咎，不是正中法人下怀吗？实则不然，至少可以替谅山驻防军撇清干系：不是他们自作主张，而是在履行守土之责，既然朝廷没有撤防的命令，对来犯之师发起攻击，便是理所当然。可是，此计有一个明显的漏洞，那就是认为"谅山之战"有中方背约的成分，只不过这种背约"实有不得不然之故"。旋即，该报改变腔调，自情理与事实两方面推断，衅自法开："夫勿论关外统兵大帅如潘（潘鼎新）如王（王德榜）诸公，皆识大体、顾全局，谨守朝命，决不敢轻启兵端；且试思和约未定以前，华兵之驻扎关外者，已及期年，何以未尝轻与法战？至北宁一役，为应敌之师，名正言顺、理直气壮，犹且退避三舍，虽此际非关审慎，然亦可见华兵之不欲与法战矣。岂有未和以前迟回顾虑、不肯轻于一战者，既和以后鲁莽灭裂、竟敢贸焉尝试乎？揆之以情，兵衅之决不开于我也，明矣！既而，中国官场接到龙州电音悉，闰五月初一日（6月23日），法将忽率兵至观音桥地方，逼令华兵让地。华官谓'需请抚宪示下'，法将不允，遽尔开炮。华兵不得已，列阵开战以拒之，法兵退去。越二日，又来，云云。观此而知，衅端之不开于

① 《论中国不任谅山之咎》，《字林沪报》1884 年 7 月 8 日。

华，而开于法也。"① 进而对国际谬论予以揭批，不仅揭示了国际谬论之由来："然则何西人之言殊乎？（所谓言殊，即是说西人以为衅端开于华）。曰：此固不烦言而可解者。凡立约后用兵之非，理何人不知？戎首之名，虽三尺孺子亦不肯受。谅山一役，既开衅端又遭败衄，实属法人大为失色之举，彼国臣民必有恨守将之轻举者。夫战败不能讳，戎首又焉居，以故隐约其词，扬其战事而饰其所以启战之由，以为要挟中国地步，此法人不得已之隐衷也。伦敦与巴黎一水之隔，早传言而夕闻信，此事又关系重大，伦敦一有风闻，不暇辨其详细，早已通国皆知。是故，伦敦之信即巴黎之言，伦敦之信不足恃，乃巴黎之言之不足信也。"② 而且对"局外"妄论进行了痛批："如某英人者，此不止为好事之徒，直将有所希冀，直将有所希冀于法人而袒助若此矣。据云：'广西巡抚潘中丞（潘鼎新）知法兵由海内起兵而往谅山，即电致北京请旨，北京回电，嘱令拒之。于此可见，边界虽远，一举一动，中朝无不电悉。'云云。此直欲坐实中国朝廷有意背盟之咎也！不知中国之事素尚机密，即使潘中丞有电到京，朝廷即发回电，而其中情节必非外人所能知。所谓'嘱令拒之'之说，其为悬揣捏造无疑。"③ 甚至，一度与《申报》论战，谓其"赔偿兵费论"不公而且有悖国民立场："所贵乎新闻纸者，以其持正理、申公论，使枉法之人闻之而有顾忌，是即两国有事，身处局外，犹不能曲为袒护，以助枉法者之焰，而犯天下之不韪。况夫事关父母之邦受外人之侮，乃不持正理、不伸公论，而假托考据、谬附清流，以行其益彼损此之计。呜呼！此尚有人心者哉？"④ 事实究竟如何呢？《申报》此论旨在推崇流行于欧洲的"赔偿兵费之法"，即"令曲者偿直者所费兵饷"，在其看来，因为率行此法，"欧洲全局乃得相安于无事"。⑤ 此种观点的确不堪一击，以实际而论，近代欧洲的战争，往往是战败者赔偿战胜者兵费，而不是"曲者偿直者"；19世纪的欧洲也远未到"相安无事"的境界。不过，《申报》并非主张中国应向法国赔偿兵费，而是认为两国可行"赔偿兵费之法"，此外，还对中国不行此法深表遗憾："如法之于我，可以西国通行之公法责赔兵饷，则我亦何难据西国通行之公法、令法人转偿我者？然而，中国不肯为也，盖中

---

① 《谅山事中西言殊说》，《字林沪报》1884年7月10日。

② 《谅山事中西言殊说》，《字林沪报》1884年7月10日。

③ 《驳局外人论谅山事》，《字林沪报》1884年7月18日。

④ 《驳申报赔偿兵费论》，《字林沪报》1884年7月29日。

⑤ 《论赔偿兵费为欧洲敌国相维之法》，《申报》1884年7月28日。

国自立于一统之尊，而无取乎敌国相维之道者也！"① 可见，《字林沪报》有些曲解，但亦由此见得该报态度之激烈。

与《字林沪报》类似，《述报》自一开始即直指法方"寒盟"。7月18日，著论："中兵之敌，亦因法军越犯中国鸿沟，可见法人滋生事端，和约难成，而争端未泯，此即悔议之萌所自始，亦即寒盟之渐所由来也。"② 19日，再次申论："又毋以谅山之战，中兵进敌，法军死者六百余人，因而归咎于中朝乎？然是逆也，又法军之侵犯中国边陲，其衅也亦自启之。有识者洞观乎？是知法人悔议之萌，已于此兆其端矣。"③ 20日，援引《中外新报》的消息，详细报道了"谅山之战"的细故：

闰月之初六日（6月28日），访闻官场，接到粤西边境电音，言本月朔日（6月23日），法人统其部伍，侵犯谅山疆界，中朝督师大员，率师御之，法兵发炮轰击，华军奋勇扑杀，肉薄（搏）相攻。鏖战数时之久，法军渐溃。华兵分路截击，藏旗匿鼓，散伏于要隘之区。既而法军被戮，死伤积野，狼狈而奔。将出谷口，陡闻炮响之声，惊天彻地，华兵漫山遍野，如蜂屯蚁队而来，法军胆战心慌，不敢恋战，弃其辎重，拼死冲突。及抵平阳之处，华军并不追逐。法兵喘息甫定，回视部下所余之军，寥寥无几，犹多伤头折足，扶病创痛，挟腋而行。正骇叹之间，复闻炮声起处，金鼓喧阗，华兵如浪滚波翻，狂飙疾雨，四面围拢，喊杀连天。法军面面相觑，抛弃衣帽马匹，束手受戮。是役华军报捷，杀毙法军无算（数），阵擒兵官五名、黑兵数十名，斩馘甚伙，夺获马匹枪械不可悉纪，此节捷音，则闻诸官场得自电报者也。

法人前既言和，何得侵扰边疆，擅启兵戎，视和约为具文，置典章于不问，其诡诈性成，心机叵测，亦可概见。名与中国言和，实为缓兵之计，以便展其狡诈之谋，行其笼络之术，其贪得无厌，于斯为甚焉。是可忍而孰不可忍也，筹国是者，岂得以和为信哉？④

综上，两派舆论泾渭分明，在一定程度上反映了中西舆论的对立。很显然，

---

① 《论赔偿兵费为欧洲敌国相维之法》，《申报》1884年7月28日。
② 《论中法和局变迁》，《述报》1884年7月18日。
③ 《论法人悔和》，《述报》1884年7月19日。
④ 《法衅复萌》，《述报》引自《中外新报》1884年7月20日。

在与清政府的这一轮舆论较量中，法国一改往日颓势，占据了国际舆论的优势。这与清廷官员不谙舆论之道多少有些关系，在国际上，新任驻法公使不像曾纪泽那样重视舆论的运用；而国内像李鸿章这样位高权重的大臣，不仅没有行之有效的舆论战略，而且，即便有所行动，也不过是为了一己之私，做些补苴罅漏的事情，结果到头来反而引火烧身，招致舆论的攻击。

第六章　法军攻台期间的报刊舆论斗争

中法在台湾的军事行动，一度是世界瞩目的焦点，包括《泰晤士报》在内的世界主要报刊对此予以了持续关注，并流露出不同的和战倾向；而中文报刊除了关注之外，则往往站在中国的立场，为中国发声。

第一节　和战之见

一、中文报界看法不一

既然中文报界均认为"谅山之战"的责任在法国，而法国不仅不思悔改，反而蛮横无理，以"质地索偿"要挟于中国，那么，出于民族义愤，各报是否一律主战？历史情形并非如此，大家对于和战的看法不尽一致，而且随着战事的推进，其间还有若干变化。比如，《申报》起初言战，后又主和；《字林沪报》则首先言和，后转而主战。

早在舆论界传言法军攻打基隆之际，《申报》就接连发表评论，力主对法作战。在《申报》看来，一方面，中国非战不可："窃谓中国虽存不欲轻开兵衅之意，而法人所求，难于应命，是彼明明迫我以战也。"[①] 若不战而和，则"竭中国之赋税所入，四五年中，尚不足以餍其欲而给其求"[②]。另一方面，从法军在华、在越军事存在以及国际形势而言，"法人在中国无可以战"[③]。而中国则今时不同往日，有实力与之作战："现在大势，不若道光季年。外洋情形，业已熟悉；兵法器械，业已讲求。咸同以来，谋士宿将，未尽凋零；各省海口，布置周密。"[④]

---

① 《论中国不可不一战》，《申报》1884 年 7 月 16 日。

② 《论中国目下情形惟有一战》，《申报》1884 年 7 月 17 日。

③ 《论法人在中国无可以战》，《申报》1884 年 7 月 21 日。

④ 《论中国不可不一战》，《申报》1884 年 7 月 16 日。

且群情激愤、民心可用："今弃和而言战，民之奋然而起者，正有迫不及待之势矣。"①《述报》则从中法事态及和战利弊等方面论述了"中法有必不和之势"：

> 窃以为中法有必不和之势焉，且以今日之大局观之，两国兵戎，势成骑虎，而积人民之义愤，际边境之荡摇，当必秣马厉兵，请诘朝以相见，而各军又纷纷调遣，警戒綦严，窥此情形，有不以干戈相尚者乎？且就中国之人心观之，言战则舆情共奋，言和则众口同讥，此固斯民之义愤使然。
>
> 与其筹饷成盟，免兵戈之扰攘，何不于兵不血刃之日，先事举行？直至此事经决裂之秋，始为委曲成盟之计。况曩年法人有索饷一千万镑之说，则竭府库之藏，而酬之敌国，何若陈师鞠旅，远彰挞伐之威！况一言战，而士卒皆有斗心，草野皆无怨志。练兵备器，业已有年。岂竟以有用之材，置之无用之地乎？
>
> 以法人素怀叵测，屡肆要求，若一意言和，则是以战为始，而以和为终。恐日久盟寒，而其所有挟而求者，更有出乎寻常意计之外，是不若以战为和之为愈也。②

此时的《字林沪报》却盼和心切，"谅山之战"未久，即认为"中法无必战之势"："两国仍无必战之势也。夫以前者之屡次交绥，死亡相积，一旦议和，犹且涣然如冰之释。今兹两军相见，不过如斗士之戏，死伤足以相抵，胜败并无所分；惟衅起于立约以后，似乎全局一震，否则，若在四月以前，则亦寻常无足轻重之举耳。现在此举如何办理，尚未见有端倪，愚以为中朝必当查究启衅之由，以与法人从容商理，谅不至于决裂也。"③舆论圈盛传法军攻打基隆之时，该报仍坚持认为"法人未始无愿和之意"，其理由是："从来两国交兵，一胜一败，其败者痛深创巨，固不待言。即幸而获胜，亦断无不折一矢、不遗一兵之事，加以糗饷之费、炮械之赏，动以千百万计，虽使日后有人赔偿，而目前筹措军需、罗掘情形在所不免。又况西国之例，兵费出自商家，兵祸相连、商情重困，万一不能取胜，则以千百万之金钱付诸一掷，于商损矣！于国何裨？由此言之，法虽无厌，其能无彷徨瞻顾？观变沉机，但求人之震其虚声，

---

① 《论中国人心不可不一战》，《申报》1884 年 7 月 23 日。
② 《论中法和战之局》，《述报》1884 年 7 月 28 日。
③ 《论中法无必战之势》，《字林沪报》1884 年 7 月 7 日。

而不欲人之蹈其实事乎！且各口通商以来，法人之贸易中土者，实与英美诸国如骖之靳。近更租界日辟，行栈鳞次、房屋栉比，以生以育、实繁有徒。一旦衅端既启，当干戈从事之际，华人虽懦，其能听法人之安居此土，而所有租界之行栈房屋不一毁伤乎？法人虽横，其能保各商之安居此土，而所有租界之行栈房屋无一毁伤乎？以数十年来积铢累寸、费力尽气，然后得鸠占于中华者，徒以区区一越南之故、一谅山之役，苟图泄愤于目前，不惜举渠渠夏屋、累累货物尽投崑岗之一烬，法人虽愚，吾知其必不出此也。"①

《字林沪报》显然低估了法国的决心，那么，中国方面是否如《申报》《述报》所言，可资敌法？1883 年底，总理衙门奏称："海防之说创自十年以前，中外纷如聚讼矣。然购船、购炮所费不下数千万，而临事仍无其把握。"②法军攻台前夕，福州将军穆图善等奏："第防海不可无战船，闽省前集巨款由德国定购铁甲轮船（即定远号、镇远号铁甲舰），至今尚未来华。现留省港者，仅'扬武'一兵轮，'福胜''建胜'两蚊船。再，闽厂（马尾船厂）所成各轮船，除分拨各省外，台南有'万年青''伏波'两船，台北有'永保''琛航'两船，往来络绎；厦门驻有'振威''长胜'两船。各该船或泊、或小、或系商轮，足供转递文报而已。"因此，"闽省素号瘠区，勉力筹防，更不敢谓确有把握"。加之"台湾惟安平口有波浪之险，他口无之；且地势袤长，处处滨海，实属防不胜防"。③至于民情，也不容乐观。每遇风吹草动，百姓便惊慌失措，鲜有愤然欲战的姿态。据《述报》报道，早在"谅山之战"前，由于法国军舰抵闽，"一时杯蛇市虎，互起猜疑。闽浙总督何制军（何璟）闻之，即集僚属商议，谓民情如此，恐有意外，须饬营官，每城调兵五百，昼夜驻守，俾资弹压。又着各城，皆于五点钟闭关，以期奸人无从窃发焉。按福州各城，向皆八点钟始闭，兹以防务孔亟，故早数点钟也。是日，付（附）近村民，得闻此耗，惶恐殊甚"。④在中法和战未定之时，福州城内便已人人自危、秩序大乱：

接到本馆派驻福州西人采访，于去月二十八日（7 月 20 日）来信，际此中法和战未定之候，福州罗星塔等处居民，殊形惶恐，寝食不安，皆以为战务不可免，况又接北京至近电音，法人势必索偿军饷，以充兵费。而中国力必拒绝，不能俯允，因此，法人限以二十八日为期，如期满未妥，定必以开花巨炮轰击福州。

后到期，法人再展限三日，以期定夺。然此时此际，居民之震动，仍然如故，众谓想必一定开仗，其所以迟延，不过中国缓兵之计耳。故城内居民日加惊惶，致使各银号附家，登门讨取、收回血本者，日不暇给，一时不能应酬，有八家即行关门躲避。目下谷米骤为之起价，贫民困苦，何可胜言！甚至城厢内外殷户，急于逃走，而避凶锋，各将银钱变换金钱，盖金价向日每两找铜钱三十八千，今则高至四十八千，已可概见。所有钱票，市面俱不通用。①

此类情形亦见之于李鸿章与朝廷的往来电文中，如法军炮轰基隆前夕，李鸿章致电总理衙门称："中、法尚未说妥，福州居民大为震动。"②可见，两报对中国军力与民心估计过高。

法军炮轰基隆后，主战的《申报》更是兴奋异常，认为终于师出有名了："论中国目下情形者，鲜不以为利于战、不利于和。特彼此虽有衅隙，而法人尚以和议相敷衍，我中国不肯首开兵端，则苦于无间可乘，乃亦以和议与之相持而不能决。今者鸡笼（基隆）一战，则是兵端之开开自法，不开自华，众目周知、中外同见，彼法人虽欲讳饰而无由矣。"③嗣后，更是建议朝廷明确向法国宣战："为中国计，不如乘此法兵尚未大集之时，明降谕旨，与法人示战，不复以'和'之一说相为敷衍，或明与立约，听其择取何地，与之决一胜败。"④且谓："此时而尚欲与之议和，百姓断然不服，盖其跃跃欲试者固已久也。"⑤《字林沪报》的态度也开始转变，尽管还对和局抱有希望："目下法人尚未宣明示战，深愿两国全权大臣善为调剂，使和局仍不至决裂，则中法幸甚、各国幸甚！"⑥"窃谓于此转圜未始无术，法如一旦醒悟，情愿照约施行，不索兵费，则基隆之事，

① 《福州近耗》，《述报》1884年8月16日。
② 《北洋大臣李鸿章来电》，载吴幅员：《法军侵台档补编》，文海出版社1980年版，第36页。
③ 《论鸡笼一战为中国最好机会》，《申报》1884年8月13日。
④ 《论中国此时当明与法人示战》，《申报》1884年8月17日。
⑤ 《论总署欲和之意》，《申报》1884年8月20日。
⑥ 《西报论鸡笼事》，《字林沪报》1884年8月10日。

中国仍可大度置之"①;却也刊登了主张"中国亟宜与法一战"的来论,谓:"噫!法人目中尚复有中国哉?中国若再曲如所请,觊觎者将纷至沓来,而国无宁日矣!故宜及早决断,示以必战。"②

相对报界积极主战的态度,清廷上下却高唱"和议"。一方面,照会各国、请求公断,并请美国公使杨约翰出面调停;另一方面,面对法国不欲让美调停的情形,曾国荃等提议李鸿章与巴德诺直接议和:"圣心如欲息事安民,似可因彼求我之意③,速派北洋酌办;目下基隆胜负相当,尚于国体无损。"④李鸿章甚至暗示朝廷接受法方的赔费之请:"现又照会各国评论,恐皆观念无济;即公评,未必不令给款。似不如两国自办,尚可斟酌减让。鸿系丛谤之身,本不敢再与斯议。惟事机紧,大局攸关;战后亦必赔偿,为数甚巨。"⑤

"马尾海战"后,中文报刊的态度开始分化。《申报》一改此前坚决主战的态度,转而主和。9月3日,发表《论时势之岌岌》一文,认为"中国大有岌岌之势";"倘此时再不说和,则法人增兵,新兵将至。既至之后,一系大国,一系强国,两边不免血战。延至一年之久,费一年之极大兵饷,一年之生意滞碍,并有胜负之不测,不更殆哉?"⑥此论一出,便遭到了国内主战派的围攻,"在后接诵诸君子邮示之作,虽间有主和者,而究不若主战者之多"⑦。《字林沪报》也刊发来论,辟其"主和之谬":

---

① 《论法人不宜与中国构兵》,《字林沪报》1884年8月12日。
② 《论中国亟宜与法一战》,《字林沪报》1884年8月21日。
③ 所谓"彼求我之意",即是指巴德诺给曾国荃照会所云:"本国水师提督古(孤拔)已奉命取守台北所守之基隆口岸炮台作为质押,现已均被取守矣。惟大清国若愿我国将该处早日交还,但能照大法国前次所请各节立即照允。我国不欲从事太过,仍愿始终格外廉让,昭然若揭;是以现允将福州目下情形暂时不变(即暂不攻福州)。"见《署理南洋大臣曾国荃等咨呈复法国巴大使法夺基隆我已请各国公断照会稿》,载伯琴:《法军侵台档》,文海出版社1980年版,第78页。
④ 《南洋大臣曾国荃等来电》,载吴幅员:《法军侵台档补编》,文海出版社1980年版,第60页。
⑤ 《北洋大臣李鸿章来电》,载吴幅员:《法军侵台档补编》,文海出版社1980年版,第50页。
⑥ 《论时势之岌岌》,《申报》1884年9月3日。
⑦ 《论中法近日情形》,《申报》1884年9月11日。

昨阅《申报》"岌岌可危"①并"言和"②两论，此愚人之识见也。

基隆小挫、长门大战（马尾海战），正以激将士之怒、□间闾之心，敌忾同仇、杀敌致果，不旋踵而可睹成效者，岂容偶尔蹉跌而遽与之行成耶？且以仆观之，法人之不及我国者有数端焉：

我国人民之多，不啻数千万倍于法；此次法人骄悍，已犯众怒。我□将材本不乏人，皇上深仁厚泽遍及群黎，凡食毛践土者，皆愿为国报仇，削平大难、勤劳王家，法即如虎，而以百当一，何畏乎尔？此其不及我国者一也。

法兵远来，疲于奔命，我国军士以逸待劳，俟其来而用计击之，法人虽强，一鼓可擒。况皇上已降谕旨"随时可战"，非若前次和战未定，不敢（下）手。此其不及我国者二也。

法离中国辽远，起兵东来，须一月余，所增兵数量最多不过数千。以有数之法兵，当无数之华兵，今日死千人，明日即少千人。非若我中国之兵，刻刻可增。即令倾国而来，而我随处有备，寝假而以一枝劲旅直捣其巢，法人将应接之不暇，其敢与我国为难耶？此其不及我国者三也。

法既远来，煤粮易尽。通商各国苟守万国公法、循局外常例，并无一船一人运售与法。而统兵大员又严禁奸商私贩，更调各路精兵四面合围，即不必与之战，不出一月，行将痪死。我军煤粮可以随地购办。此其不及我国者四也。

法人专事诈虞，我国凤敦信义，通商各国目所共见、耳所共闻。以欺伪之众抗仁义之师，纵炮弹精而艨艟固之为西国冠者，然"多行不义必自毙"。譬之项王，百战百胜，卒罹乌江之难，天怒人怨，其将聚而歼旃。此其不及我国者五也。

中国奇杰挺生、后先继美：左侯相（左宗棠）忠肝义胆，素著威名；岑宫保（岑毓英）智足谋多，凤怀大略；鲍爵帅（鲍超）知兵善战，闻而心寒；刘军门（刘永福）决算运筹，遇而胆落；其余忠臣良将、义士勇夫，言不胜言、数难悉数。况乎将在谋而不在勇，兵贵精而不贵多！法国将材如孤拔其人者，

①　指《申报》9月3日发表的《论时势之岌岌》一文。

②　指9月2日《申报》刊登的署名"粤海钓徒"的来稿——《录言和书》，该文称：《申报》无论言战，还是言和皆"为两国息事宁人起见，非畏葸也""每一阅读，不禁首为之肯"（粤海钓徒：《录言和书》，《申报》1884年9月2日）。值得一提的是，9月6日，《申报》亦刊登了驳斥粤海钓徒《言和书》的来稿，措辞严厉，指责其"受法人之诱而为所用者""懈我军心、隳我士志也"，并连带指责《申报》与之"固早已心心相印"（云溪渔隐：《驳粤海钓徒"言和书"》，《申报》1884年.9月6日）。9月10日又刊登来论，谓："就目前而论，则有不能不一战再战者，亦今日之大势所必然也。"（慈北素有是心人：《论战》，载《申报》1884年9月10日）。

直鼠辈耳。此其不及我国者六也。

兼之法国行军实犯兵家三忌：师出无名，不顺天心，一忌也；浮舟为家，别无基地，二忌也；临行之际，父留其子、妻挽其夫，怨语塞途、哭声载道，不得人和，三忌也。

有此六难，犯此三忌，是天将假手于我中国以除之也。彼蕞尔法，何足惧哉？①

为此，《申报》解释道："噫！法人之于中国，肆其害暴亦已甚矣。本馆每念及此，未尝不叹息痛恨。或中国立意雪耻；或中国顾全大局，免一二年战争之祸，此则国事所关，本馆固不敢违众立论，亦不敢迎合意旨，以媚人而炫世。如欲媚人炫世，则将谓'法人胆怯''中国容易获胜''法人不敢再来侵扰'云云，如此，则阅报诸君必将欣然色喜、争购本馆新闻纸，本馆亦何惮而不为乎？但本馆秉笔人，食毛践土，只知忠君爱国，何敢逞一己之私意，使中国昧昧然从事耶？和战大局，非本馆所敢妄论，惟愿人之熟思此事、量力而行，无为大言以相煽惑，致秉钧者或违己见，而强出于战也。夫中国应雪福州之耻众人无不知之，本馆前所执意谓中国应否雪耻，抑或听邻国劝和，盖因中法交战，其势实不利于中国也。"②那么，为何在"马尾海战"之前，却一意主战？或者说，为何突然有此转变？《申报》的回应是"当中法初开衅时，本馆固力斥赔款之非；后见法国肆行无礼，决意索赔、不肯言和，本馆当时立论以为，值此时势，中国惟有与法人一战。夫'战，危事也'，两国交争，彼此皆受其祸，此固尽人而知之矣。迨福州开战，两国得失相等，可不索赔，此正可以言和之时矣"。③这个理由不免牵强，因为当时并不具备议和的条件：第一，马尾一战并非是"得失相当"，更无任何迹象表明法国放弃"索赔"，尽管法国政府不主张"主动向中国宣战"④，但其"质地索偿"的政策是一贯的，且仍未放弃军事行动，巴德诺、孤拔等人甚至谋划北上攻击畿辅之地。9月4日，得悉清廷"宣战"谕旨的巴德诺，向茹费理建议："无论如何，似乎我们只有把战争转移到北

---

① 蓬庐卧□生：《论〈申报〉主和之谬》，《字林沪报》1884年9月12日。

② 《论中法近日情形》，《申报》1884年9月11日。

③ 《论中法近日情形》，《申报》1884年9月11日。

④ 《海军及殖民地部长致孤拔电》，载张振鹍：《中法战争》第六册上，中华书局2017年版，第526页。

方才能希望得到解决。"①9 月 5 日，孤拔致电海军及殖民地部长，亦称："最好立即到北方去采取行动。"② 只因法国政府不予支持，才作罢。③ 第二，相对"马尾海战"前不曾宣战的状态，中国亦正式向法宣战。8 月 26 日，朝廷颁旨，向法宣战："各路统兵大臣暨各省督抚，整军经武，备御有年。沿海各口，如有法国兵轮驶入，著即督率防军，合力攻击，悉数驱除。其陆路各军，有应行进兵之处，亦即迅速前进。"④ 而实际上，"马尾海战"后《申报》转而主和，很可能是受了马尾惨败的刺激，出于对战争前途的担心。此种心境在当时有一定的代表性，马尾海战后，德璀琳受李鸿章之托，曾密告巴德诺："北京政府虽强作镇静，其时已惊慌失措。"⑤ 当然，某些清廷大员"惊慌"是一回事，而主战的一方仍然占据上风，清廷果断宣战即是明证。不过，《申报》之主和，并非屈辱的求和。相反，其主和之议带有某种警惕性，在外方调停之际，《申报》屡屡论说，不仅应力避屈辱，而且要防止中计。其一，反对以"天津简约"为蓝本，将越南全境让与法国："窃谓此次议和，当于'全让越境''尽撤边防'二事之中，悉心筹划。朝廷深意不许法人赔银，而仍肯暗与利益，然则画红河以定两国属地之界，允其溯红河上流以广通商之路，法人所获利益自是不小，何必以全越归之哉？"⑥ 其二，谨防法国以"议和"为缓兵之计，提醒当局："所议贵在速断，法船必须出境，如此而后可以言和，否则法人之失信于中国，其数已屡。此时虽有议和之说，终恐不足深恃，若中国遽信其依违两可之说，而稍弛其防，恐法人必有乘虚而进者矣。"⑦

　　而《述报》则一直坚决主战。"马尾海战"后，在《申报》主和之时，《述报》一方面刊载来稿，痛陈"不战"之弊：

---

　　① 《巴德诺致茹费理》，载张振鹍：《中法战争》第六册下，中华书局 2017 年版，第 539 页。

　　② 《孤拔致海军及殖民地部长电》，载张振鹍：《中法战争》第六册下，中华书局 2017 年版，第 544 页。

　　③ 9 月 7 日，海军及殖民地部长致电孤拔，明确告知："我们的政策是：摧毁中国的海军基地，夺取抵押品。我们完全相信，您不会采取任何可能会迫使我们完全改变或逐渐改变这一原则、迫使我们进行一场大陆战争的陆上行动。交给您的两千人无论如何不能再增加了，因此您必须以此决定您的行动。"见张振鹍：《中法战争》第六册下，中华书局 2017 年版，第 561 页。

　　④ 《上谕》，载中国史学会：《中法战争》第五册，上海人民出版社、上海书店出版社 2000 年版，第 516 页。

　　⑤ 《巴德诺致外交部长急电》，载张振鹍：《中法战争》第六册下，中华书局 2017 年版，第 551 页。

　　⑥ 《论目前议和不必以越南让法》，《申报》1884 年 11 月 7 日。

　　⑦ 《中国勿为和议所误说》，《申报》1884 年 11 月 13 日。

论者有谓其船炮坚利、器用精良，非我国所能敌，诚不若保全和局，庶可安静海疆。呜呼，此实顾惜身家，偷安旦夕者之言，未尝即天下之大势而一筹之也。窃维当今之时事，我朝不战之弊有六，试申言之：

不战则议和，议和则法必多端索取、欲壑难填，如汉唐之输金帛于单于、回纥，宋之赂币于契丹，六国之割地以奉秦，是自取蹙穷之道也，则不战其弊一。

中法此举，海外诸国必皆作壁上观，怯不敢战，生其轻侮之心，彼将谓我不能军也，则不战其弊二。

畏其横暴，怙恶一时，不图振作，使彼求而即遂。他国睹此，后日必有效尤者，则不战其弊三。

今者法人恃强欺凌已极，薄海臣民，恨之切骨，凡有血气，莫不尊亲、枕戈摩拳，靡不欲灭此而朝食，若不于此而决一战顺舆情，异时中国苟有不测之虞，难免忠义之徒，离心而解体，则不战其弊四。

我朝遭扰乱之后，讲求武备，精益求精，筹办军装等费，可谓不遗余力，整顿以来，较诸从前，大相悬绝。今遇外侮而不能御，则朝廷之岁糜巨款者何用？多年之蓄养士气者何存？如曰将以有待，诚恐偷安日久，志懈弊生，将如诸葛武侯《出师表》所云："若待（复）数年，则损三分之二也，当何以图敌？"则及今不战其弊五。

法人贪利忘义、险诈靡常，其约实不足恃。我朝当今之际，猛将如云、谋臣如雨，加之众怒难犯，众志成城，何患与彼决裂？大挫其威，使之不敢正视，不然，法人今即受盟而退，将来或窥我国有事之时，或候我朝老臣凋谢之后，背盟败约，并邀一二积怨党恶之邦，以求济其欲，斯时更将何以御之？则失此不战其弊六。[1]

另一方面，强调民心之可用、民意之不可违："王者用兵，原非得已，而舆情瞩望，莫可如何，应天顺人，古今不爽矣。而况强邻欺藐，敌国凭陵，生灵之涂炭既深，民心之激愤亦切。当此天怒人怨，所谓同仇敌忾者，岂尚不可以一战哉！"[2]11月3日，针对坊间流传的以"路权""矿产""关税"等相抵的赔

---

[1] 待清居士：《中法时事论》，《述报》1884年9月1日。
[2] 《论民心愤激宜决与法人开仗》，《述报》1884年9月1日。

款置换条件①，《述报》认为"比诸赔款尤甚，宜乎识时务者甫闻其说，为之揆时度势、观变沈几，莫不曰法诚奢望，而和实难成也。"②次年 1 月 24 日，再次就置换赔偿条件一事著论："凡虑祸太深、利害过于分明者，莫不喜言和而讳言战。不知惟战乃能止战，檀渊所以盟契丹，言和终不能和，金元所以覆宋祚。殷鉴不远，不可借此以资考镜哉！盖和之机括不同，然必成竹在胸，始可议及，否则，无宁出于战耳。今兹率百万雄师以顺攻逆，杀伐用张，方将灭此朝食，于斯时也，亦惟有一战而已矣。岂可漫与言和，致令隳军费而长寇仇乎？"③

不过，未久《申报》亦转而呼吁："中国此时曷不乘法兵未增之际，合南、北洋水师，一鼓作气，将法船之在中国海面者聚而歼之？此亦大快人心之事也，即使无此事，亦不可无此言。"④

二、《泰晤士报》畏战

与中文报刊不同，《泰晤士报》则始终对战争深感不安。其一方面陈述法国对华战争缺乏民意基础，而且前途未卜，是一场"冒险"：

现在，虽然法国政府最近在国际上采取了冒险政策，但毫无疑问，无论是国民还是议会对战争都没有丝毫的渴望。当最后不得不付出沉重的代价时，国民将怨恨政府，痛感代价过高，即便像茹费理这样老练和坚强的大员，也将面临深不可测的险境。这是萦绕在法国内阁脑际的大问题，因为众所周知，人民将被迫大幅增税。自 1870 年以来，以战争名义的（征税）就一直为他们所憎

---

① 坊间传闻茹费理曾电咨李鸿章："中国赔偿军费一节，可作罢论；惟应准法国在中国建造铁路、开矿以及在淡水设关收税。"（《同文馆译报台湾战况及法国对和议之愿望》，载伯琴：《法军侵台档》，文海出版社 1980 年版，第 225—226 页。）尽管此系误传，但有关方面确实提出过类似置换条件。巴德诺曾对美国驻沪总领事讲："虽不予偿款，必须予以别项。即系或允本国由东京至滇省添造铁路，并允于滇省通商；所造铁路之费，中国应行襄助，按每年须还本国造船、修路之费，还至十年为期。或中国予以台湾地方，将基隆相连煤矿予之，十年期满后卖于（予）本国，或允以海南地方。"（伯琴：《法军侵台档》，文海出版社 1980 年版，第 142 页。）后又对德璀琳讲："如果中国答应把基隆、淡水两港及附近的矿山在一段指定的时间内租让给我们，例如为期九十年，那么共和国政府一定情愿免除一切赔偿。"（《巴德诺致中国海关税务司德璀琳》，载张振鹍：《中法战争》第六册下，中华书局 2017 年版，第 581 页。）赫德也曾提议："兵费一事，法国可以不索，亦可毋庸载在草约。惟法国要在淡水、基隆暂管煤矿、海关若干年。"（《税务司德璀琳呈递节略》，载中国史学会：《中法战争》第六册，上海人民出版社、上海书店出版社 2000 年版，第 6 页。）

② 《论中法近事》，《述报》1884 年 11 月 3 日。

③ 《书本报昨录津电法人议和后》，《述报》1884 年 1 月 24 日。

④ 《论法人缓兵之意》，《申报》1884 年 9 月 24 日。

恨。选民们只有亲眼看见增税带来的实在效益，才能对一项数百万法郎的征税法案表示谅解。

另一方面，茹费理还必须考虑除税收之外的另一个因素，那就是如何进行这场战争。如果法国发动一场声势浩大的战争，比如向北京进军，大概需要一支 4 万人的部队，而此时土伦（海军基地）却派不上用场。再有，也并不知道究竟需要多少士卒，因为中国军队的情况不明：中国军队几乎没有遭受任何打击就从北宁撤退了，但我们并不了解他们真正的战斗力。如果舰队仅仅只是重复利士比的经历，轰击像基隆这样无足轻重的小城，无论他们在哪里轰击，对中国民众和政府的影响都为零。如果攻击条约划定的通商口岸，则随时会出现严重的国际纠纷。①

另一方面，陈述中国实力，指责茹费理过度乐观："他（茹费理）不相信他所采取的行动会导致一场无休止的持久战。他知道他的同胞们深感震惊，他希望通过一些快速而出色的行动来结束中国的冲突，这将会令国民满意，并维持他内阁的声誉。但这些算计都基于这样一种想法，即在一番短暂的激战之后，只要他的愿望实现，便可重归和平。拿破仑三世带着同样的错觉在莱茵河上开始了他的战争（即"普法战争"）。中国军队和德国军队之间没有可比性，但我们至少可以将中国人和阿尔及利亚土人进行比较。请记住：法国花了十年时间，和一支 4 万人的军队艰苦鏖战，才征服了 400 万阿拉伯人。阿尔及利亚离法国海岸只有两天的路程，而中国则在数千英里之外，并且中国人口超过 3.7 亿。"②
再一方面，直接陈述法国对华举动给各国商业尤其是英国商业所造成的损失："恰好，昨天出版了关于英国对外贸易的年度刊物，它全面统计了我们与中国的贸易往来。我们去年从中国的进口额不低于 11313544 英镑；对该国的出口超过 700 万英镑。我们从中国进口了 1 亿 5000 万磅茶叶，我们的丝绸进口额超过 200 万英镑，我们寄到那里的棉花将近 4 亿码，总价值 400 万英镑。这便代表了萧条时期的进出口情况。1881 年，从兰开夏郡（Lancashire）运往中国港口的棉花数量几乎只是原来的一半。事实上，一年多来，法国的行动对所有对外贸易都产生了令人非常不安的影响，因为没有人知道战争什么时候会到来，商

---

① "*The Times*", August 16, 1884.

② "*The Times*", August 21, 1884.

业活动也或多或少是以一种试探性的方式进行的。"①甚至担心:"总有一些不测之事是难以避免的。(法国的)轰炸和胜利可能激怒中国人,这种怒气不仅针对法国人,而且针对所有欧洲人。即使是在最繁荣的通商口岸,相对中国本地人,英国人、德国人和美国人也不过是少数人,而中国狂热民情的引爆,很容易导致大规模屠杀,这在以前是见过的。"②《泰晤士报》的担心是西方在华人员的普遍担心,中法战争期间,上海等地出现了外国人纷纷撤离的恐慌情形,以至于法国驻沪总领事不得不登报声明:"长期以来,上海一直是对各国开放的通商港口,中国人和外国人在这里和平共处了许多年。我听说,基于法中两国间的现有情形,居住在城市内外以及外国聚居点的人们最近心烦意乱,纷纷成群结队地离开。他们这样做是因为在华报刊散布的谣言,让他们感到上海是个危险的地方。现在看来,这些报道是毫无根据的。所有这些关于战事的报道和道听途说,都是出版商们促销的勾当,而丝毫没有考虑由此造成的恐慌。法中关系虽面临困境,但和平关系一定会恢复。"③而事实上,中国东南沿海一带的确民情汹涌,当地的官员们不得不颁布"示谕",以防止民众围攻外国商人、教民,如广东南海、番禺县令就曾颁布"示谕":"南海县正堂危、番禺县正堂侯,为再行出示严禁事,照得各国洋人,在中国地方,按约贸易,及安分传教者,本当同归和好,不容稍有侵凌扰害。前因洋人在街道往来行走,每有不安本分之徒,从旁斥骂。曾奉前督宪张札行严禁,即经出示切实谕禁,凡在居民人等,宜如何仰体各宪抚戢中外之心,遵守规矩,安分营生,岂容少事违抗?乃访闻迩来仍有不轨之徒,捏造谣言,张贴揭帖,任意鼓煽,实属目无法纪。除饬差严密查拿外,合再出示剀切晓谕,为此示谕阖属居民及各行工作人等,一体遵照。尔等嗣后务宜各安本分,毋得再捏造谣言,张贴匿名揭帖,煽惑人心,妄向洋人寻衅生事。倘敢再蹈前辙,有意抗违,定将抗违之人,严拿究办。该处地保,防范不严,即行提案,先予重究,决不宽贷,毋违特示。"④

基于以上种种情状,当得知英国居间调停的消息时,《泰晤士报》颇有点喜出望外,称"法中争端进入了一个更令人满意的新阶段"⑤;"葛兰维尔勋爵(Lord Granville)的外交经验、儒雅和老练,使他完全有资格从事调解工作,两国将

① "The Times", August 22, 1884.
② "The Times", August 23, 1884.
③ "The Times", October 18, 1884.
④ 《禁止谣言》,《述报》1884 年 8 月 24 日。
⑤ "The Times", November 22, 1884.

从他那寻得一种既化解矛盾又不伤彼此尊严的和解之道"。① 趁势对中法两国发起了劝和攻势：

> 本报驻香港记者昨日电称，有关法军在台取胜的消息往往言过其实。据他说，侵略者实际上处境堪忧，他们被困于东京三角洲和台湾的基隆港。中国最近恢复了在东京和台湾的攻势，如法国要继续报复，则需要给东京增援 1.5 万人，给基隆增援 1 万人。法国很强大，可以派出庞大的海、陆军进攻北京，然而，没有哪个理智的法国人会认为，将从中获益。不久前，茹费理先生收到了巴黎市政一项警告，谴责远征军的殖民扩张行为。
>
> 另一方面，中国政府在这个关头也应铭记，法国不能被愚弄，惩罚是免不了的。在法国，战争可能不受欢迎，茹费理先生作为政治家的职业生涯也可能会因此而受影响，但一旦法军被派去轰炸北京，嗣后不间歇地作战，直到中国被迫投降、彻底屈服，这一切对中国人来说都不是什么好事。这些都是中国政府及其外交官所应铭记的。虽然现在和平的大门朝他们敞开，但他们应该全心全意地进行谈判，回避、耍花招、妄图拖延时间，到头来都将无济于事。"谅山事件"的赔偿问题，迄今一直是达成和解的主要障碍，我们应注意到，福禄诺上校在向东京委员会（the Tonquin Committee，法国为侵越而组建的专门机构）提出的证据中载明，中国国库空虚，实难支付那笔赔偿金，但法国有权提出一些置换条件。别忘了，尽管"谅山事件"由"误会"造成，但中国人长期以来不愿求和，由此令法国付出了战争的代价。如果总理衙门早真心向和，战争也许早就结束了，而且对中国也没有多大伤害。现在是弥补过失的好时候！②

需要指出的是，《泰晤士报》对战争的担心，或者说对法国的指责，并非是出于对中国的同情，完全是基于英国利益的考量，如"谅山之战"后，《泰晤士报》站在法国一边，呼吁国际社会迫使中国接受法方提出的无理要求，也就是说为了消弭战患，维持和平稳定的商业秩序，强令中国含垢忍辱。

由于彼此和战倾向不同，经由《泰晤士报》和《述报》转述的法国报刊立场也迥然有别。《泰晤士报》转述的基本上是不支持法国打仗的报刊舆论。如："在最重要的报纸中，没有任何征兆表明这个国家准备发动一场大战，或是愿意

① "The Times", November 24, 1884.

② "The Times", November 24, 1884.

从事一次小规模的战争。过去两年来，法国政府一直奉行积极的殖民扩张政策，然而，现在不得不承认，许多报刊反对茹费理先生的所作所为。"①"巴黎的主要报刊反复宣称，他们不主张与中国进行全面战争，这证实了我们以前所说的，即大多数法国人对在远东采取的冒险行动感到厌恶。"②……《述报》则转述了多则法报极力主战的言论，如：

法国官场之主政者，齐言刻已向中国总署商议条约，不日即可复敦旧谊。然本馆细心查究，不免斥其言之无稽而不解其言之何来也！仅以他处邮信及路透局电报作为证据，反复研考，而知中法事无可和之势，而中法祸无可已之日也。两国自相争持，何须与邦介绍。彼劝解之人，保无护己之心重而助法之心轻欤！即德法一役之后，他国佥以法国自将殄灭——府库空虚、水陆不断、百姓疲乏之种种情形，装头添尾，告之中国，彼其意果何居哉？不过欲藉此以博己之利而图法人之损耳。今日时势，亦复如此。法廷正宜奋其威武挟制中朝，俾待法国同于他国。若华人果自愿和，则可将此情径达法廷，何庸他人作为说客！然果如此办理，非进攻北京，无以慑华人之胆，非大费兵船、粮饷，无以壮法人之威！

另有一策，其费省而所收之利则不相上下。策何在？吾请为执事者陈之。查台湾、琼州，中国之富壤也，我法诚以重兵占之，一可以绝华人之商务，二可以阻华兵之飞渡海面以援越南。再于越南增添重兵，以期扫除华军而逐之回境，以泄谅山之辱。法诚依此而行，则所费不过佛朗克二万万而已。台湾添兵一万，琼州另拨兵五千名，东京兵一万五千名，三处土地皆可入法之版图。事之集也，可翘足而待也。③

而实际上，接仗未久，两国均有和议的愿望，也一直通过各种渠道保持着接触，只不过，在此过程中，双方对和议的态度往往据战争形势而有所变化。比如，"马尾海战"后，当李鸿章派德璀琳找巴德诺密商和议条件之时，巴德诺就认为"这些磋商不会有什么结果，但可以有助于今后重新谈判。应继续进行

_____

① "*The Times*", August 21, 1884.

② "*The Times*", August 23, 1884.

③ 《法报狂言》，《述报》1885年1月26日。

军事行动，占据一个或几个要地作为抵押"。①而在"沪尾大捷"后，清政府开出的和议条件，不仅将"天津简约"有关"界务、商务"的条款进行了修改，明确提出"法国只可在越南通商，不应有保护该国之名"，而且对赔款问题亦有新的表述："两国构兵，中国既费巨款，复添备保护在华法人之费，业经数月。马江之战（即马尾海战），法人先期攻我水师，致损华船多只，理应计数索偿。今已弃怨修好，中国亦可免索此项巨款。倘法国有不允之条，应先赔中国以上各费，再明定和战之局。"②

第二节　舆论卫台：中文报刊的舆论助阵

一、以中国立场传播战情

1884 年 8 月初，法军首攻基隆，法使巴德诺向清廷宣称："本国水师古提督（孤拔）已奉命取守基隆炮台，作为质押。"③当时，巴德诺只是从报上获悉法国获胜的消息，其本人并不知确情④，8 月初的基隆战事颇为曲折，法国是先胜后败。

对这一场战役，中文报刊一般⑤侧重报道中方的胜利。《申报》尽管也曾报道："初不料，消息传来，竟若斯之一败涂地也。此信隔昨由法兵船来沪报知，初尚疑其乌有子虚，仍似从前侈口夸张之故习。既而西官互相传述，各报馆亦言之凿凿，其中所叙情节虽稍有不同，然失守之耗则确实有据。"⑥但就在这同一篇报道中，《申报》"附识"："得厦门发来确电，知鸡笼之役，法军先胜而后败。"⑦次日，更是详细报道了"法军先胜而后败"的经过，对刘铭传等诱敌深入、坚壁清野的计谋大加赞扬："法人初攻炮台，不过两点钟之间，炮台已为其

① 《巴德诺致外交部长急电》，载张振鹍：《中法战争》第六册下，中华书局 2017 年版，第552 页。

② 《军机处预拟与法议约八条》，载中国史学会：《中法战争》第六册，上海人民出版社、上海书店出版社 2000 年版，第 102—103 页。

③ 《照会法署使谢满禄法国攫取基隆本署即请各国公论》，载伯琴：《法军侵台档》，文海出版社 1980 年版，第 66 页。

④ 8 月 15 日，他在致茹费理的信中提到"我还不能核实这些消息的准确性"，见《巴德诺致茹费理》，载张振鹍：《中法战争》第六册上，中华书局 2017 年版，第 458 页。

⑤ 也有例外，《字林沪报》仅直接转述了《字林西报》《晋源报》等英文报刊的消息，代表性的报道是《基隆战事汇译》（1884 年 8 月 16 日），未侧重报道中方的胜利。

⑥ 《论基隆失守事》，《申报》1884 年 8 月 11 日。

⑦ 《论基隆失守事》，《申报》1884 年 8 月 11 日。

所破。华军所伤五六十人，旋弃台走，而法军乃率四百兵扛炮四尊登岸守台。不图刘省三爵师早有布置，先于此路之后，另筑炮台，法人得志之余不甚提防，遂为官军所乘，转胜为败，致伤法兵百余名，生擒一人，法军之炮亦为夺去。是法兵之得志于基隆，不过半日之事，且即意在取煤，而孰知基隆煤矿，自刘省帅驻台之后，早有预防，如其法兵登岸取煤，则我将煤矿自行轰坏，以绝其望，然则法人亦一无所益也。"[①]《述报》则不仅谴责了法军的野蛮暴行，而且对其狼狈败退的情形进行了刻画：

> 惜我军其时一无炮船在基隆，离福又远，声息难通，加之法船未示战，故准其开近炮台，不然，台上早开大炮，法船恐成粉碎矣。法之显违公法，尚有何辩。

> 至是十六日早，有法船水师官数员，带兵登岸。在炮台、海关及山巅三处，遍插法国旗帜，并携大炮四尊，及馒头、饼干、皮帐棚（篷）等，上山扎营，随即攻打曹营，并焚烧兵房、民房，伤百姓数人。曹统领闻言怒极，又值刘爵帅已到，即令曹军门志忠、章军门高元，率兵旁抄其后，赶上山巅，法兵抵挡不住，弃物而逃。天忽下雨，法人所穿皮鞋滑甚，且不惯山路，是以滚跌下山而死者数十人，伤者甚多。闻当时有勇敢之华兵，杀毙执旗法兵一人，其头已落，而两手尚紧执大旗。又生擒法兵一名。[②]

同样是对战斗经过的报道，《字林西报》尽管也遵从了"法国先胜而后败"的客观事实，但是，明显对华兵目露鄙夷："据说在这次战斗期间，附近有一万名（中国）士兵，但他们很快就溃散了"；"他们用土制枪进行无力的回击"[③]。相对而言，同为英文报刊的《晋源报》稍显公正，既报道了"华军枪械俱皆旧式，不甚得力"的实际；同时也报道了华军的英勇顽强："华兵奋不顾身，追逐时虽飞丸如雨，毫不介意，华人能战可见一斑。"[④]

可见，实际情况比利士比当初的设想要复杂得多，法军在基隆的进攻并未立即得手。孤拔在致海军及殖民地部长的电文中称："基隆近况欠佳。利士比将

---

① 《再论基隆近事》，《申报》1884 年 8 月 12 日。

② 《基隆战事续闻》，《述报》1884 年 9 月 1 日。

③ 《字林西报》（1884 年 8 月 15 日），转引自张振鹍：《中法战争》第六册上，中华书局 2017 年版，第 461 页。

④ 《基隆战事汇译》，《字林沪报》1884 年 8 月 16 日。

军被迫放弃陆上阵地。"① 以致利士比不愿留在基隆,他一再对孤拔说,"留在基隆毫无用处"②。在刘铭传的战报中,对"获胜情形"的描述,不仅与法方记载基本一致,而且也印证了《申报》《述报》对基隆战事的报道基本属实,并无夸张之嫌。在战报中,刘铭传详细报告了反击法军的细节:"臣愤法人之轻我也,非诱之陆战,不足以折彼凶锋。赶将海滨难守各营,饬移后山,以避敌炮。曹志忠营虽近海,中隔小山,仍令照常严守。一面激励各军,紧筹血战,誓挫凶威。十六日(8月6日)卯刻,法兵四五百人,半在曹志忠营北山上筑营,余两百人直薄曹志忠之垒,仍用轮船炸炮助攻。自卯至午,枪炮不息。曹志忠一面饬守本营,亲督王三星等率队二百人出战。臣即令章高元、苏得胜率队百余人袭其东,复派已革游击邓长安率亲军小队六十人绕击其西。曹志忠见两路夹攻,士气益壮。法军见我军之夹攻也,连轰巨炮以敌之。枪战逾时,我军所持后膛枪皆能命中,击倒山巅拥纛之法酋二人与山下法兵头一人。敌军大溃。我军一鼓登山,当破敌营,夺获洋枪数十杆、帐房十余架,并获其二纛,斩首一级。探报法兵伤亡百余人。逐北至船边始返。我军伤亡才数人。"③ 这个细节与两报所述大体一致,而不同于《字林西报》等英文报刊的叙述。这两类报刊的细节刻画之所以如此悬殊,乃是因为其消息源有所不同,《申报》援引的是厦门来电,《述报》援引的是"华船员所言",也就是说,都是来自中方的消息;而《字林西报》所依据的是德国轮船"万利"号所带来的消息。

中文报界对基隆获胜消息的报道,特别是作战细节不遗余力的报道,既引起了法方的不适,也激起了国人抗法的热情。法国驻福州副领事白藻泰(Bézaure)在致茹费理的信中写道:"基隆最近的事件的细节已众所周知了,中国人显然大大地夸大了。中国官员们把这次行动看成是我方的失败,好战分子们则怂恿(闽浙)总督立即向法国军舰开火。""基隆的消息自然在这里的中国城里(福州城)激起骚动:墙上贴满了煽动暴乱的揭帖;文人在公共场所演讲,鼓动民众反对外国人甚至反对省当局;人们谴责当局软弱怯懦。"④

① 《孤拔致海军及殖民地部长电》,载张振鹍:《中法战争》第六册上,中华书局2017年版,第410页。

② 《孤拔致海军及殖民地部长电》,载张振鹍:《中法战争》第六册上,中华书局2017年版,第465页。

③ 《敌陷基隆炮台我军复破敌营获胜折》,载刘铭传:《刘壮肃公奏议》,台湾大通书局1987年版,第169—170页。

④ 《白藻泰致内阁总理兼外交部长茹费理》,载张振鹍:《中法战争》第六册上,中华书局2017年版,第436页。

　　然而，未久法军攻陷基隆，台湾一时民情汹涌，对刘铭传之退守甚觉不解，不仅物议沸腾，甚至伴有肢体冲突。[1]据淡水海关税务司法来格（Farago）报告："刘爵帅退至板加（艋舺，位于今台北市西边）地方，该地人民怒而围之；捉爵帅发，由轿中拽出肆殴，且诟之为汉奸、为懦夫。"[2]负责给《孖剌报》撰写专栏的英商德约翰（John Dodd）写道："刘铭传带着一千名士兵逃到艋舺，有意携带珠宝、金银、细软、粮秣，再往南逃到三十英里外的竹堑（今新竹市一带），但被艋舺民众发现，他们抓住刘铭传，把他软禁在庙（即龙山寺）里。"[3]无疑，这是自乱阵脚，不利于抗法大局。为维护刘铭传的形象，稳住通力抗法的大局，《申报》辩解道：

　　此次台人以刘爵帅守御不力为言，竟欲群起而攻之者，是又厚诬爵帅之甚者矣。夫刘爵帅自奉命防台，到未多日，即遭基隆之警。基隆炮台，爵帅早经陈奏，谓不足以恃，然一时改弦易辙亦所不及。迨法兵来攻，果能不抵御，而各台全行被毁。彼时基隆之不即失者，间不容发。若非刘爵帅急调兵遣将、死命相争，基隆尚能获全以至于今日哉。法人若前此即得志于基隆，则其志将益骄、其狂将益甚，目中尚有中国将帅乎？自爵帅一战而胜，中国之气为之一振。即目前之事，虽法人亦既登岸，而良峡（今基隆暖东峡谷一带）一战又能击法人而败之，淡水炮台开炮攻击，相持至数点钟之久。至于实在不能支持而后华兵退去，而被伤者，兵尚未多。

　　只以台北之地无一战船，兵士虽多，未经大阵，爵帅到防未久即有军事，纵欲从新训练而不得暇，而法人又注意于此，必且用全力以相搏。然则台北之地，不亦殆哉岌岌乎？虽然，台人不可因此而自乱，且不可因此而自馁其志气。[4]

────────────

　　[1]　廖宗麟认为此系传闻，并无其事，其理由是法来格函中所述皆系传闻，但未举出反证。（廖宗麟：《中法战争史》，天津古籍出版社 2002 年版，第 478—481 页。）但是，除了法来格、德约翰等人的描述，还至少有两处材料表明，并非空穴来风：一是刘铭传在参劾朱守谟的奏折中称"基隆退守，该道（朱守谟）遂造言倾陷，偏告绅民，谓基隆未败忽退"；"城乡绅民一时哗噪"。（《奏参朱守谟片》，载中国史学会：《中法战争》第三册，上海人民出版社、上海书店出版社 2000 年版，第 148 页。）一是孙开华在致杨昌浚的信中提道："基隆退守及在艋舺县雇夫搬运军装饷项前赴新竹，商民罢市，聚众阻止各情形。"（郭廷以等：《中法越南交涉档》第三册，精华印书馆 1962 年版，第 2974 页。）由此可见，似不能轻率否认。

　　[2]　"淡水新关税务使法来格呈"，载伯琴：《法军侵台档》，文海出版社 1962 年版，第 217 页。

　　[3]　[英]德约翰：《泡茶走西仔：清法战争台湾外记》，陈政三译注，台北五南图书出版股份有限公司 2015 年版，第 43—44 页。

　　[4]　《书台北信息后》，《申报》1884 年 10 月 11 日。

照《申报》的意思，刘铭传劳苦功高、有勇有谋，此次退守实有不得已之苦衷，并非不战而退。那么，刘铭传退守的真相究竟是什么呢？据刘铭传本人云："三法船停泊基隆，日以巨炮轰击。十二日（9月30日），复有八船突至，并前泊共十一船，兵势益盛。十三日（10月1日）黎明，敌兵千人自口外西山登岸。恪靖营营官毕长和各带百余人接战，往复冲荡，血战两时，敌复自山巅抄击，章高元、陈永隆等退出山口，血战抵持，直至酉刻。敌更猛扑我军，复经陈永隆等击退，阵斩一酋。我勇伤亡逾百，自六月既望（8月6日）以来，将士血战两月，日在炎瘴溽湿之中，病者十居八九。八营之众，能战不过千人。曹志忠、章高元、苏得胜等身自搏战，誓死不挠。正当全力相持之际，忽报沪尾敌船五艘，直犯口门。沪台新造，尚未完工，仅能安炮三尊，保护沉船塞口。敌炮如雨，孙开华、刘朝祜饬张邦才等用炮还攻。炮台新壅泥沙，不能坚固，被炮即毁，阵亡炮勇十余人，张邦才负伤亦重。飞书告急基隆。臣以基隆万分危迫，沪尾又被急攻，基隆无兵可分。沪尾又当基隆后路，离府城只三十里，仅恃一线之口，商船声息稍通。军装粮饷，尽在府城，沪口除沉船外，台脆兵单，万无足恃。倘根本一失，前军不战自溃，必至全局瓦解，莫可挽回。不得不先其所急，移师后路，藉保府城。"① 照此说来，他的退守是基于战斗形势的战略收缩，其目的在集中防守府城。清廷对此安排，不仅无异议，还称"刘铭传素有谋略"②。从法军进犯的特点来看，法军对基隆、淡水两地的进攻尽管相继展开，但从时间上看，两地的军事行动交错叠加，10月1日攻基隆，10月2日攻淡水，而此时基隆战事正酣，两地同时吃紧。并且，仅基隆一地，已呈拉锯之势，用孤拔的话来说，已是"战事相当激烈"③。由此看来，刘铭传对法军继续北上的担心不无道理，事实上，巴德诺曾有趁势进军之议："这样顺利的开局使我们有希望很快将台湾整个北部完全置于我们的控制之下。"④

接着，法军登陆沪尾（今台湾淡水港一带），为中国守将孙开华、章高元等部所败，史称"沪尾大捷"。相对8月初基隆首战时的复杂情形，此役战情简单

① 《法船并犯台北基沪俱危移保后路折》，载刘铭传：《刘壮肃公奏议》，台湾大通书局1987年版，第174—175页。
② 《军机大臣奉旨》，载刘铭传：《刘壮肃公奏议》，台湾大通书局1987年版，第175页。
③ 《孤拔致海军及殖民地部长电》，载张振鹍：《中法战争》第六册下，中华书局2017年版，第694页。
④ 《巴德诺致茹费理》，载张振鹍：《中法战争》第六册下，中华书局2017年版，第701页。

且无反复，事发之初，舆论便一致指向法军败绩的事实。《字林西报》详细报道了此次战斗的过程及结果，谓："该处提督孙开华等极力抵御，以力杀死法兵二十五名、轰死二三百名；华军伤亡者百余名。"[①] 这组死亡数字令巴德诺极为不快，在他看来"该数字被报纸夸大了"，为此，他进行了积极干预，请求《字林西报》"公布我军（法军）损失的准确数字"；"特意把我们（法军）占领淡水的企图描述为一次普通的侦察"；且大幅调高中国军队的伤亡数据。[②] 10 月 21 日，《字林西报》应巴德诺之请作了更正报道："根据得自孤拔将军的情报，谨对发表于昨日报纸上关于淡水战斗的新闻更正如下：利士比将军麾下的一部分部队进行侦察试探；两千名中国部队与从事侦察的法国小分队发生战斗；在这场战斗中法方的损失为：六人阵亡，十一人失踪，大约四十人受伤；中方损失两三百人。"[③] 根据这则更正报道，仿佛失败的是中国，不是法国。事实上，法国内部已承认失利的事实。巴德诺、裴龙等便认为，沪尾之战的结果是法国失利，巴德诺在致茹费理的多通电、函中均提到了这一点。10 月 12 日，他急电茹费理，称："在我看来，在淡水失利之后，似乎不可能成功地进行谈判。"[④] 10 月 22 日，他又致函茹费理表示："上海报纸的许多报道都表示了这样的意见：如果我们在炮击之后立即登陆淡水，而不是等待好些天[⑤]，那我们就不会遇到任何抵抗。我无法核查他们的论断。迄今为止，关于 8 日失利一事，我所掌握的唯一情报就是我 11 日向您转呈的电报中所谈到的。"[⑥] 10 月 28 日，他再度致电茹费理，抱怨道："将军（孤拔）的信中没有丝毫关于我们在淡水失利的消息。"[⑦] 11 月 4 日，裴龙亦致电孤拔称："政府认为淡水的失利使我们非夺取和占领该城市不可。"[⑧]显然，明知法军失利的巴德诺是在故意欺骗舆论，其用意还不止于遏阻对法国不利的舆论，尚有更深层次的考虑，那就是给中国灌迷魂汤，不让其知晓法军的真正处境，以行其诡诈之术。他得知法军淡水失利的消息后，特别担心中国

---

① 《同文馆译报虎（沪）尾战况》，载伯琴：《法军侵台档》，文海出版社 1980 年版，第 211 页。

② 《巴德诺致茹费理》，载张振鹍：《中法战争》第六册下，中华书局 2017 年版，第 779 页。

③ 《巴德诺致茹费理》，载张振鹍：《中法战争》第六册下，中华书局 2017 年版，第 779 页。

④ 《巴德诺致外交部长急电》，载张振鹍：《中法战争》第六册下，中华书局 2017 年版，第 731 页。

⑤ 10 月 2 日，法军即开始炮攻淡水，但延至 8 日才登陆，因此，巴德诺有"等待好些天"之说。

⑥ 《巴德诺致茹费理》，载张振鹍：《中法战争》第六册下，中华书局 2017 年版，第 779 页。

⑦ 《巴德诺致茹费理》，载张振鹍：《中法战争》第六册下，中华书局 2017 年版，第 796 页。

⑧ 《海军及殖民地部长致孤拔电》，载《中法战争》第六册下，中华书局 2017 年版，第 816 页。

侦知实情，而从战略与战术上对法不利。这自他给茹费理的信中所流露出的窃喜神情可以窥见，他在信中写道："以我们所掌握的兵力，似乎目前无法占领这一港口。幸亏中国人不了解我们在台湾的真正处境。"[1] 即便《字林西报》等英文报刊在此事件上受到了巴德诺的影响，而中文报刊却不可能受其影响。就在《字林西报》刊出上述更正报道的当天，《述报》以《淡水捷音》为题，生动再现了法军狼狈溃逃的生动场面：

八月二十日（10月8日）晨刻，法国战船等停泊海面，燃炮遥轰；一面开放舢板及小船，附载法兵约有七八百人骤图登岸，恍如蜂屯蚁队，逶迤而进。其时，中□统兵孙军门在台上窥见法兵行径，饬令台兵如常发炮远攻，不动声色，亲提劲旅三千人绕从山后僻处潜伏。俟见法兵前进，号炮一响，各路华军分队杀出。法兵四面被围，前后受敌。当时华军且战且走，赚至茂林深处，中有村庄，宽旷异常，盘旋如谷。法兵遂于是处少憩，华军环而攻之。法兵正在危急、走投无路之际，幸彼战舰发炮，尚可遥轰，华军因此不敢逼近，法兵乘此溃围而逸，大败奔北。华军从后追杀，斩毙法弁二员，军兵死伤甚众，沿路抛弃军械、旗帜颇多。

直至下午一点钟临河将渡之时，而后面尘土冲天、金鼓震地，华兵大队渐次追至。于是急欲附舟，争先恐后，无奈船小人众，开棹未几，随溺波涛。法兵幸逃锋镝，又死于水中。比及华军至时，法兵已陆续登舟奔逃，稍缓者多被所杀。迨见法人尚有附载机器炮船一艘，其大可容二三百人，因舣于海傍以俟败兵渡江者，亦为华军所掳。[2]

次日，《述报》意犹未尽，又登载了来自"厦门友人"的详细报道。相对头一天的报道，除了细节更为具体，还增加了两项内容：一项是法军军官被斩杀的情景："有'三画'一名为士勇所杀。先是，该'三画'于回船时，途中失路，至一茅舍，中有一老人，'三画'向其求救，老人挥之使去。未几，士勇追至，'三画'燃枪拒之，连毙二勇，后有一勇用镖远投，适中其腹，遂扑于地。勇即上前搜其身，有金时镖一枚、旋枪一杆、小旗一面，遂取之，并割其首级而去。"另一项是"熟番"（土人兵士）对法军尸首的处置："奏凯之后，将法人

① 《巴德诺致茹费理》，载张振鹍：《中法战争》第六册下，中华书局 2017 年版，第 796 页。
② 《淡水捷音》，《述报》1884 年 10 月 21 日。

156

之尸，或肢解之，或脔分之，或饮其血，或啜其脑。且有破法尸之腹，出肝腑以示人者。"[1] 尽管报道中的某些场面不免血腥[2]，但无可争辩的是，这些报道不仅再现了中国军队战胜法军的生动场景，而且中国军队胜利之师、威武之师的形象也跃然纸上。需要指出的是，这种形象并非虚构，连波林奴也不得不承认："中国军队在此次战斗中表现出极大的勇敢与顽强，而这种品质通常是不为人们所承认的。"[3]

《字林沪报》也如梦初醒，不像 8 月初时对基隆战事的报道，仅照录外报报道，转而揭发"法人讳败之故伎"："本埠自中秋节（10 月 3 日）后旬日之内，日闻台湾警信：或云基隆已失，或云淡水亦失，或云法人占据基隆、省帅（刘铭传）退至淡水，或云基隆失守时华兵死伤甚多、法兵只伤十余人。此等信息日见他报，几于通国皆知；究其根由，大都出自法员之口，或传自西人之言。""二十四日（10 月 12 日）杨委员（杨在元）自厦门来沪报台北军情，始知十七（10 月 5 日）之战，法军实受大创，而十三四日（10 月 1、2 日）登岸时华兵虽有伤亡，未有如传闻之众，丁此见法人讳败张胜之伎俩矣。""法人之讳败张胜亦其故智矣。前者基隆初次开战（即 8 月初的战事），攻毁炮台、登岸占地，即驰轮来沪铺张捷报，及至我军转败为胜、歼毙法兵数百名而遂默然；今日之事，殆亦犹是。"[4]

---

[1] 《淡水战事详述》，《述报》1884 年 10 月 22 日。

[2] 据英商德约翰（John Dodd）给《孖剌报》（*Hongkong Daily Press*）撰写的专栏文章透露："一件骇人听闻的事，在沪尾街市上演，六颗货真价实的法国兵人头，被高悬于竹竿上公开展示。有些好奇的外侨前去观看这恶心场面，发现围观群众情绪激动，对外侨指指点点，场面有失控可能，遂快速离开。兵营也展示了八颗法人首级。这种行为或可让原住民及山野拓荒之人满足、兴奋；但较文明的清兵则不以为然。"后来，应英国驻淡水领事费里德（Frater）等人之请，孙开华"承诺不再让这种事发生，并立即下令埋葬首级。"（见 [英] 德约翰：《泡茶走西仔：清法战争台湾外记》，陈政三译注，台北五南图书出版股份有限公司 2015 年版，第 53—54 页。）可见，辱尸之劣行仅在小范围存在，绝大多数清军没有这种不文明的举动，并且，孙开华等统帅也出面阻止了此等行为，并表示今后不会再有。因此，这尽管有损清军形象，但并不能由此否定其"胜利之师""威武之师"的整体形象。

[3] 《波林奴致利士比》，载《中法战争》第六册下，中华书局 2017 年版，第 768 页。

[4] 《论法人讳败之故》，《字林沪报》1884 年 10 月 17 日。

此后，法军开始封锁台湾西部、北部洋面及港口 [1]，法军除攻陷岛外的澎湖等地外，在台再未有大的军事行动，中法双方仅在基隆周边进行过一些小型争夺战。因此，舆论关注的焦点已有所转移。

二、战争动员：动员民众与督导政府

在抗法援台的过程中，中文报刊自发地开展了战争动员：一方面，动员民众积极投入到抗法援台的斗争中去；另一方面，给政府献计献策、督促政府援台。

对民众的动员自两方面展开：其一，积极报道民众的抗法义举，以提振民心、士气。《述报》和《申报》都集中报道了香港华民的抗法义举。据张之洞电报的描述，这些义举有："前法船上岸，买牛、羊，民艇不载；铁甲伤，底工不修。近法商船到，民艇不起货，英官执而罚之。众艇怒，挑夫助之，艇夫避匿停工，中外货皆停搬运。港官还所罚，仍不允。英以兵胁，毙华人一，英兵伤十一，益哄。扬言将焚港中法行。今晨（9月22日）舂米工亦假，刻尚未结。" [2] 可见，香港华民出于义愤，集体拒绝为法国来港补给、修养的船只服务，即使受到港英当局的胁迫，也不为所动，最后以港英当局的退让、华民的胜利结束。对此类事件，《述报》予以了持续关注，对香港华民的义举大加赞扬：

> 自中法开衅以来，凡我中国士民莫不志切同仇，心怀敌忾。即下而至负担之夫，工役之辈，亦皆深知大义，不肯为敌人之用。兹闻法人在港购煤，屡以重价招工，而挑夫无一往者。于此见我国民心之爱戴君上，诚千古未有也。法人不畏我枪炮之精锐，独不畏我民心之固结哉！ [3]

> 中法自开衅之后，华人心存敌忾。无论商贾役夫，亦义切同仇。近闻法人

---

[1] 孤拔的封锁公告称："从1884年10月23日起，将由我（孤拔）所指挥的海军对台湾岛上包括南岬（鹅銮鼻）与苏澳湾之间（这些地点的位置是：第一个地点在北纬21°55′，巴黎东经118°30′；第二个地点在北纬26°30′，巴黎东经119°33′），向西向北，所有的港口和锚地，实行有效封锁。"（张振鹍：《中法战争》第六册下，中华书局2017年版，第775页。）另据法国驻华公使馆发布的通告称："根据法国远东舰队总司令孤拔海军中将的通知，台湾的封锁从南岬经西部和北部，直至苏澳湾。"（张振鹍：《中法战争》第六册下，中华书局2017年版，第797页。）由此可见，封锁主要在台湾西部、北部洋面及港口。

[2] 《两广总督张之洞电》，载中国史学会：《中法战争》第五册，上海人民出版社、上海书店出版社2000年版，第37—38页。

[3] 《深知大义》，《述报》1884年9月24日。

在港购煤甚急，遍觅港中存煤，多属华人之货。法人虽出重价，而华人亦不肯售与敌人。即彼别有所购，亦乏工役搬运，盖挑夫盘艇均已联行，誓不为法役。查有华商某向交法国邮船煤斤者，现亦退约。有到门而问者，无不麾（挥）之使去。此可见我华人一心为国，众志成城，各具折冲御侮之才，大有灭此朝食之势。人心如此，法尚不知难而退，岂欲自行败亡而后已耶？[①]

《申报》则除引述香港华民抗法的事例之外，还列举多例论证中国普遍存在的义愤之情：

> 及谅山败盟、基隆入寇、马江肆毒，而人心之愤愤愈甚，几与法人不共戴天，盖人心之固结有如是也。试观法船之被损，而往香港修治者，其铁甲船拉加利桑尼亚尔受伤最甚，至港中船厂，欲行修整，而华人之在厂为工者，相约偕逃，不肯为施斧凿，此固法人所无可如何者也。该厂本应守局外之例，今之听法人修船，必系上蒙港督牟利营私故。华工之逃，该厂所不能止。法人乃止得命水手自行修理，又有法国水雷船入厂欲修，而华人谋欲焚而毁之，法人知之，严为防备，不敢俟船修竟，遂与公司船一齐驶出，以避其锋。又有法人在港购煤，令小工挑运上船，而小工皆哗然散去，不肯为之挑运。
>
> 说者谓西人之心齐，顾华人亦何尝不齐？目下街谈巷议、茶馆烟寮，人人口中皆以法事为谈助，亦时派也。从旁听之，则凡有述及中国获胜者，咸欣欣然，色飞眉舞、津津乐道。有述及法人得手者，咸悻悻然，扼捥攘臂，掉头而去之，以为此不入耳之谈也。有甲乙两屠沽述马江战事，一云中国之兵胜，一言中国之兵败，两人断断然、互争不已，至于桀石以投，天灵几于击碎，此其粗莽之情状，固为可笑，而其义愤之激发，亦殊可嘉。即此而知中国之人心，固大有可恃者在也。[②]

从法方记载来看，香港华民的抗法斗争的确给法军带来不小的打击。法国驻香港领事在致茹费理的信中这样写道："有一件事需要指出，中国船员全部离开了法国海运邮船公司，分舰队的供应商不得不将他们所要的货物都装上'雷诺堡'号、'蝮蛇'号和'美洲豹'号，然而，法国海运邮船公司却一直缺少人

---

① 《敌忾同仇》，《述报》1884 年 10 月 13 日。
② 《论华人义愤》，《申报》1884 年 9 月 28 日。

手和平底船，无法停泊装卸。由于事件来得突然，它在香港既找不到劳力，也找不到工具。既然它的航行越来越少，所以它对于招募劳工或购买装备也犹豫不决，它几乎无法在这里修理海损。我今天看到香港和黄埔码头公司秘书，他就第46号鱼雷艇的撑杆修理问题，对我说，他将要修理的部件从一个车间送到另一个车间都不能修好。他还说，他的工人还不愿意修理法国邮船公司邮轮的装甲板，该装甲板是本月19日（10月19日）在香港停泊场被撞坏的。"①

其二，痛斥汉奸行为，号召华民不要做汉奸。10月，法军攻占基隆未久，《述报》即两度对华民的汉奸行为进行曝光。一次是10月27日，谓："法军中有汉奸千余人，均穿黑衣红袖，大半宁、广人，奸淫妇女、掳掠焚烧，无恶不作。"②一次是10月30日，谓："闻此次登岸之兵，真法兰西人甚少，内有广东之马岭人及客民，又有海南琼州人、浙江宁波人与越南人。访悉此等汉奸，法人每月仅给洋四元，不敷食用，故此次登岸后劫掠奸淫，肆无忌惮，并有掳拿妇女下船情事。闻妇女被掠三十余人，男子亦被拿多人，下船后立即剪发，迫令为兵。"③其后，更是发表专论，痛陈汉奸之非，奉劝大家不要当汉奸：

当此国家多故、边衅繁兴，孰不志切同仇、情殷敌忾！凡有血气者，自应鞠躬尽瘁、勠力从戎。或起义旗，攘臂而伸忠愤；或联勇士，合力而固团防。即不然，亦惟有不识不知，安编氓之素业，且耕且读，守愚鲁之丹忱。委黜陟于不知，置理乱而不闻，此虽不足为乱世之忠臣，然犹不失为治世之良民也。

乃竟有所谓"汉奸"者何居？且夫汉奸之名，盖谓其身本汉人，而甘为敌人奸细也。推原其故，初不过欲图富贵、竞豪华，因而接济敌人者有之、奔走敌人者有之、供给敌人者亦有之；甚而传递军情、暗通消息，躬临战阵、亲执干戈、背父母之邦而攻父母之国。此所谓"乱臣贼子，人人得而诛之"者也。即使幸免王章，究亦难逃夫公论，纵令猝膺富贵，毕竟不齿于人寰。而况背叛而从敌人，敌人未必信我也；反侧而归敌国，敌国又未必荣我也。④

至于中文报刊对政府之督导，亦自两方面展开：其一，以《申报》为代表，

---

① 《驻香港领事代雅丹致内阁总理兼外交部长茹费理》，载张振鹍：《中法战争》第六册下，中华书局2017年版，第1061页。
② 《台湾军报》，《述报》1884年10月27日。
③ 《军情续志》，《述报》1884年10月30日。
④ 《论土民不宜作汉奸》，《述报》1885年2月9日。

着眼于"督"。自 8 月初，法军炮轰基隆以来，每月都有相当数量的相关评述。刚开始只是一般性的呼吁，语态平和、持论稳健，如，"基隆战役"后呼吁"招勇""办船"："吾以为台湾防务，目下有二事必不可缓：一则招勇，一则办船。办船不必其多也，亦非欲以水师与法军相见也。或就南、北洋两处，或由粤省调拨一二艘驶入台境，藏之而不出，以自便其载运军士、装解军火之用，南北有警，中间可作策应。勿使法人得以知我之虚实，而全力则仍注于陆营，此其最要者也。至于招勇一层，闻刻下亦既四处招募以壮军威。鄙意则以为，防台之勇，不必招之于外，但须招之于台湾而已，无忧不足也。夫台地瘴疠繁多，他处兵勇招之赴台，往往不数月，而水土不服、疾病丛生，不得其用、反受其害；且外来之勇既增台地之粮，反耗殊不为便。"① 但随着形势的变化，特别是中国取得"沪尾大捷"后，不仅援台的呼声一浪高过一浪，而且，开始对各级政府有所抨击。如，10 月 13 日，《申报》点名批评了福建当局："观于今日海防之大势，而知我军全力宜专注于闽洋，而闽洋又当特重台湾，此据法人觊觎之意、恫喝之辞而深悉之者也。鄙人所不解者，台本属闽，固为闽之门户，而其孤悬之势，实法人所视为藉手之处，而中国最重之关系也。如谓现办防务，可以各省各办，则属闽者自必闽为之援，而无如一船之无有，何耶？朝廷派拨大员，统兵固守，虽一人有一人之责备，然谓台势如此岌岌，而目前晏然无事之各口，可如秦越之相视、而不相恤也？此岂命将出师之本意哉？然至于屡有见端，而始有人悟及焉，噫嘻！晚矣。"② 10 月 26 日，《申报》主张趁法国援军未到，中国应趁"沪尾大捷"之势，"以全力赴援，与刘爵帅内外夹攻"，并再次警告："必须合粤海、南、北洋所有水师并力赴救，或分数艘以遏法人外援，而其余则悉力以攻其后，方克有济。若各□省仍前：各分畛域、观望徘徊、因循贻误，待左（左宗棠）、杨（杨岳斌）两帅间道到闽然后徐图恢复，正恐缓不济急。"③ 可见，督促政府援台的舆论与政府援台的举动呈现恶性循环的关系，即催援无援，无援再催，于是，越催越急。当然，也并非绝对无援。刘铭传在南下台湾途中，即奏请朝廷拨款购置枪炮："奴才渡台之后，现值事机紧急，自以整顿防务、选练队伍为急务。澎湖、基隆等处炮台闻皆不甚合式，亦须次第改修，枪炮尤须早为购办。虽系临渴掘井，究胜束手贻机。奴才此次路经上海，拟选

---

① 《台防续论》，《申报》1884 年 9 月 16 日。

② 《再书基隆淡水军信后》，《申报》1884 年 10 月 13 日。

③ 《宜急援台北说》，《申报》1884 年 10 月 26 日。

妥实炮厂，订购口径一尺内外炮位数十尊、后门枪数千杆以及改修炮台之费，计需银四十万两。现值海防吃紧之时，固得作速举办；即事定之后，亦未可视为缓图。合无仰恳天恩俯准饬下闽浙督臣何璟、抚臣张兆栋于应解台饷之外，或由藩库关局、或由台湾道库迅即筹拨四十万两，解归奴才速为办理，以济急需。"① 对此请求，朝廷极为重视，两日后即颁旨："着何璟、张兆栋迅即筹拨银四十万两解交刘铭传，俾资应用。"② 嗣后，刘铭传又多次请求援台，清廷也多次谕令南、北洋以及闽、粤等地接济台湾；于事实而言，也确有多批军资援台。然而，援台之军资远不能满足台防需要，实际也未出现举国援台的局面。直到1885年1月7日，刘铭传在请援的奏折中还在抱怨："查台湾自六月十五日（8月5日）基隆开战以来，至今半载，仅江阴数次调到淮军一千三百人。虽募土勇五千，器械不精，难当大敌。"③

尽管督促援台的舆论是因时而作，也符合台防的需要，但不得不承认，其间有过激的成分。因为，自客观言之，第一，当时朝廷的军资匮乏，难以满足台防需要，无论是南、北洋，还是闽、粤，均难以调集台防所需军资，即便是实力雄厚的北洋，也因守护京畿的需要，不敢多调；第二，自10月底法军封锁台湾西部、北部洋面及港口以来，军资的运送的确面临前所未有的困难；第三，12月朝鲜又发生了"甲申政变"，原本打算派往台湾的"超勇"号、"扬威"号两艘巡洋舰，被改派朝鲜。当然，自主观方面来看，上至朝廷下至地方督抚，在援台过程中确实存在动作缓慢，甚至心存侥幸等不良现象，如，早在10月10日，清廷就命杨岳斌设法渡台，可是，迟至次年3月7日杨岳斌才自台南登岸。而身处权力中枢的醇亲王奕譞甚至不解刘铭传所处困境，10月23日，针对刘铭传密折所陈："前者南洋装兵，竭尽无穷之力，三次仅到六百人，万分险阻。顷上海忽有华安轮船在海被劫之谣，各船皆不敢再装兵械。海天寥廓，接济已穷！官绅坚请招士勇数千，以辅官兵不足；乌合之众，器械毫无，安能御敌？现在饷需益绌。台南道库，据台湾道报称，仅敷目前，请咨闽省速为援济，尚未知能拨若干，如何转运。台北所存，不足十万，以台北出入之数计之，不

① 《督办台湾事务刘铭传奏改修炮台购置枪炮请饬闽督筹拨银两片》，载吴幅员：《法军侵台档补编》，文海出版社1980年版，第18页。
② 《军机处寄闽浙总督何璟等上谕》，载吴幅员：《法军侵台档补编》，文海出版社1980年版，第19页。
③ 《台北极危请饬速调劲旅援救折》，载刘铭传：《刘壮肃公奏议》，台湾大通书局1987年版，第187页。

过仅支一月。台北税厘，因军事日危，毫无所获。过此以往，呼吁无门，尤堪悚惧！"①不解地写道："'华安'援台无恙，可见'断接济'一说决不可持之甚力，自致束手。台兵数原不少，近得四批接济兵械，又自招土勇四营；且地本膏腴，银、粮足用。何以省三（刘铭传）谓'拼死望救，呼天不应'，急迫至于如此！"②因此，奕譞给军机处的建议是"一面饬南、北洋乘彼封口之船不多、兵亦新败，设法以师船播扬声势以图牵缀，并多造或就现有舢板雇募善水人照前奉懿旨以散攻聚之法，筹措胜算；一面请旨申谕刘铭传勿似此迹涉慌张、自堕声望，总以就地取找、出奇支拄以建不世之功、以受不次之赏以勖勉而激励之"。③依此看来，奕譞的如意算盘是，以南、北洋"师船"来造声势，用舢板来打游击，而依靠兵粮两欠的刘铭传来作抗法保台的主力。显然，这个如意算盘存有明显的侥幸心理：试图幻想在不大量增援的情况下取得抗法保台的胜利。

其二，以《字林沪报》为代表，着眼于"导"，从国际关系层面给清政府支招，如建议清政府"联德"：

为今之计，不厚交一邦，不足以资援手。默计通商订约之大小二十国，以英为领袖，英之国政、风俗、人情亦仁厚宽和，而与中国相近。言择交者，宜若非英莫属矣。然英于庚申一役，迫我帝都、毁我御苑，使我天子乘舆北狩，朝野上下迄今犹难忘其□甚之举焉！以此而定交，论势则可、论情则不可。中国今日之患在于法，中国他日之患在于俄，俄、法皆为大国，亦皆为中国患，所谓"非我族类，其心必异"。中国之欲定交，原以防二国，则二国不足与交不待言矣。此外，如米利坚，与我亦非不式好无尤，然地处墨州，与俄、法并无嫌怨，一旦中国有患，远之未必能航海以来援，近之亦未必肯涉洋以扰彼，故欲资以防俄、法，夫亦未可深恃也。屈指计之，其惟德乎！德国与法为积仇，与俄为新憾，而与中国则和好较胜于他邦，其力足以威服俄、法，其势足以牵制俄、法，中国如与占断金之义、盟匪石之心，则俄与法再不敢肆行欺侮矣，是可资以援手者也。且德与中国交，亦非无利之可获也，中国东西边疆与俄毗

①《密陈台疆危迫援饷俱穷片》，载刘铭传：《刘壮肃公奏议》，台湾大通书局1987年版，第180页。

②《醇亲王奕譞致军机处尺牍》，载吴幅员：《法军侵台档补编》，文海出版社1980年版，第81页。

③《醇亲王奕譞致军机处尺牍》，载吴幅员：《法军侵台档补编》，文海出版社1980年版，第81页。

连、南疆与法所占据之越南接壤，俄、法与中国有事，德可窥其国而牵制其师；俄、法与德有事，中国亦可侵其地以掣动其肘，虽远隔数万里而联络一气，非所谓痛痒相关、患难相助者乎？①

此计实际是希望清政府与德国订立攻守同盟，如此一来，既可为眼前的抗法斗争寻得后援，也可为将来防俄找到帮手。从地缘政治的角度来讲，此计甚好，可谓是一举两得。当时，朝野上下持此主张者亦不乏其人。如"陈宝琛明确提出了'联与国'主张。他认为：'德、法、仇也，法岂须臾忘德哉？俄有衅，德无援，法始敢称兵于越耳。法得越且复强，恐亦非德之利也。故中国欲拒法，则必联德。'于是建议：'应密令使德大臣乘间说诸德之君相，曲与联络。一面促造德厂铁船，多购毛瑟枪炮。时与德之官商往来款洽，以动法疑。德诚忌法而与我交固，足阴为我助，即不能得其要领，但令法军心存顾忌，亦足分其势而扰其谋'"。②然而，现实却很残酷，此计根本无从实现。清政府曾令李凤苞与德接触，"探其肯否助我攻法"，李凤苞在与德国代理外长波希会晤后，得到德方明确答复："法素忌德，常思报复；近因越南、埃及两事，尤怀疑忌。其驻德使屡来探问，防我干预；我恐其一有藉口，即移祸于德，只能恪守局外之本分。况前夺法国之两省，现将不愿充德兵者立逐出境，以是边界人心汹汹；我德君衰老，不得不保泰持盈，不愿与法有事。"③德国人的拒绝，在李凤苞看来，并不觉得奇怪，也不感到可惜，乃是因为他与那些主张联德的朝臣有所不同：一方面，他认为，从公法、时局而论，"皆无肯助之理，因我向无相助之约，德可助我，俄、倭亦可助法"，即是说，不仅前无同盟条约，如今亦不具备相助的现实条件，除非列强想打一场世界大战；另一方面，担心引狼入室："德国垂涎台湾，巴兰德（德国驻华公使）又求内地通商，万一肯助我而索谢赆，是直以暴易暴耳。"④实际上，早在上一年，清廷令李凤苞请德方出面调停时，他就曾在致总理衙门的书信中，不无感慨地写道："凤苞历年默揣各国隐情，咸欲在中国

---

① 《厚交德国以制俄法论》，《字林沪报》1884 年 9 月 10 日。

② 陈勇勤：《论陈宝琛在中法战争中的军事和外交策略》，载《福建论坛（文史哲版）》1994 年第 6 期。

③ 《出使大臣李凤苞函述与德外部议商援助及中法决裂撤使离法与法外部茹相辞行问答》，载伯琴：《法军侵台档》，文海出版社 1980 年版，第 200 页。

④ 《出使大臣李凤苞函述与德外部议商援助及中法决裂撤使离法与法外部茹相辞行问答》，载伯琴：《法军侵台档》，文海出版社 1980 年版，第 200 页。

内地遍处通商，甚愿有一国开衅，共盼议和之日得均沾利益。是此次德国之不便调停，各国之劝和劝战，似皆非本意，实则坐视成败，欲共收渔人之利耳。"① 不能不说，李凤苞作为驻外使节，其见识较清廷绝大部分朝臣要客观、理性，特别是其深刻地认识到列强诸国作为侵略者的本质特性，中国作为被侵略一方的客观事实，整个晚清列强对华关系史就是一部侵略与被侵略史，清廷试图联合此国而反对彼国，实无异于玩火自焚。晚清的全部历史表明，只有侵略者们联合侵华的史实，绝无联合侵略者抵抗侵略的可能。

三、开展对法舆论战

中文报刊的对法舆论战大体自两方面展开：一方面是谴责法国封锁台湾西部、北部洋面及港口；另一方面是揭批法军暴行。

法军对台湾西部、北部洋面及港口的封锁，实际令法国陷于了一个颇为尴尬的境地：一方面，法国不承认其与中国处于交战状态，认为其所进行的封锁是和平封锁，而按当时国际惯例，尽管允许和平封锁，但对于和平封锁期间究竟采取何种措施并无明确规定。孤拔曾在致裴龙的信中不无疑虑地写道："实行和平封锁是不准扣押中立国船只的，但是否允许扣押走私船和运送兵员的船只？或仅仅限于将船只及货物遣送至公海？是否在船只出现时，仅须向它作一番声明就可以了？请原谅我提出上述问题。不过在 1878 年的航海说明中以及我所知道的国际法文件里都未曾作过类似的规定。"② 需要指出的是，尽管当时的国际公法允许"和平封锁"，但是国际社会对法国的封锁行为存在不同看法。比如前面提到的英国外交大臣葛兰维尔便认为法国此举即意味着"公海处于一种战争状态"，并威胁道："如果法国政府照此限制中立国船只以行使其交战国权利，那么，陛下政府（英国政府）就不会去修改业已发出的有关在对立期间保持中立的指示。"③ 另一方面，法国游弋于台湾洋面的军舰根本无法满足对这一大片区域的封锁要求，而按《万国公法》对"封港犯封"的规定："封闭港口以禁船只往来，不可仅以出示虚言，必须用大势力以阻遏之。"否则，"仅用虚言禁阻

---

① 《出使德意大臣李凤苞为德不愿出面调停事致总署函》，载张振鹍：《中法战争》第一册，中华书局 1996 年版，第 782 页。

② 《孤拔致海军及殖民地部长电》，载张振鹍：《中法战争》第六册下，中华书局 2017 年版，第 624 页。

③ 《英国外交大臣葛兰维尔致法国驻英大臣》，载张振鹍：《中法战争》第六册下，中华书局 2017 年版，第 805—806 页。

不为封港，不得因有预示便谓已知。盖封港者，不但须先有封港实事，亦须有实在凭据，以证其人系知而故犯。破之者方可谓为犯封。若仅示以将要封港而不使势实封，公法不以为有封也"。① 即是说，法国的这种"虚言"封锁，按国际公法，是无效的。因此，法国此举不仅遭到了清廷的驳斥，而且引起了国际舆论的普遍抨击。

在清廷内部，台湾道刘璈等率先从国际公法的角度对法国的封锁行为进行了驳斥。在奏折中，刘璈历数其罪状共十条，即"不合公法不应封口者五"："不合义战封口之例"，"不合战例封口之例"，"不合围困封口之例"，"不合实力封堵之例"，"不合实力办理之例"；"有碍各国今后通商者亦五"："违例擅禁，偏扰商岸"，"各国商民均有坐困之虞"等。并建议清廷"先请咨明各国一为理论"。② 刘璈的这一通驳斥颇能引起舆论界的共鸣，中文各报对"封口"行径一致谴责，只是关注重点有所不同。《申报》《字林沪报》等英人所办中文报刊将抨击的着眼点放在其对商贸往来的恶劣影响上，《申报》称：

职是之故，所可恨者法人无理取闹、封禁海口，致他国商船不能往来，其不载军火者亦嗟出入之难，即不干战务者，苦信息之滞，未免怨咨交作、啧有烦言耳。盖台湾虽非通商大埠，而各西商之懋迁于是者，亦已有年，资财家室寄顿于烽焰之中，不知若何，殊深焦急。窃谓法人而图台湾，此法人之事也。台为中国属地，虽悬海外，无异沿海各口，中国口岸皆许西人往来贸易，船只货物随处停泊、随时起落。今法人与中国构兵，凡沿海各口不能听法人封堵，各国商船照常出入，台湾事同一律，安得以其孤悬海外而歧视之！③

《字林沪报》亦表示："万国公法：凡欲封禁口岸，必须以何日开仗布告周知。俾商于是处者预为自理，此不易之恒规也。今法人之封禁台北，猝然举行，与国不及知、商贾不及避，遂使货物贻忧于壅塞，商务倏□夫萧条。间有外至轮船，未知封禁，偶尔驶进，即以炮轰，人命之存亡、船身之整坏系于其炮之中与否耳！彼属何辜而以死尝之耶？"④

① [美]惠顿：《万国公法》，丁韪良译，上海书店出版社2002年版，第136—137页。
② 《福建台湾道刘璈奏折》，载中国史学会：《中法战争（六）》，上海人民出版社、上海书店出版社2000年版，第133—136页。
③ 《法人对禁台湾海口有违补约、公法说》，《申报》1884年11月16日。
④ 《论机会可乘》，《字林沪报》1884年11月16日。

而国人所办之《述报》则侧重指斥其"和平封锁"之非与愚："公法必明言开仗而后能封口，法人自犯马江及基隆、淡水以来，并未有照会开仗明文，一旦封口欲困我军，不知实困商船。盖自法提督所出之封口告示录出以布各西人，西人闻之甚形不悦，谓各口封禁则于商务大碍，不无忧形于色。观此则法之取怨于各国商人，不独为我国之仇雠，而亦为欧洲诸大国之所鄙弃也。呜呼！法祸亟矣！吾恐其为拿破仑第三之续也。"①

不仅中文报刊反响强烈，以《海峡时报》(The Straits Times)、《孖剌报》《泰晤士报》为首的英文报刊也加入声讨的行列。早在法军发布封锁公告前，新加坡《海峡时报》就已旗帜鲜明地反对法国的搜查；同时对法国既想不宣战以求接济又想拥有战时搜查权的矛盾心态进行了揭示："只是在战争的情况下，才能行使搜查权，在目前情况下，这样做不过是镇压……在这种情况下，法国人自己坚持说，他们未与中国宣战，他们只是报复，因为中国人在谅山使他们遭到伤亡。在避免宣战的同时，法国却为自己保留装备战舰的权利、修理的权利、供给的权利、在中立港口购买煤炭的权利。但他们并没有检查中立国船舰的权利。"② 德约翰则不断将法军封锁下的英国商民困境通过《孖剌报》向外界传播。10 月 22 日，他即写道：

外侨的处境越来越困难，或许英国应加派军舰来保护我们。假如封锁继续下去，我们就无法从香港、厦门获得必需品；这么短的临时通知③，也不许我们处理妥一切商务、逃离台湾。操控全台百分之九十海外贸易的英商——如北部的茶叶、煤矿，南部的蔗糖生意，几乎全部停摆，损失无法估计。至于我们的顾客，也蒙受损失，如美国每年约需三十万"半箱"（half chest，系当时茶箱的标准规格）的福尔摩沙（Formosa 音译，即台湾）乌龙茶，现在无法如期运出，蔗糖亦然；尤其煤矿的停产，更使轮船缺乏动力，全台经济将蒙重创。④

① 《论法人封禁台湾口岸之非》，《述报》1884 年 11 月 5 日。
② 《驻新加坡领事致茹费理》，载张振鹍：《中法战争》第六册下，中华书局 2017 年版，第755 页。
③ 孤拔在封锁台湾的公告中规定："友好船只将允予宽限三天以完成其装货并离开封锁地。"见"孤拔封锁台湾的公告"，载张振鹍：《中法战争》第六册下，中华书局 2017 年版，第 775 页。
④ [英]德约翰：《泡茶走西仔：清法战争台湾外记》，陈政三译注，台北五南图书出版股份有限公司 2015 年版，第 68 页。

封锁两个月后，在西方的圣诞节来临之际，德约翰痛苦地写道："英舰冠军号上午开赴安平。官员、士兵都获得充分的物质补给、心灵安慰，可怜的外商仍在望梅止渴。我知道写这些产生不了作用，但还是希望法国当局可怜可怜我们这些无辜的洋老百姓，至少让大家过个快乐的圣诞节总可以吧？无奈，又得四处告贷，东借一瓶啤酒，西乞一瓶雪莉酒，加上面粉、饼干、芥末酱、辣椒、盐巴等等，连那些特权暴发户桌上残留的面包屑，在我们眼中也如人间美食，但告贷终有限度，苦撑一、二周后，又得勒紧裤带。"[1]《泰晤士报》主要谴责了法国的"虚言"封锁："在 12 月 15 号至 1 月 5 号期间，在台湾西南海岸没有发现法国船只。用于封锁的船只仅三艘，海岸也是每隔一段时间巡逻一次。因此，'封锁'一词纯属滥用。"[2]

很明显，英人所办之中文报刊以及《孖剌报》等英文报刊对法国封锁行为的不满乃是因为英商所受的损失，与国人自办报刊对法国封锁行为的谴责，从动机上讲并非一回事，倒是同英国政府的态度如出一辙，英国外交大臣曾直言不讳地告知法方："请千万不要怀疑英国在华的船东和商人与中国经商的处境和债务，他们已深受目前事态之害。"[3]顺便说一句，英方的态度在很大程度上引起了法方的重视，茹费理指示驻英公使瓦定敦："几乎用不着指出的是，我们的舰队舰长们在实行（'封口'）过程中，在严格执行命令的同时，会尽力照顾悬挂友好国家国籍旗帜的船只。"[4]

不过亦应看到，因华人秉笔、华人阅报等类缘故，《申报》《述报》《字林沪报》等报与《孖剌报》等英文报又有所分别，尚有同情与鼓励华军的一面，均在谴责法军"封口"造成贸易受损之余，不约而同地指出，这种封锁于中国台防大局并无大碍。《申报》称：

目下台军人数虽不甚多，然地势险峻、炮台位置得宜，守御之固本不须多兵累阵，而且刘爵帅智勇兼全，先后获胜、大创法人，无非引之登岸，以伏兵

---

① ［英］德约翰：《泡茶走西仔：清法战争台湾外记》，陈政三译注，台北五南图书出版股份有限公司 2015 年版，第 84 页。

② "The Times", February 20, 1885.

③ 《英国外交大臣葛兰维尔致法国驻英大臣》，载张振鹍：《中法战争》第六册下，中华书局 2017 年版，第 805 页。

④ 《茹费理致驻英公使瓦定敦》，载张振鹍：《中法战争》第六册下，中华书局 2017 年版，第 810 页。

制其死命，是善用谋者又不待乎多兵也。所需军火原由粤省、江、浙运去，第闻台湾来友所谈刘营情事，知火药、弹子之类需用亦不甚多，盖炮台筑于山上，居高临远，足以卫腹地，而不足以及海面。法船泊于口外，炮台之炮不能洞中船上，往往飞越空处，以故两月以来，从无法船为华炮击伤之事。刘营知其无益，是以敌船放炮，台上不应，省此药弹以储待异日之需。前次法人贩于淡水信中谓，法人放炮至八百余门之多，而中国炮台转似无藉于放炮者，可见以静制动，爵帅自有筹算也。既省炮台药弹，则但于法人上岸之后，费枪中药弹，故前者运去军火尽足敷用。况本地尚可制造乎？法人虽则堵住海口，不许他国轮船往来代运，而实则未能困华军者。[①]

这些言论与《述报》的相关看法并无二致："彼盖谓船艘不能来往，则我军必无接济。不知刘爵帅神谋胜算，早已虑及，前经委员往沪筹办军火机器，一切军火皆由台铸，则军火不忧不足也。我守台之额兵及省帅所带劲旅，统计有三万余人；以台地二千里——地大物博，所出谷米供三万军兵之食，亦无忧不给。今法人劳师袭远，利在速战、志在必胜；既已屡战屡北，计无复之，不得已而为封口之谋，欲以断我之接济——绝我军火、困我粮食，其计可谓狡而毒矣！虽然，彼乌知我军火、粮食，固有可恃者在也。"[②]

《字林沪报》甚至认为"机会可乘"：第一，法军之封禁行径当属"藐邻邦而自尊，置公法于不顾"的荒谬之举，势必引起公愤；第二，台地不会因此而"坐困"，因为台湾"土物之饶、出产之富，诚有他处莫及者"，加之"刘爵帅（刘铭传）深谋远虑，预为之防"；第三，法军"千里劳师，赍运不易"。[③]

如此用心良苦，无非是担心中国在气势上输人。而实际恰是刘铭传已陷入十分危险的境地，据其奏称："台湾自法船封口，文报不通，奏牍无从递送，屡将危机清（情）形，电乞总署代奏，电文皆托英商。且重价雇人，由民船潜渡，能达与否，茫不可知。灼焦如焚，生还已绝。"[④]法国的封锁也的确给援台造成

---

① 《法人对禁台湾海口有违补约、公法说》，《申报》1884 年 11 月 16 日。

② 《论法人封禁台湾口岸之非》，《述报》1884 年 11 月 5 日。

③ 《论机会可乘》，《字林沪报》1884 年 11 月 16 日。

④ 《复陈封口后兵危饷缺劝绅捐助各情片》，载刘铭传：《刘壮肃公奏议》，台湾大通书局 1987 年版，第 185 页。

了相当大的困境，据拟派往台湾的吴鸿源①向穆图善禀称："职镇遵经遣丁驰赴洋行商雇民轮不能渡载兵勇各情形，驰禀查办在案。兹复亲往旗昌、和记及水陆各行雇倩商轮，据称'现时台湾港道均被法寇梗阻，比昨更严；确实不敢渡载'。"经过一番查核后，穆图善得出结论："查核所禀无船不得东渡，系属实情。"②

同对法国封锁行径的谴责一样，对法军暴行的揭批，各报态度相近，而且矛头指向基本一致，多针对法军对中国军民的残害和对过往渔船、商船的破坏。1885年1月7日，《申报》率先对法军暴行进行了报道："本月十四日，有挂'鼎金号'内地商船一艘，由台湾笨港至厦门。据称，法人因探悉吴春波（即吴鸿源）总戎带兵援台之信，特派兵船在澎湖、台湾南、北一带洋面，日夜巡逻，肆其截击之计，见有华船，一概开炮轰击。日来渡台之船，已被击沉三艘、击坏一艘。""击坏之船，先被法人搜查，并无军装等件，仅有货物而已，即由法船带至淡水放回，该船死二人、伤一人，由淡水写信交'鼎金号'船带厦，谆嘱厦船不必冒险往台，此乃确信也。统计各船上人，溺水死者已近百余人，商民何辜，罹此惨祸？甚哉，法人之残暴也！"③1月20日，又专门发表评论，予以痛斥：

前登台厦近闻（即1月7日的消息），其第二条言法人阻截商船情形，阅之令人不禁发指于□，叹法人之残忍，真天性使然矣。盖□国兵争之事，彼此对仗、互相杀戮，其势处于不得不然；至非攻战之时，而雠杀其商民，则是滥戮无辜，仁人之所不忍为也。且既非对仗，则我有杀人之心，而彼无杀我之力，势非相抗即杀之，亦不足为武。

今观于法人之奸杀，不禁瞿然以惊，私揣法人之行为，何其不粤匪（对太平天国运动的蔑称）若也。盖禁阻船只入口者，以其接济台防米、煤、药弹，使官军不至坐困，而彼不得藉手成功耳。若商民之懋迁，有无货物往来，本无关于军事，禁兵船者自不必并禁商船，即禁华船者，更不宜并禁他国之船。然因地狭路险、市面萧索，食用之物，皆自外来，无分于济台军与济台民；奸商

---

① 吴鸿源还曾任台湾水师协副将、浙江温州镇将等职，福建同安县（今厦门一带）人，中法战争前便已称病归里，1884年奉穆图善令，赴台驰援刘铭传。
② 《福州将军穆图善等咨报法水师封禁台湾海口商船洋艘不得东渡情形》，载伯琴：《法军侵台档》，文海出版社1980年版，第276—277页。
③ 《台厦近闻》，《申报》1885年1月7日。

诡计，影射□讦，又无分于为华商、为各国之商，亦既一概禁绝，封堵要口，使之不能登岸运交。则其□已险而且密，但见有船来，则以炮□之，自必停轮不敢轻进；甚者以游奕（弋）洋面之船驶近，来船上舱验视，逼令返轮可也，又何必忍而杀之哉！

据称，有宁波四商船开往台湾，被法人以开花炮轰沉，一艘掠去，二艘其一则潜驶至台□被掠者，法人先查有无军器，查毕将船中所有悉数抢去，刃伤船中六人、杀毙四人，其余连船释放，船舵已被击毁，顺流漂泊，踪迹杳然。夫此四船者，其为商人货船无疑。盖闻台地自基隆、淡水二处为法人扼堵之后，内外不通，百货昂贵，至于洋药每箱卖至二千元，较之各口价值，实加三倍。商人重利，又闻台境尚有别口可以暗入，希冀不遇法船，不□截击，故满装货物，以牟数倍之利而已。今遽遭毒手，何其不幸乃尔也。船中伤六人、毙四人，余则遭其释放，可庆更生。然舵毁不能自主，浪涌滔天，风吹颠播（簸），即脱虎口，其能否生还，尚未可定；如其连船沉没，岂非与杀毙者同一惨酷乎？彼伤而未殊者，又胡不幸而多受痛苦也！①

《述报》则将抨击的主要矛头对准了法军的各种虐待劣行："凡遇拖船，即燃炮轰毁。即村落载运伙食之舢板，每见亦必为轰沉。观各来信言，法人所轰沉者，多是沿海各民船，船中之人非渔人即商贾。船既沉溺，则皆问诸水滨，凶占灭顶；即幸而获庆生还，亦为法人所拘，载往基隆逼之充留兵勇，使为前锋。吁！为败军前锋，则亦奚异置诸死地哉！法人现因粮食运载维艰，特在西贡招越南工人前往挑运，或因疲劳不能任重，即用枪击毙，其残暴不仁如此，真豺虎之不如矣。"②《泰晤士报》还刊发通讯员来稿，详细报道了法军的施暴过程：

自5日（1月5日）开始，法国人就一直在破坏小型船只，不仅包括自大陆驶来的小木船（这些船只可能载有战争违禁品），还包括渔船和商船，以及运载木柴、粪便、花生和木炭的船只。事实上，中国人用以谋生的"101型"小木船，在洋面遭到了射击、炮击、炸毁、焚毁、鱼雷袭击、沉海或拆毁。幸存的船员们被俘，并被送往基隆炮台。我们看到了三艘大船（其中包括一艘铁甲

---

① 《论法人残忍》,《申报》1885年1月20日。

② 《法人残暴》,《述报》1885年2月8日。

巡洋舰）追逐着一艘装着鱼干的小船，用机枪一圈一圈地向可怜的船员们射击。数以百计的船只就这样被摧毁了。

本月（1月）10日，中国军队攻击了法国的基隆防线，但被击退。在战斗中，一些被俘的船员逃脱了。他们中的许多被枪毙，但有60多人逃脱了，一些人自陆路逃回家。这些逃回的人中有一人受伤，据他讲，除了剪掉辫子，他在法船上没有受到虐待。但是在基隆，囚犯们像狗一样被驱使，被迫将沙子和泥土运到炮兵阵地。他们得不到任何食物，除非那些安南（越南）的苦力匀他们一点；不下雨时连水也没有。他们中的许多人，因病不能出工，然后法国士兵就用刺刀刺，迫使他们朝前挪动，如果不能奏效，即被射杀。在那里，我们的线人亲眼看到17人惨遭射杀：有的穿过前额，有的穿过耳朵，有的穿过胸膛。他自己的兄弟和堂（表）兄都被射杀了。他们和他一同被俘获，除了因食物短缺而不能出工之外，什么也没干。他发誓这一切都是真的。[1]

可见，法军暴行已在国际舆论圈传播。而在当时，清廷无力从军事上对法军暴行进行遏阻，只好通过舆论向法方施压。得知法军暴行的台湾道刘璈，所采取的措施即是请英国驻台湾领事将相关情况转呈"各国外务大臣、英国驻京公使察阅，以持公论"。[2]得到的答复是："今奉驻京大臣（英国驻华公使）批复内开：法兵前因重封台湾口岸[3]荼毒中民，如此残忍，闻之不胜代为怜惨。本大臣业将该领事所详各情并法兵毁坏民业、杀伤民命，实乃动惑人心、启疑肇衅，几致地方官难施弹压之处，咨会外务大臣在案。"[4]可见，清廷争取外交舆论的举措有一定成效。相对外交舆论，报刊舆论的传播范围更广，威慑力更大，从这个意义上讲，各报对法军暴行的揭批，不仅有力地声援了清廷的外交行动，而且无形中塑造了法军残暴之师的丑恶形象，这对法军也是一大打击。

---

[1] *"The Times"*, February 20, 1885.

[2] 《闽浙总督杨昌濬咨报法船在台湾洋面残暴情况》，载伯琴：《法军侵台档》，文海出版社1980年版，第368—369页。

[3] 期间，孤拔事实上弛禁了一段时间，但没有发布弛禁告示。后又在没有任何征兆的情况下封禁。因此有"重封台湾口岸"一说。

[4] 《闽浙总督杨昌濬咨报法船在台轰击民船残虐情形经英国施领事转报驻京英使照复情形》，载伯琴：《法军侵台档》，文海出版社1980年版，第465页。

下篇：乙未割台舆论史

第七章　反割台舆论的兴起

由于甲午战争的失败，1895 年中国被迫签署了丧权辱国的《马关条约》，按此条约规定，中国除向日本出卖利权、赔付巨款外，还将割让辽东半岛、台澎列岛予日本。其后，在俄、法、德等国的外交干涉下，日本同意"退还"辽东半岛，改由中国向日本支付 3000 万两库平银的置换款。自得知割台的消息，中国朝野掀起了声势浩大的反割台斗争，因 1895 年是农历乙未年，故史称乙未反割台斗争。自割台之议到岛内的反割台斗争，舆论全程参与，本身即是割台与反割台斗争的一部分。

第一节　割台之议

一、和议激辩

在清廷派出张荫桓、邵友濂赴日议和之际，舆论界开始热议议和。《申报》起先明确反对议和，认为："从来言和者，必先言战。战者，和之本，能战而后能和，未有不能战而能和者也；是非不能和也，不能战而和，和之害有不可胜言者。""今中国之与倭寇开战，已数月矣。倭未尝遣使请和，欧洲与我和好之国，亦未尝遣使周旋于二国之间，从中劝和。当此万不能和之际，而忽欲议和，是明示以不能战也。是可忍也孰不可忍也！耻莫大焉！""今夫战之失利也，在丧师、在失地；和之失利也，在赔款，亦未必不在失地"。① 然而，次日，却又寄希望于张、邵二人在谈判桌上折冲樽俎："一曰存藩属（即保全朝鲜）"；"二曰收回侵地"；"三曰索还被掳被诱之兵民"；"四曰不得允偿军费"；"五曰倭奴如求开脱各犯官（系指助日之中国官员）之罪，不得曲为允从"；"六曰所劫军

---

① 《论议和有十难》，《申报》1895 年 1 月 12 日。

实，宜责令交还"；"七曰禁约倭奴，以后不准改装易服（主要为防止日本间谍来华）"；"八曰不准倭人贩运高丽之米"；"九曰倭人如在租界外犯事，须照我国刑章"；"十曰必倭兵发出息兵之示，始可议定诸端"。① 可实际的情形是，日方不仅没有答应中方提出的停战议和之请，反认为张、邵二人权限不够，点名要求与奕䜣或李鸿章会谈，据张荫桓电称："伊（伊藤博文）陆（陆奥宗光）以敕书尚须随时电署请旨，不能开议"；"伊藤总愿恭邸（奕䜣）与中堂（李鸿章）与议，庶能肩任"。② 与《申报》有所不同，同在上海的《新闻报》起先心存忐忑，称："（议和的消息）初则使人惊，继则使人疑。""惊者，惊其既已背盟犯顺，夺我高丽、扰我边疆，何能听其求成、言归于好？""疑者，疑其自开仗以来，互有胜负，在彼且以强自许，何以又欲遽然息师？"因此提醒张、邵等人提高警惕以防上当："军情万变，非比他断，讵同诸事；加以敌情叵测、迥异寻常，敌势鸮张，殊难驯服！"③ 继而直言反对："此实缓兵之计，万不合堕其术中，自贻伊戚，且贻他国之笑焉！""为今之计，不与之议和而收回成命，固属得体。"④

嗣后，依日方提议，清廷还是派出了以李鸿章为首的议和团队。李鸿章行前便已得知，割地在所难免。不仅张荫桓告诉他："倭意在土地，兵费次焉，以为地可自决，财须他贷，又启干预之端。"⑤ 而且，他也从各国驻华使节处打听到"皆谓非此（割地）不能结局"的风声。⑥ 还不止于此，此类消息已在报界公开传播。如《益闻录》称："《字林西报》登日本电音云：日本政府业经回电致中国总署（即总理衙门），如钦使所携文凭全付体例，并愿割地以和，则可前来商议，否则不必劳驾。"⑦ 刚开始，李鸿章感觉很难办，一边是"日电非有商让地土之权勿往"，而"上意不许"，⑧ "与枢、译商，不敢担"⑨。因此，只好迟滞不行。

① 《论议和有十要》，《申报》1895 年 1 月 13 日。

② 《北洋大臣转张荫桓等来电》，载中国史学会：《中日战争》第三册，新知识出版社 1956 年版，第 432—433 页。

③ 《论倭人谲而不正》，《新闻报》1895 年 1 月 16 日。

④ 《论倭人以议和为缓兵之计》，《新闻报》1895 年 1 月 20 日。

⑤ 《张侍郎来电》，载中国史学会：《中日战争》第四册，新知识出版社 1956 年版，第 324 页。

⑥ 《复张侍郎》，载中国史学会：《中日战争》第四册，新知识出版社 1956 年版，第 325 页。

⑦ 《日本电音照译》，《益闻录》1895 年 3 月 6 日。

⑧ 《寄驻英俄龚许二使》，载中国史学会：《中日战争》第四册，新知识出版社 1956 年版，第 325 页。

⑨ 《复张侍郎》，载中国史学会：《中日战争》第四册，新知识出版社 1956 年版，第 325 页。

直到 3 月初，李鸿章得到朝廷"商让土地"的授权后①，始启程赴日。

在李鸿章准备赴日之际，舆论界不同于此前的彷徨与交错，开始即分作立场鲜明的两派，一派以《申报》为代表，赞成和议；另一派以《新闻报》《直报》②为代表，反对和议。表面上看，《申报》观点之变化与朝廷态度之变化正好反向：先是主张割让土地并无不可，如 2 月 7 日，《申报》发表了一通"轻壤土以重国势"的"宏论"，主张"轻壤土以重国势也。中国今日之患，岂在土地之不足哉？在国势不张、民穷财尽、权利外掣，此正今日中国之大患也。呜呼，国事至此，尚安用讳？区区愚忧，欲于和倭，万不能争、万不能损之中，尤以弃轻就重为当务之急。盖国之有势也，犹身之有元气也；土地，其肌肤也。肌肤伤，犹可以立身，元气损，不可以为人。"③其言下之意，若中日能和，割地亦在所不惜。待到朝廷授李鸿章以"商让土地"之权，《申报》却表示"窃以为，倭人如以割地为请，中国万不能允从"；并相信"傅相（李鸿章）成竹在胸，筹之已熟，无俟海陬下士借箸以筹矣"。④既然《申报》早有割地的主张，那又为何叮嘱李鸿章："倭人如以割地为请，中国万不能允从？"其实，所谓"倭人如以割地为请，中国万不能允从"，不过是《申报》的一种幻想，说说而已，与此前寄望于张、邵二人折冲樽俎的想法，如出一辙，并非是基于现实的理性判断，也就是说，不是真心话，因为此时《申报》已然察觉，日本绝不会"因傅相一言，遽尔空手而返"，"必其信口开合，百计要求"。⑤而实际在割舍逻辑上，《申报》的主张极类朝中主和派的观点，如奕䜣等奏称："臣等伏思倭奴乘胜骄恣，其奢望不可臆计。现在勉就和局，所最注意者，惟在让地一节。若驳斥不允，则都城之危，即在指顾。以今日情势而论，宗社为重，边徼为轻，利害相

---

① 据《东方兵事纪略》的记载，"二月初六日（3 月 2 日），鸿章复以割地请命，朝廷坚许之。"（中国史学会：《中日战争》第一册，新知识出版社 1956 年版，第 82 页。）另据李鸿章本人 3 月 2 日奏称："顷军机大臣恭亲王等传奉皇上面谕，予臣以商让土地之权。"（戚其章：《中日战争》第二册，中华书局 1989 年版，第 459 页。）再据奕䜣等人 3 月 3 日奏称："皇上深维至计，洞烛时宜，令臣等谕知李鸿章，予以商让土地之权，令其斟酌重轻，与倭磋磨定议。"（戚其章：《中日战争》第二册，中华书局 1989 年版，第 464 页。）
② 《直报》创刊于 1895 年 1 月 26 日，由德国人汉纳根（Von Hanneken）创办于天津，系中文商业日报。
③ 《续录和倭统策》，《申报》1895 年 2 月 6 日。
④ 《论中国万不可允倭人割地之请》，《申报》1895 年 3 月 10 日。
⑤ 《论中国万不可允倭人割地之请》，《申报》1895 年 3 月 10 日。

悬，无烦数计。"①此类思维即是"两害相权取其轻"，同样是屈辱，那就看何种屈辱更小一些、更易于接受一些，亦即李鸿章所谓"但能争回一分，即少一分之害"②。照此逻辑，待《马关条约》议定，《申报》居然发表了一则题为《论割地轻重》的社评，大谈割地之利害轻重："台地固富于东省，且大于东省所割之地（实际辽东半岛的面积略大），自宜以台为重，（殊）不知东省所割之地，虽不如台地之富、不及台地之大，而逼近陪京，遥临畿辅，倭人有之，将来必有得步进步之意。一旦交涉龃龉，必全省为之牵动、畿辅为之掣肘。台湾虽为南洋门户，然僻在一隅，各事为理，犹可置之不问。况南洋藩服久已，拱手授人，又何惜此一隅哉？就形势而论，台地尚在门户之外，而东省已为堂奥之中，其轻重不又有别耶？""即地与地较，东省则为根本，台湾则为枝叶。"③这种见解同奕䜣等人的观点如出一辙。可见，《申报》对割地早有心理准备，只是不免对李鸿章的外交樽俎抱有幻想，其前后观点并无实质变化。

相对《申报》赞成和议的态度，《新闻报》则继续坚决反对，在张、邵归国，清廷酝酿派出李鸿章之际，该报即撰文指出：

（中日）兵交未久，互有损伤。险要虽有所失，而敌不足以据；海疆所有所扰，而敌未敢即来。以言财赋，则帑藏充盈，捐输腾涌，殊未见其不继也。以言兵力，则大得雄师络绎北上，赴召应募源源不穷；且多有草野忠悃义慨之士投袂奋兴，思欲杀贼致果、立功自效而未得其便。人心如此，又未必不可以振作也。又况敌之虚实已彰、要挟方盛，何不趁其弊而袭之；诱以利而陷之旷日持久以疲惫之，出其不意，一鼓而尽歼之。顾不出此，而适当其欲罢不能、得尺则尺得寸则寸之时，乃反假以辞色，输以诚款，卑躬屈节，遣使东行，羞列庙在天之灵，失薄海臣民之意，减皇华星轺之色。如今日者，不与倭战而与倭和，真使人叹息痛恨于无穷！

盖苟安姑息者流，积习难返、误国欺君、辜恩溺职，有以致之耳！嗟乎！一人南面、众人北面而摇惑之，古所称柱石之臣，其谁与归，其谁与归？然而，

① 《恭亲王奕䜣等奏为传谕李鸿章予以让地之权令其与日定议折》，载戚其章：《中日战争》第二册，中华书局 1989 年版，第 464 页。
② 《北洋大臣李鸿章奏为遵旨奉使日本议和预筹商谈方略折》，载戚其章：《中日战争》第二册，中华书局 1989 年版，第 459 页。
③ 《论割地轻重》，《申报》1895 年 5 月 9 日。

和且易言哉？谓予不信，请拭目以俟之！ ①

　　有意思的是，期间，《新闻报》也曾参与"割地"与"赔款"孰轻孰重的讨论，两度论述"割地"为轻、"赔款"为重的观点。3月11日，该报自陈"作惊人之论"："土地可割，而偿款之数不可过钜也。"理由是"今之时势，不变法不能自强，不自强无以御侮。欲为御侮自强之计，舍变法奚由哉？偿款既多，财力自绌，恐无以为变法自立之本"。② 二十天后，又谓："盖偿款之名，虽云可居，而财力既殚、百事无从措手，再遇外侮，将何抵御？为目前救急之计，莫如暂允割地。"③ 也就说，在《新闻报》看来，按照目前业已确定的中日议和之策，从权衡利弊的角度视之，"割地"比"赔款"好。该报作如此主张，貌似难以想象。这是否意味着它改变了观点？或者反复无常？显然不是这样，国家之间的"和"与"战"，均是为了实现各自国家利益的最大化。站在国家与民族的立场，对眼下正在进行的外交活动献计献策，实乃一份爱国报纸的本分，而无关乎"和""战"的主张。朝中大臣亦是如此，往常反对议和的大臣，真到了议和之时，也不得不着手考虑议和之事，以最大程度地降低损失。如向来主战的翁同龢不也曾建言"但得办到不割地，则多偿当努力"？④ 只不过同《新闻报》的观点恰恰相反。而在议和之际，《新闻报》再次表达了对议和的悲观看法："战败之余始行议和，其难有百倍于未战之先、未败之际者。敌人贪婪无厌、要挟多端，却之不能、允之不可！"⑤ 当是其一贯不主议和的明证。

　　创刊未久的《直报》则强调向日本割地赔款，无异于资敌，将进一步助长其侵略欲望；与其如此，不如力战：

　　不力战而求和，彼知我心已怯，要挟万端，偿费不已，必至割地；割地不已，必至称藩。即使日人而讲信义、要结人心，偿费而外，他无所求；中国经费□常岁入，不足九千万两，此两次兵端已耗至一万五千余万，事平之后，尚需筹还，再益以赔偿日人之费，中国何从得此巨款？而日人得偿以后，即以此

　　① 《论和战失据》，《新闻报》1895年2月11日。
　　② 《偿款与割地轻重论》，《新闻报》1895年3月11日。
　　③ 《再论偿款与割地轻重》，《新闻报》1895年3月31日。
　　④ 翁同龢：《翁文恭公日记》，载中国史学会：《中日战争》第四册，新知识出版社1956年版，第538页。
　　⑤ 《论议和之难非一端》，《新闻报》1895年4月9日。

项增其战舰、厉其兵戎，伺我动静，所谓"欲加之罪，何患无辞"，是暂和而终不能和，动辄得咎，中国其何以为国乎？不仅此也，寰海寰边皆邻国也，中国为亚洲大国，见为日本所制，不将为西人所哂笑而动其效尤之心乎？[①]

《新闻报》与《直报》反映的是主战派的心声。然而，由于当时主和派占了上风，所以那段历史实由主和派主宰。也就是说，即使是主战派抑或是皇帝均在和议的框架下考虑问题。翁同龢的日记很形象地记述了各派在乾清宫就和议各抒己见的情景："是日（2月22日），李鸿章到京，先晤于板房，召见乾清宫，与军机同起（军机垫在左李在右）。未见之先，内侍以灯来迓，在养心殿东间见，立奏数语出。迨见起时，合肥（李鸿章）碰头讫，上温谕询途间安稳，逐及议约事。恭邸（奕䜣）传旨，亦未尝及前事，惟责成妥办而已。合肥奏言：'割地之说不敢担承，假如占地索银，亦殊难措，户部恐无此款。'余奏言：'但得办到不割地，则多偿当努力。'孙（孙毓汶）、徐（徐用仪）则坦言：'不应割地，便不能开办。'问海防，合肥对以'实无把握，不敢粉饰'。"[②]

二、聚焦台防与割台

李鸿章初到日本，即再次提出停战议和，不料日方就此提出了一系列苛刻条件："（1）日本军队占领大沽、天津、山海关及在该处的城垒；（2）在上述各处中国军队，须将一切军器、军需品移交给日本军队；（3）天津、山海关间的铁道，由日本军务官支配管理；（4）休战期间，由中国负担日本军事的费用。"[③]李鸿章表示"中国很难接受这样苛刻的条件"[④]。于是，日本未应允中方停战议和的请求。直到李鸿章遇袭，日方才派陆奥光宗来李鸿章住处密谈，转达日本政府的停战指示："倭皇电谕将前所不许不索要款之停战一节，现行应允，惟须限以期、限以界。"[⑤]所谓"限以期""限以界"，按《中日停战条约》之规定，系指停战期限："二十一日"；停战界限："中日两国所有在奉天、直隶、山东地

---

① 《和战利害辩》，《直报》1895年3月22日。

② 翁同龢：《翁文恭公日记》，载中国史学会：《中日战争》第四册，新知识出版社1956年版，第537—538页。

③ 伊藤博文：《秘书类纂》，载中国史学会：《中日战争》第七册，新知识出版社1956年版，第95页。

④ 林树惠译：《科士达外交回忆录》，载中国史学会：《中日战争》第七册，新知识出版社1956年版，第475页。

⑤ 《复译署》，载《中日战争》第四册，新知识出版社1956年版，第331页。

方水陆各军。"①国人不满于此停战界限，文廷式甚至认为此举系李鸿章等人阴谋，将有利于日本集中兵力攻台："今日台湾之事，尤为存亡所关。李鸿章之行也，其秘计在割台湾，曾与孙毓汶、徐用仪密议于美国使署；虽大臣秘之，而举国皆知之。其言谓以散地易要地。夫奉天固要地矣；台湾关系江浙闽广之得失，可谓之散地乎？乃近日有停战二十一日之说，曰停北不停南。同隶皇上之土宇，同为皇上之人民，何爱于北而恶于南？五洲万国，有此停战之法否？且恐倭之有所牵制，则停海城之攻以利之；虑倭兵饷不足，则每日偿兵费以资之，——此李鸿章父子恐台民之不受割，而劝倭人专力攻之也。其心路人所知，其事天下所骇。"②客观而言，文廷式的这通指责，有些太过了。诚然，李鸿章确曾索要"商让土地"之权，也曾表示："惟论形势则有要散，论方域则有广狭；有暂可商让者，即有碍难允从者。"③但是，对"李鸿章之行也，其秘计在割台湾"的指责缺乏实据。当时的局面是，"战和皆无可恃"④，没有人愿意出来收拾这个烂摊子，李亦本不愿前往，对此，时任美国驻华署理公使的田贝（Charles Denby）曾这样回忆道："他不愿去日本，他很害怕遭到暗杀"；"这责任（议和的责任）从各方面来看都是危险的，因为李很知道中国不割让给日本一块土地，就没有签订和约的可能。他知道，当他回国时这种割让，对于他是斩头之罪"⑤。临行前，他曾邀翁同龢同行，却遭到了翁的婉拒。⑥可见，李鸿章的议和使命，是包括他本人在内的朝中大臣所不愿领受的。而且，必须看到，李鸿章在伤痛之中，曾对日方的停战界限提出过异议，他在向日方提出的修正案中明确将澎

---

① 《中日停战条约》，载中国史学会：《中日战争》第七册，新知识出版社1956年版，第501页。

② 《翰林院侍读学士文廷式奏倭攻台湾请饬使臣据理争论折》，载中国史学会：《中日战争》第三册，新知识出版社1956年版，第577—578页。

③ 《北洋大臣李鸿章奏为遵旨奉使日本议和预筹商谈方略折》，载戚其章：《中日战争》第二册，中华书局1989年版，第459页。

④ 据翁同龢日记记载，2月10日，"（光绪帝）问诸臣，时事至此，战和皆无可恃，言及宗社，声泪并发。"见中国史学会：《中日战争》第四册，新知识出版社1956年版，第535页。

⑤ 林树惠译：《田贝论中日战争》，载中国史学会：《中日战争》第七册，新知识出版社1956年版，第491页。

⑥ 据翁同龢日记记载，2月22日，"李相（李鸿章）、庆邸（奕劻）及枢臣集传心殿议事，李欲要余（翁同龢）同往议和。予曰：'若余曾办过洋务，此行必不辞。今以生手办重事，胡可哉？'"见中国史学会：《中日战争》第四册，新知识出版社1956年版，第538页。

湖、台湾纳入停战范围①，并非"爱于北而恶于南"，更无"每日偿兵费"之说。甚至可以说，若不是李鸿章遇袭，日方尚不至主动提出"限期""限界"的停战约定。据日方记载，"关于此次凶变（指李鸿章遇袭），天皇陛下宸襟深感烦恼，乃于（三月）二十五日（即李鸿章遇袭次日）颁发了如第五十五号的诏敕②，并命令帝国全权办理大臣，对前所未允诺的休战，规定期限，在某些区域之内予以允诺。因此，陆奥全权办理大臣乃于二十八日亲至李鸿章病榻前陈述了以上旨意"。③科士达（John W. Foste，又译福斯特，李鸿章顾问，律师，曾任美国国务卿）也有类似回忆："两天以后（即28日），陆奥子爵书面通知总督（李鸿章）称，日皇对二十四日不幸的事件甚为悲伤，已嘱全权大臣允许无条件的停战。"④田贝则直言："李鸿章在下关被一个狂暴的人枪击负伤，日本才允许停战，略作对这个凶暴行为给中国的赔偿。"⑤可见，此停战协定之出台，与李鸿章的遇袭有直接关系。

报界得知台湾不在停战范围之列的消息后，倾向于认为，日本会集中精力攻台。《益闻录》发布"息战近耗"，认为"惟台湾一岛不在此列，据是，则倭

---

① 在修正案中，李鸿章等明确提出"两国政府限自本条约（停战条约）缔结之日起二十一天内遵照本条约进行措施。但电报不通之军队所在地，即奉天省内的辽阳、沈阳及澎湖、台湾各地，可自本条约缔结之日起五天后起算休战期限。"见中国史学会：《中日战争》第七册，新知识出版社1956年版，第129页。

② 日本天皇的这则诏书对李鸿章极尽安慰之至，称："朕心深为忧愁惋惜，其凶犯自应饬吏按照国律内最严之刑办理。"见中国史学会：《中日战争》第四册，新知识出版社1956年版，第331页。

③ 伊藤博文：《秘书类纂》，载中国史学会：《中日战争》第七册，新知识出版社1956年版，第95页。

④ 林树惠译：《科士达外交回忆录》，载中国史学会：《中日战争》第七册，新知识出版社1956年版，第476页。

⑤ 林树惠译：《田贝论中日战争》，载中国史学会：《中日战争》第七册，新知识出版社1956年版，第489页。

人注意台疆，明如观火"。①《申报》则一改往日轻视台防的观点②，转而认为："倭人岂真欲停战哉？其意盖专注于台湾耳。倭人每喜以权术诱人，傅相（李鸿章）初莅倭邦，即首申停战之说，倭人多方要挟、强人以所难堪；及傅相受伤，而忽愿停战，阳虽谓心中抱歉，故重践傅相之言，实则欲聚精会神夺台湾为已有。此其狡诈之计，固已不烦言而自明。何则？台湾在中国之南，倭人虽已由北方进兵占取奉天及山东各郡邑，然所得者只中国幅员之一角，尚不能大气盘旋；苟得台湾而有之，庶可南北两面包抄、将中国恣行笼络。"③

实际上，日本的占台、割台之议早已有之，且不说 1874 年的侵台事件，单就甲午战争而言，尚在战争期间，伊藤博文便已提出攻占台湾的方略：

另方面务须与此同时（进攻威海卫的同时）夺取台湾。虽有谓占领台湾必更再次招致列国物议之虞者，此不过一己之臆断耳。列国中虽时有垂涎台湾而欲乘机染指者，见我军之占领而抱不快之念，然我既不妨害其通商，又不假以保护其商民之口实，此与我军席卷直隶，使彼陷于无政府境地，招来列国之联合干涉，不可同日而论也。何况持台湾诸岛作为战争之结果必归我所有之论者，晚近于朝野间愈益增多乎！苟欲以割让台湾作为和平条约重要条件之一，我方如不先以兵力将其占领之，则无使彼将其割让之根据，将奈之何？是故非坚信扼渤海之锁钥乃为至要之同时，必须南向获取台湾为大计不可。④

宗方小太郎则向日本建言，使中国政府永远割让台湾全岛予日本，然后以

①《息战近耗》,《益闻录》1895 年 4 月 3 日。

② 3 月 1 日，《申报》发表题为《论倭人注意不在台湾而在北洋》的评论，指出："此时倭人苟欲逞其大欲，不在台湾而在北洋。盖台湾孤悬海外，得其地虽足以广土壤、辟商埠，然以目前事势论之，尚非大局关系之所在；况地处绝险，则人自为战，未易进犯，加以澎湖既设重兵，又得勇悍善战、素着威名之刘军门（刘永福）布置其间，倭人早已望风胆落，何敢正眼相？"需要指出的是，所谓轻视台防，不能绝对视之，而应看到，是相对北洋而言。事实上，早在 1 月 10 日，《申报》就曾在《书南澳镇刘渊亭军门致总理各国事务衙门王大臣禀函后》一文中呼吁加强台防："朝廷以防务吃紧，诏军门（刘永福）带勇渡台，非以军门一人之可以防台也，知军门之有劲旅也；又诏军门北上助剿倭奴，非以军门一人自之可以助剿也，知军门之有劲旅也。岂知军门到台之后，始招潮勇一千名，分为两营，仓卒成军，非平时训练之众可比，幸台防无事，否则军门不几为所困乎？"

③《论李傅相被刺客所伤及倭人允停战事》,《申报》1895 年 4 月 7 日。

④《伊藤总理大臣提出应进攻威海卫并攻略台湾之方略》，载戚其章：《中日战争》第七册，中华书局 1996 年版，第 128 页。

台湾为日本经略南方之策略地。① 在主张割台的众多言论中，尤以日本海军方面的言辞为激烈，据陆奥宗光回忆："当时海军内部之希望与其割取辽东半岛不如割取台湾全岛；又同属于此派之中稍以辽东半岛为重者，则主张若辽东半岛不能完全由我占领，则使中国让该半岛于朝鲜政府，我国更由朝鲜政府租借，至台湾全岛则非归我版图不可。"②

因此，日军对澎湖的进攻格外引人注目。初到日本的李鸿章向国内探报："探知前六七日（3月14、15日）有运兵船多只出马关，约五千人，云往澎湖、台湾，确否？"③ 朝廷迭次传旨唐景崧，令其加强防备。④ 李鸿章的情报是大致准确的，3月15日，"混成支队（长比志岛大佐）由佐世保（军港）向澎湖出发"。3月23日，正式向澎湖岛发起攻击。⑤ 也就在这个时候，朝廷向唐景崧屡下谕旨，令其严防。报界对日军在澎湖的动向也极为关注。不过，各报对交战经过的报道不尽一致，同是对交战情形的报道，《申报》的基调是"澎军克敌"："昨日（23日）午后三点钟时，接倭兵侵犯澎湖之电，正在译登于报，又得台北发来告捷电音，云：本日有倭兵船十二艘来犯澎湖，经我军击沉两艘、轰坏两艘，余船遂纷纷逸去。然恐复来侵犯，是以炮台上仍加意严防。当两军相见时，虽炮火喧天，我炮台却毫无伤损，是可喜也。以上皆电报中语，观此，是我军已全获大胜。从此乘方张之锐气，以与敌人从事疆场，歼尽倭奴，俾无噍类，直意计中事耳。"⑥ 即使是对澎湖失守一事的报道，《申报》亦相对委婉，且将失败之责委诸日军的狡诈："倭舰往攻澎湖，被华军放炮击沉二艘，闻者方同声称快。不料警信传来，有出人意计外者。昨日厦门西人来电云：接有消息，知澎湖已为倭人所得。倭人之计甚为诡诈，初以兵舰在远处往来游弋，以扰我军心，欲使我守台之兵极力放炮、将药弹放尽，然后可以乘虚

---

① 宗方小太郎：《对华迩言》，载戚其章：《中日战争》第六册，中华书局1993年版，第142—143页。

② 陆奥宗光：《蹇蹇录》，载戚其章：《中日战争》第七册，中华书局1996年版，第170页。

③ 《大学士李鸿章来电》，载中国史学会：《中日战争》第三册，新知识出版社1956年版，第546页。

④ 3月23日，谕令："该署抚当督饬各营，时刻严防，勿稍疏懈。"3月25日，谕令："倭人意在攻取台湾，必有大队兵船前来扑犯。从前法人犯台，曾经官军击败。唐景崧惟当激励将士，严为戒备，相机堵剿。"3月26日，谕令："澎（澎湖）如不守，必将犯台。该省（台湾省）布置能否周密？如兵力不敷，或就地添募，或由闽省添派，设法渡往助剿之处。"分别见中国史学会：《中日战争》第三册，新知识出版社1956年版，第554、560、561页。

⑤ 《日清战历》，载戚其章：《中日战争》第七册，中华书局1996年版，第629—630页。

⑥ 《澎军克敌》，《申报》1895年3月24日。

疾进，奋力猛攻，前报（系《申报》上述报道）所纪'倭舰两艘被炮台击沉'，正在此时也。廿八日（3月24日）倭人在炮台相距较远之处调兵登岸，从后面攻入，华军力不能支，澎湖遂为所夺。"①《新闻报》亦然，先是说"澎湖大捷"："昨日（23日）午后五点钟时，接到驻台访事友发来专电。本馆当即译出，其电码云：'倭兵船十二艘犯澎湖，被我军击沉两艘，坏两艘；寇逃，恐复来；我炮台无损。'"②接着描写"大捷"之详情："昨（28日）接台湾访事友来函云：'上月二十七日（3月23日）早晨八点钟时，澎湖炮台遥见有倭兵舰十二艘在洋面游弋，内有一艘仿佛扯某国旗号，其时，守台兵官即令开放大炮，向倭兵舰轰击，当由我军击沉二艘、轰损二艘。午后，倭兵舰即行退去。乃不移时，倭又督率兵勇千余名，从澎湖炮台后山绕道至温凉港登陆。该处某防营营官立即飞报，驻扎澎湖之朱上泮统领与周军门赶调防营、严阵以待。至二十八（24日）早晨六点钟与倭人接仗，水陆交攻、枪刀并举，直至午后未分胜负。嗣被倭奴将澎湖至台电线割断，以致军信不通者竟日。旋由迪吉利士商轮及各渔船过澎，均称洋面并无倭舰行迹。迨二十八日晚又有渔船至台南平安港电报分局报称：在澎过经，见有倭舰五艘被我兵炮台大炮轰伤云云。以上信息皆系二十八日之事。'"③最后三言两语交代失守情形："及至二十九日（3月25日）晚，忽报澎湖失守云云。"④而《益闻录》则一面称颂清军英勇，一面却报道清军败亡的场景："上月廿九日（3月25日）台北电音云：'澎湖统领王军门（系该报误写，并无此人）于廿八日（24日）早与日舰交绥，勇武逾常，意在灭此朝食，讵鏖战间突为流弹所中，旋即殒命，众兵见军门已亡，立刻溃遁，三炮台遂为日人占据。'"⑤"顷接厦门友人来函谓：二月廿七日（3月23日），倭船四只进攻澎湖妈宫炮台，周总兵（周振邦）开炮迎击，中伤倭舰一艘，倭兵即退。廿八日（24日）又来倭船八艘，从西屿后猛击，坏民房四百余椽，老幼人口死伤亦多，倭兵立时登岸。妈宫华兵见西屿已失，自觉首尾不连，遂改妆易服，逃入渔船，渡至厦门，周总兵现寓通商局中。"⑥实际的情形是，

---

① 《澎湖警信》，《申报》1895年3月27日。
② 《台湾捷电》，《新闻报》1895年3月24日。
③ 《详志倭攻澎湖事》，《新闻报》1895年3月29日。
④ 《详志倭攻澎湖事》，《新闻报》1895年3月29日。
⑤ 《军情志要》，《益闻录》1895年3月30日。
⑥ 《澎湖失守情形》，《益闻录》1895年4月13日。

清军的确进行了顽强抵抗①，并据说还曾击中日舰②，但未久即溃败。可见，尽管《益闻录》所载事实细节有错讹之处，如称"澎湖统领王军门"，实际并无此人；又称周振邦退入厦门，实际是败走台湾。但其总体上符合澎湖战况，这可能与其宗教报刊的身份有关，对清军没有同胞之谊；而《申报》《新闻报》皆由华人秉笔，多少有些民族感情，于是不惜夸大战果，讳言败绩。

日军占领澎湖后，并未径直向台湾本岛进发。既如此，签订停战条约之时，日军早已占领澎湖，或者说日军在台澎地区已无军事行动，那为何要在停战条约中刻意不将台湾列入停战范围？尽管无从知晓日方不将台湾列入停战范围的真实意图，但已基本可见，在日军占据澎湖后，日方此举对清政府的心理威慑极大，营造了一种兵临城下之势，在此情景下，再向中国提出割让台湾，便能收兵不血刃之效。

中日签署停战条约后，日方即正式向中方提出割让"奉天南边各地""台湾澎湖各岛"等条款，李鸿章仅言"于让地一节，言奉天南边割地太广，日后万难相安"，并未述及割台条款。③此举引起光绪帝不满，降旨斥曰："所交说帖，但云奉天南边割地太广，而于台澎如何置辩，并未叙及"；"南北两地，朝廷视为并重，非至万不得已，极尽驳论而不能得，何忍轻言割弃？纵敌愿太奢，不能尽拒，该大臣但须将何处必不能允，何处万难不允，直抒己见，详切敷陈，不能退避不言，以割地一节归之中旨也"。④然而，在这同一则谕旨中，却又令李鸿章"遣李经方前往先将让地应以一处为断，与之竭力申说"。⑤那么，也就说，在"奉天南边各地"与"台湾澎湖各岛"二者之间选择一地割让给日本。依此看来，这则谕旨颇为矛盾，一方面要求李鸿章不论南北，均应等视，均需"极尽驳论"；而另一方面却还是要从中做出取舍。不过，这则谕旨还是引起了李鸿章的重视，他在给总理衙门的回电中表示："昨（4月7日）接唐抚（唐景

---

① 据日方文献记载，"敌人于我登陆地点顽强抵抗，这（澎湖之役）却是第一次。（澎湖）海战规模虽不及威海卫，但是，因为进行了一次像样的战斗，全舰皆有喜色。"见戚其章：《中日战争》第八册，中华书局1994年版，第466页。

② 唐景崧的奏报称："本日（3月23日）倭轮十二只犯澎湖之大城北地方。顷据澎电，被我炮台击沉二只，坏两只，余逃。"（中国史学会：《中日战争》第三册，新知识出版社1956年版，第554页。）而日方记载则谓："此日（3月23日）没有一发炮弹命中我舰。"（戚其章：《中日战争》第八册，中华书局1994年版，第466页。）

③《寄译署》，载中国史学会：《中日战争》第四册，新知识出版社1956年版，第337页。

④《译署来电》，载中国史学会：《中日战争》第四册，新知识出版社1956年版，第337页。

⑤《译署来电》，载中国史学会：《中日战争》第四册，新知识出版社1956年版，第337页。

崧）电，敌未来犯，军民心固，似可坚守；鸿断不敢轻允割弃，已于另备节略
中驳论及此。"①尔后，就反对日方所提割台之议，朝廷接连给李鸿章支招，先
是告以"彼既垂涎金州之矿，台湾此利尤钜，该大臣现与力争两处土地，能允
固善，必不得已，或许日以矿利，而土地人民仍归我有；此姑备一说，无非为
保全境土起见。"②在李鸿章看来，这个主意并不可行："彼垂涎台湾甚久，似非
允以矿利所能了事。"③后又告以"前电姑许矿利，该大臣虑其不允。为今之计，
或允其割台之半，以近澎台南之地与之，台北与厦门相对，仍归中国。"④此议
又遭到了李鸿章的反对，其谓："割台之半与之，亦必不允；一岛两国分治，口
舌既多，后患亦大。"⑤尽管朝廷给李鸿章所支招数一一被否，但他并未放弃驳
论。李鸿章"申述了台湾是日本兵锋未及之地，不能割让。日本已经用兵力夺
取的地方虽然没有办法，但交出兵锋未及之地是困难的"。⑥朝廷的招数及李鸿
章的辩词均不管用，和议一筹莫展，李鸿章甚是着急，于是，4月13日请示总
理衙门："是其愈逼愈紧，无可再商。应否即照伊藤前所改订条款（即伊藤4月
10日改订条款）定约，免误大局，迄速请旨电饬遵办。"⑦朝廷得信后颇显无奈，
然而也只好妥协，14日谕令李鸿章："原冀争得一分有一分之益；如竟无可商
改，即遵前旨与之定约。"⑧收到这则谕旨后，15日，李鸿章"又复公所会议"⑨，
并顺道向伊藤博文提及了王之春（时任"出使俄国大臣"等职，参与联俄、法
的外交活动）效法法国割让阿尔萨斯和洛林故事的建议⑩，但"彼执不可"⑪，也

---

① 《复译署》，载中国史学会：《中日战争》第四册，新知识出版社1956年版，第338页。

② 《译署来电》，载中国史学会：《中日战争》第四册，新知识出版社1956年版，第341页。

③ 《复译署》，载中国史学会：《中日战争》第四册，新知识出版社1956年版，第342页。

④ 《译署来电》，载中国史学会：《中日战争》第四册，新知识出版社1956年版，第343页。

⑤ 《寄译署》，载中国史学会：《中日战争》第四册，新知识出版社1956年版，第344页。

⑥ 《伊藤内阁总理大臣关于三国干涉的演说记录》，载戚其章：《中日战争》第七册，中华书
局1996年版，第663页。

⑦ 《寄译署》，载中国史学会：《中日战争》第四册，新知识出版社1956年版，第344页。

⑧ 《译署来电》，载中国史学会：《中日战争》第四册，新知识出版社1956年版，第345页。

⑨ 《钦差大臣李鸿章奏中日会议和约已成折》，载中国史学会：《中日战争》第三册，新知识
出版社1956年版，第609页。

⑩ 王之春建议："倭索全台，不应，则虑北犯，应，则闽粤必哗，而台民亦未必帖然，无计
可纾宸虑。窃采西人公论，普法之战，普索法之阿勒撒土（阿尔萨斯）及楼阿来那（洛林）二省，
法不得不应。惟引西例，凡勒占邻土，必视百姓从违，普不能驳。至今二省德法两籍相参，财产
皆民自主。华可据近例商倭。"载中国史学会：《中日战争》第三册，新知识出版社1956年版，第
608—609页。

⑪ 《复译署》，载中国史学会：《中日战争》第四册，新知识出版社1956年版，第347页。

就是在这次会议上，"订定二十三日（4月17日）两国全权大臣公同签画"。[①]

第二节　反割台舆论的乍起

一、朝臣与士绅们的呼声

4月17日，中日两国全权大臣在《马关条约》上签字画押，并商定21天后在烟台换约。割台的消息传到国内，引起了举国反对，有名的"公车上书"[②]就发生在此间。在等候换约期间，国人的观点大致分作拒约与改约两类：

持拒约观点者又可分作两派，一派主张武拒，甫闻割台的消息，丘逢甲便委托唐景崧向朝廷代奏全台绅民的意见："和议割台，全台震骇。自闻警以来，台民慨输饷械，不顾身家，无负朝廷。列圣深仁厚泽二百余年，所以养人心士气，正为我皇上今日之用。何忍弃之？全台非澎湖之比，何至不能一战？臣等桑梓之地，义与存亡，愿与抚臣誓死守御。设战而不胜，请俟臣等死后再言割地。皇上亦可上对祖宗，下对百姓。如倭酋来收台湾，台民惟有开仗。"[③]台民情真意切，不仅表达了割台的切肤之痛，而且表达了反割台的誓死决心，宁可战而亡，亦不忍"和议割台"，这便是武拒的观点。持这派观点的还有陕西巡抚鹿传霖、湖北巡抚谭继洵、山东巡抚李秉衡等人。鹿传霖奏称："窃愿躬率劲旅，效死杀贼，即碎首疆场，亦所甘心。甚至万不得已，我皇太后、皇上暂时西幸，以避其锋，犹远胜于听其要挟不能自存；而各军帅知乘舆已发，无内顾之虞，更可专力放胆，纵横荡决。彼倭寇深入重地，兵单饟竭，以我全力歼彼孤军，未有不能殄除凶暴、复我疆宇者也。"[④]与鹿传霖的观点几乎一致，谭继洵奏称："查倭地小饷绌，势难久角。我则地大物博，尽堪坚持。且失地无多，无损大局，军民愤极，势有可乘。但能筹备约款四分之一，已足以购船械充兵饷。加之制造各局赶造枪炮，各营加意训练，军务必有起色。倭所挟者不过谓海道易阻，密迩京师耳。若离海既远，则征调不灵，进退多阻，倭之伎俩必穷。中外

---

① 《钦差大臣李鸿章奏中日会议和约已成折》，载中国史学会：《中日战争》第三册，新知识出版社1956年版，第610页。

② 报界未对"公车上书"的反割台主张予以特别关注和报道。

③ 《署台湾巡抚唐景崧奏丘逢甲率全台绅民誓与台共存亡电》，载戚其章：《中日战争》第三册，中华书局1989年版，第74页。

④ 《陕西巡抚鹿传霖奏和款狂悖太甚万不可从折》，载中国史学会：《中日战争》第四册，新知识出版社1956年版，第94—95页。

议论，均愿皇上恭奉皇太后銮舆西幸长安。"[①]李秉衡亦表示："臣伏愿皇上乾纲独断，如彼族要挟过甚，则绝其和议，勿为虚声所恫喝，勿为浮议所摇惑。""各省海疆战事，责成各督抚，有丧师失地者重治其罪。上奋安民之怒，斯下励敌忾之忱，臣虽老惫，愿提一旅之师，以伸积愤，即捐糜顶踵亦所不惜！"[②]另一派主张文拒，即以联外交等和平手段，迫使日本废约。署理南洋大臣张之洞力主联俄、英以废约，甚至不惜割让土地、出卖利权，即其所谓："非藉兵威不能废约，此时欲废倭约、保京城、安中国，惟有乞援强国一策。俄国已邀法、德阻倭占地，正可乘机恳之。乞援非可空言，必须予以界务、商务实利。窃思威（海）、旅（顺）乃北洋门户，台湾乃南洋咽喉，今朝廷既有割此两处与倭，何不即以赂倭者转而赂俄、英乎？所失不及其半，即可转败为胜。"在张之洞看来，可将一些边远之地，如疆、藏一带的部分地方割让给俄、英等国，并"许以推广商务"，以换回辽东、台湾等重地，了却"心腹之患"。[③]福州将军庆裕等人亦持类似观点，他们慑于闽台强烈的反割台民意，"为此吁请总署（总理衙门）会集驻京各国公使从公剖断，速罢前议，救斯民"。[④]

持改约观点的主要是翁同龢等近臣和皇室宗亲。翁同龢尽管觉得"（拒约）的公论不可诬"，但却对拒约的观点不甚认同，用他自己的话说，就是"虽懦不赞成"[⑤]，但其坚决反对割台，当时在进行割地廷议时，翁同龢就已表示，若割台"恐从此失天下人心"，故坚决主张"台不可弃"，并一度与主张割台的大臣发生"龃龉"。[⑥]由此看来，翁同龢无疑是反对割台条款的，只是不主张全面废约。而亲贵载濂亦认为"纵不因此激变，亦已大失人心"，因此奏陈："近闻一二友邦亦有以为未妥者，请旨即以此为词，饬下王公大臣、大学士、六部、九

---

① 《湖北巡抚谭继洵奏请迁都西安坚持抗战必能取胜电》，载戚其章：《中日战争》第三册，中华书局1989年版，第130页。

② 《山东巡抚李秉衡奏议和条约尚须斟酌折》，载中国史学会：《中日战争》第四册，新知识出版社1956年版，第10—11页。

③ 《署南洋大臣张之洞来电》，载中国史学会：《中日战争》第四册，新知识出版社1956年版，第17页。

④ 《福州将军庆裕等奏请速罢和议交各国公断电》，载戚其章：《中日战争》第三册，中华书局1989年版，第90页。

⑤ 翁同龢：《翁文恭公日记》，载中国史学会：《中日战争》第四册，新知识出版社1956年版，第551页。

⑥ 翁同龢：《翁文恭公日记》，载中国史学会：《中日战争》第四册，新知识出版社1956年版，第547页。

卿、翰詹、科道，妥为会议，酌其可行者允之，其必不可行者驳斥之。"①

值得一提的是，各地士子们的意见，亦分作两派，一派与台湾绅民、鹿传霖、谭继洵、李秉衡等人的看法接近，主张武拒，他们纷纷上书朝廷表示："惟恳皇上明降谕旨，驳罢和议，以款夷之费筹兵，以乞和之耻激将，严赏罚，振纲纪，扼要以图之，持久以待之，数月以后，倭将不支；若被其恫喝，苟图瓦全，生等未知其祸之终极也。"②另一派则奏请朝廷"严饬李鸿章订正和约，勿割台湾"③。士子们的这些意见一般通过都察院或翁同龢转呈朝廷。

无论是废约派还是改约派，均义愤填膺，因此，不免迁怒于签署条约的李鸿章，对其攻击甚烈。翰林院编修杨天霖直接骂李鸿章为里通外国的汉奸："职以为夷虽无厌，苟无助之为恶者，亦必不能毫无忌惮。今乃明目张胆敢如此之横者，恃李鸿章与之狼狈为奸也。""至不得已而遣使议和，又不闻一言相争，反与倭通谋，令其任意要挟。不特倭人之所计及者许之，即倭人之所未计及者亦必假手倭人，列为条约，而使皇上许之。""职前闻李鸿章奉使在外，倭人有持洋枪暗击者，误而伤其颊，今回至天津，请假二十日，不知者以为卧病养伤也。今道路传言，云有见李鸿章者，谈笑自若，依然故态，面上并无一点伤痕，然则非真中枪也，恐人议与倭通，故假捏之耳。"④客观来讲，杨天霖对李鸿章的攻击多凭臆断，前文已述，在与日本的谈判中，李鸿章并非没有争，只是争而未果；而李鸿章遭到匪徒的袭击则是不争的事实，并无捏造。

朝廷对反割台的言论极为重视，光绪帝痛感："台割则天下人心皆去，朕何以为天下主？"⑤李鸿章早已料及民情汹涌，在拟签《马关条约》之时，他便建议总理衙门："唐抚（唐景崧）前电有台民誓不两立之说。务祈密谕，未交接以前，妥为抚循开导。"⑥于是，清廷一方面按照李鸿章的建议，电谕唐景崧，嘱其"开导民人勿违旨意"：

① 《贝勒载濂奏条约难行请饬廷臣会议折》，载中国史学会：《中日战争》第四册，新知识出版社1956年版，第11页。

② 《管理国子监事务户部尚书翁同龢等奏南北学肄业生曾炳燋等请驳罢和议据呈代奏折》，载中国史学会：《中日战争》第四册，新知识出版社1956年版，第22页。

③ 《广东举人梁启超等呈文》，载中国史学会：《中日战争》第四册，新知识出版社1956年版，第42页。

④ 《编修杨天霖呈文》，载中国史学会：《中日战争》第四册，新知识出版社1956年版，第33—34页。

⑤ 翁同龢：《翁文恭公日记》，载中国史学会：《中日战争》第四册，新知识出版社1956年版，第550页。

⑥ 《寄译署》，载中国史学会：《中日战争》第四册，新知识出版社1956年版，第346页。

台湾久隶版图，感戴朝廷恩泽，一闻他属，忠愤勃发，自在意中。但时势所迫，勉从其议者，大要约有两端：一则战不可恃，虑其进逼京师，利害所关，视台为重；一则台无接济，一拂其请，彼必全力并攻，徒损生灵，终归沦陷。

现在定约内日本声明："本约批准交换后，限二年之内，地方人民愿迁居者，准任便变卖所有田地退去界外。但限满之后尚未迁徙者，宜视为日本臣民"云云。是彼虽得地而百姓之不愿居台者仍有迁、卖两途，亦不至坐困。贵署抚当念朝廷爱护台民，不忍坐视涂炭之意，并以上定约所云，剀切出示劝令全台绅民，勿得逞忿一时，致罹惨害。以后办法，当随时电知。又新约于定议后便与华官无涉。此时务当妥为抚循开导，免滋事端，致碍大局。①

另一方面，令李鸿章与伊藤博文再行交涉；交涉无果，遂寄希望于列强的干涉。翁同龢日记有不少相关记载，这里试举两例，一次是得知日方已批准条约，"上（光绪帝）令总署（总理衙门）往俄馆（俄国驻华使馆）问回信"②。另一次是光绪帝从李鸿章处得知："今既遵旨定约，似难反悔，再召大乱"；"台事业与（伊藤）面谈详尽，难再电商，商亦无益"。③光绪帝"甚怒"，但盛怒之下，又转而问朝臣："昨日徐用仪见喀使（俄国驻华公使喀希尼）语如何？"徐用仪奏："喀希尼云：'得本国电码多误，不能读，今电回国。但云辽东不允倭占，请缓批准约章。'又云：'俄廷不食言。'至问以如何办法，则无的实语。""上（光绪帝）遂命奕劻、孙毓汶、荣禄今日（4月23日）往见喀使，传感谢之意，并告以批不能过缓，即电俄要的音。又命发电旨询许景澄（时任驻俄公使），亦以此节详告。"④从这两则记载来看，光绪帝甚望俄国干涉，以图达到改约的目的。的确，在明确表示干涉的俄、法、德三国中，俄国是急先锋。俄国为何充当急先锋呢？乃是因为其与日本在侵华利害上存在着此消彼长的关系，尤其是在东北亚地区，这正如时任日本驻德公使青木所指出的那样："试移眸观察东北

---

① 《电署台抚唐景崧保卫京师重于保台希开导民人勿违旨意》，载戚其章：《中日战争》第三册，中华书局1989年版，第70页。

② 翁同龢：《翁文恭公日记》，载中国史学会：《中日战争》第四册，新知识出版社1956年版，第550页。

③ 《大学士李鸿章奏台事业已面谈详尽再商无益电》，载戚其章：《中日战争》第三册，中华书局1989年版，第89页。

④ 翁同龢：《翁文恭公日记》，载中国史学会：《中日战争》第四册，新知识出版社1956年版，第550页。

球之情况，便可看到，日本与俄国，其利害互异：于彼有利之处，则于我不利；于我有利之处，则于彼不利。总之，冰炭不相容，其冲突迟早不可免。然而去年（1894 年）以来，日清交战之功效，始终于我日本有利。当我国（日本）终于要求割让奉天省之南部（即辽东半岛）纳入帝国版图之际，俄国则欲想尽办法对抗之。"[1] 而法、德与日并不存在此种关系。后来，在三国的干涉下，日本同意放弃割让辽东半岛，条件是中国向日本支付 3000 万两库平银。可是，在反割台的议题上，三国并不积极。法国尽管曾表示"法愿阻日割台"[2]，甚至一度派军舰往台，并派"先遣员晤台抚，面商机宜"[3]，但是，很快即表示"势难再申前议"[4]。实际上，除了俄国，在主动干涉的三国中，清廷对法、德并未寄予厚望，而一直不愿干涉的英国，则被清廷和一些官员视作保台的希望所在，甚至不惜出卖主权、利权。早在 3 月中旬，驻英公使龚照瑗就曾向英方提出"中国为筹集贷款，可将台湾部分权利转让给一英国辛迪加"，可是遭到了英方的拒绝。[5] 4 月 18 日，姚文栋受张之洞和唐景崧的委托，秘密约见英国驻淡水代理领事金璋（L. C. Hopkins），请其转告英国驻华公使："（将台湾割让给日本）这样做不符合国际法，而且日本人至今未占领甚至未进攻台湾。该岛军民都强烈反对割让。""（将台湾割让给日本割台）这一变化对其他国家损害极大，特别是对英国及其殖民地香港，它不仅会影响香港的贸易，而且会使该殖民地的安全受到威胁。与其让日本得到上述'利益'，不如让英国这样的友好国家得到。"[6] 同日，金璋致电英国驻华公使欧格讷（N. R. O'Conor）称：

> 两江总督（张之洞）的一位心腹代理人（姚文栋）代表台湾巡抚向我传递了一个秘密信息，大意是与其将该岛交给日本，他们宁愿签订一份条约，给英

---

① 《关于三国干涉原因之报告》，载戚其章：《中日战争》第十册，中华书局 1995 年版，第 203 页。

② 《署南洋总督张之洞奏据王之春称法愿助华阻日割地电》，载戚其章：《中日战争》第三册，中华书局 1989 年版，第 186 页。

③ 《驻英使臣龚照瑗奏法另与华商保台办法电》，载戚其章：《中日战争》第三册，中华书局 1989 年版，第 297 页。

④ 《驻法参赞庆常奏为法不愿再申前议干涉割台事宜电》，载戚其章：《中日战争》第三册，中华书局 1989 年版，第 379 页。

⑤ 《金伯利致欧格讷电（第 50 号）》，载戚其章：《中日战争》第十一册，中华书局 1996 年版，第 840 页。

⑥ 《金璋致欧格讷函（第 633 件附件，密）》，载戚其章：《中日战争》第十一册，中华书局 1996 年版，第 956 页。

国某些特别利益以换取英国提供保护。至于何等利益，以后再加安排。此想法似乎是把该岛实际上转交给大不列颠，由大不列颠负责该岛的保卫。①

不过，有一点需要澄清，姚文栋向英方转述的某些观点，特别是"把台湾转交英国"的观点，并非张之洞的意思，可能只是唐景崧单方面的设想。张之洞曾致电唐景崧，明确表示："仆极力阻倭约，保辽、台，或电奏，或电各使，百计俱施，无所不可，但办法与尊意迥别，但能结强援以翻全约，不能为台求各国保护也。若各国护台，则台仍非中国有矣。"②

4月20日，金璋再度致电欧格讷，谓唐景崧亲自约见他，并告以"该岛（台湾岛）割让给日本削弱了他的控制。现在他已无力保护外国人的生命和财产的安全"。而且还告知"（一位台湾当地的代表）恳请将该岛置于英国和德国保护之下，建议由这两个国家对煤、樟脑、茶叶、黄金和硫磺收税，而中国保留领土和管理权，并继续收取土地税"。③不仅如此，总理衙门及中枢大臣们也没闲着。据欧格讷称，"总理衙门的大臣们多次强调台湾问题十分重要，以及保持台湾作为中华帝国的组成部分对大不列颠利益有重大意义"。④4月24日，总理衙门的大臣们又一次向欧格讷提及此事，并暗示英国干涉之必要⑤。4月28日，庆亲王奕劻和孙毓汶、徐用仪一行到英国使馆会晤欧格讷，请求英国干预。在此次会谈中，奕劻还特意提及了4月20日金璋电报所开台湾士绅向英国提出的一系列优惠条件，不料欧格讷竟直言不讳地回应道：

关于交出某些产品，如茶叶、樟脑、煤炭的关税来换取保护的问题，我得

---

①　刘黄译：《欧格讷外交报告》，载戚其章：《中日战争》第六册，中华书局1993年版，第684—685页。

②　吴剑杰：《张之洞年谱长编》上卷，上海交通大学出版社2009年版，第427页。

③　刘黄译：《欧格讷外交报告》，载戚其章：《中日战争》第六册，中华书局1993年版，第685页。

④　刘黄译：《欧格讷外交报告》，载戚其章：《中日战争》第六册，中华书局1993年版，第682页。

⑤　据欧格讷报告称："他们（总理衙门的大臣们）说，他们十分关注和平条约中将台湾割让给日本的条款，因为在该岛上有相当多的大不列颠臣民，故他们感到有责任向我提及此事。""徐大人（徐用仪）接着说，该岛居民已明白表示，他们与其屈从于日本统治，还不如拼死抵抗。事实上，人们对台湾被排除在最近达成的停火范围以外感到愤怒。他担心，等到割让该岛的时候，中国当局将会失去对该岛的控制，不可能保证对外国人提供保护。"见戚其章：《中日战争》第六册，中华书局1993年版，第682页。

到的消息表明，在刚才提到的会见（4 月 20 日金璋与唐景崧及台湾士绅代表的
会见）时也曾向其他列强国提出同样的建议，特别是已向德国提出这样的建议。
此果在战争以前就提出这个建议，情况可能会很不一样。但是，现在才提出这
个建议，依我看来，好像是向一家已破产的、被抵押给另一个人的地产业提供
贷款。这样的建议得不到赞同，是不会令人惊奇的。我认为，不管从中国政府
方面来说，还是从两江总督（张之洞）方面来说（我相信此想法是自南京总督），
向不同的列强国家四处兜售这个建议是不明智的。①

　　至此，已可概见，清廷上自枢臣，下至黎民，尽管多次请求英国作反割台
之干涉，但均无济于事。不仅如此，当台湾军民奋起抵抗之时，欧格讷还曾想
警告总理衙门："违反马关条约有关条件将会导致极其严重的后果。"② 另据《台
海思痛录》记载，20 日当台湾士绅为求英国保护而许以厚利之时，却遭到了金
璋的好一顿奚落："领事（金璋）拈髭微哂，作中国语曰：'台湾全岛乃红毛人
（荷兰人）开辟，后即为日本攘夺；郑氏（郑成功）取之不久乃归中国。今复与
日本，是物还原主。'"③

　　二、舆论界之附和与反对

　　在签署《马关条约》的当日，《申报》《新闻报》《益闻录》等报刊就报道了
割台的消息。《申报》与《益闻录》所刊消息，内容基本一致，皆言以台为质，
一直到付清赔款为止。④ 显然不准确。唯有《新闻报》所登"台湾亦永远割归
日本"⑤的消息，是准确的。可是，该报自陈："是否属实，未便臆测。"⑥ 这是必
要的谨慎，毕竟各报得到的消息是签约前的消息，事实也确乎如此，《新闻报》
所载条约的六款内容，并非款款准确，如"第二款，日本所得中国地方均为日

　　① 刘英译:《欧格讷外交报告》，载戚其章:《中日战争》第六册，中华书局 1993 年版，第
694 页。

　　② 《欧格讷致金伯利电（第 62 号，机密）》，载戚其章:《中日战争》第十一册，中华书局
1996 年版，第 906 页。

　　③ 思痛子:《台海思痛录》，载戚其章:《中日战争》第十二册，中华书局 1996 年版，第
106 页。

　　④ 《申报》称"中国允付日本银圆一百兆枚，分年付楚，当未付楚时以台湾为质。"（《申报》
1895 年 4 月 17 日。）《益闻录》称"倭索兵费二百兆两，限十五年内付清"，"未付清之前，以台湾
及澎湖全岛为质"。（《益闻录》1895 年 4 月 17 日。）

　　⑤ 《和议述闻》，《新闻报》1895 年 4 月 17 日。

　　⑥ 《和议述闻》，《新闻报》1895 年 4 月 17 日。

本所有""第五款，库平银一百兆两"①，就不准确。不过，很快《申报》《益闻录》就报道了割台的准确消息。4月19日，《申报》即报道"台湾一带地方永远让与倭人"②；20日，《益闻录》亦报道"台湾一岛永让日本管理"③。得到确信的舆论界，顿时分作两派：一派以《万国公报》为代表，附和主和派，力主履约，奉劝中国顺受；另一派以《申报》《新闻报》为代表，反对割台，主张改约或废约。

《万国公报》一方面申论列强干涉皆为一己之私，并非出于对中国的友情，进而主张，与其让利于欧美，不如让给日本：

故虽俄罗斯纠约法、德二国，力扼日本，俾不得逞志于满洲，阳托于仗义执言之例，实则各自保其利益，初非有爱于中华也。（传闻中国前遣王爵棠方伯之春往唁俄丧兼贺即位之际，贵有密约，以黑龙江濒俄之地赂俄，俾俄西伯里亚通至太平洋海口珲春之铁路得以径行直遂，而即以联拒日本为请，事甚秘密，无从征信也。）俄人之骎骎图南者，已非一日，日本之福，俄罗斯之忧也，其必抗之者，势也。法既得安南，即图台湾，今忽焉而折于日本，法人之不能甘心者，亦势也。（日来传闻，驻泊中国洋面各兵舰已开赴台湾矣。）独德与法为世仇，俄与法合，德即联奥意以拒之，今助俄法，事出意外。英人袖手旁观，已颇动人疑讶。（或谓：俄思染指于中日之役，深恐英人掣其肘，故帕米尔分界步步退让，旋与英订密约，请英任俄蚕食黑龙江，事亦甚密。）总之，各有深意，绝不肯为中国援手，则皆事有必至，理有固然也。

四月十四日（5月8日），中日两国各遣使臣换约于烟台，俄兵舰踵至，以力阻日本割地为词，汹汹然势将寻斗。日本震惧，自愿退还侵地，而索中国加银一百兆两，是故何伤于日本哉？乃目论之徒，偏若深得俄人，并言："无论欧洲人欲得何项利益，悉愿予之，独不愿予日本。"夫中国之于日本，信有恨矣。而同洲之义，日本纵置不讲，中国讵可遽妄！奈何甘助外人，而抑邻国哉？吾请以一言决之曰：中国能自强，寸土尺民，不可与人也；否则，与其欧洲，无若日本。④

① 《和议述闻》，《新闻报》1895年4月17日。
② 《和议续闻》，《申报》1895年4月19日。
③ 《和议述闻》，《益闻录》1895年4月20日。
④ 《朝乱纪十一》，《万国公报》1895年第76期。

这一通议论尽管在一些细节上不免失实（如王之春携密约赂俄，就系捏造；清廷许俄筑路等特权是次年签订的《中俄密约》）。但对俄、法两国干涉还辽动机的揭露无疑是准确的：俄染指中国东北的企图路人皆知。法国对台湾的觊觎也由来已久，并曾在中法战争期间一度攻占基隆、澎湖等地；在日军进攻澎湖之际，游弋于中国洋面的法国海军还曾向澎湖守将提出："如果镇台投降法国，并通过法国海军高级军官要求法国保护，那么镇台可以悬挂法国旗以保护他们免受攻击。"① 即便是德国，其意图不如俄、法明显，也并非没有缘由。据日本驻德国公使青木的外交报告称，德国政府为干涉一事先后陈述了两种理由：

当德国政府最初与俄、法取得一致欲对日本提出抗议时，便首先制造借口，以半官方报纸发表说：日清讲和条约所载有关通商及制造业等经济事项之条件，实际上足以使日本垄断清国通商之利。如此条约果真成立，德国于清国将再不可能收到通商之利，德国政府岂可无视此种危害而加以默许，等等。于是，本官（青木）暗中劝说属于德国自由党之数名新闻记者，使自由党各报举出反对虚构言论之佐证而加以痛斥；说明日清讲和条约毫不损害德国于清国通商之理由。因此德国政府终于觉察到其借口甚为浅薄，不能使舆论感到满意。不久又改变其借口，再以半官方报纸发表说，日本国占领旅顺口，系对北京加以直接恐吓，其情景与以手枪对准他人胸部进行威胁毫无不同之处。清国因此便不能忘却报仇雪耻之念，东亚之和平终将不能奠定巩固之基础。果如此，不独东亚之贸易不能振兴，且东亚之事件将进而影响欧洲各国和平非鲜，此乃德国不得不与各国联合对日清讲和条约进行干涉之理由云云。②

然而，《万国公报》也并非站在中国的立场上考虑问题，特别是其"与其欧洲，无若日本"的建议，则直接暴露了其唯恐列强在华均势被打破的担心③。这

---

① 刘黄译：《欧格讷外交报告》，载戚其章：《中日战争》第六册，中华书局1993年版，第677页。

② 陆秉钧等译校：《日本外交文书选译》下，载戚其章：《中日战争》第十册，中华书局1995年版，第203—204页。

③ 郑师渠认为"其命意只在排俄"（郑师渠：《〈万国公报〉与中日甲午战争》，《近代史研究》2001年第4期），似过于绝对，《万国公报》此论有排俄的意味，但并不仅限于排俄，法、德诸国亦在其关注之列。

与英国的看法相当接近，欧格讷早在马关议和之际就曾直言不讳地告诉清廷："伯爵阁下（英国外交大臣）不能够劝告中国政府拒绝日本的建议"，"就我（欧格讷）所得到的消息来看，我不知道外国列强方面有为中国利益诉诸武装干涉的意图，如果没有得到特别保证，中华帝国冒险立即重开战事是危险的。另外，即使任何一个列强国家进行干预，我确信也是为了他们自身的利益"。①

另一方面，奉劝中国打消英国干涉的念头，谓英国断然不会与俄联手，其援引英刊《旁观者》（*The Spectator*）的言论称："今中东和约已定，俄国声言，必阻东割华地，我英则漠然无助。或疑英之阳示镇静，而阴与俄有成言也，则应之曰：否否！藉曰有之，岂能以镇静终哉？必将与俄联袂而出，宣明不愿割地之意，英之战舰更宜一扬神威，日本苟或不遵，事出于无奈，则必扫荡其海军，以救中国。"② 至于英国为何不愿出面干涉，该刊列举了一大堆理由，其要旨无外乎"利益"二字，即是说，出面干涉不符合英国的利益。如在该刊看来，若英俄联手干涉，最终只是遂了俄国的心愿，英国不仅得不到好处，反而会惹一身的麻烦：

所益者只在俄耳，俄欲割华之奉、吉、黑三省暨伊犁等地，又欲为朝鲜之主（如英之主印度也）。

且英实不愿见西伯里亚俄路庆成，而为北冰洋之主，今乃缘（援）华而助俄乎？俄国锐意进取，罔知餍足，又急欲在辽东一带，别立足以自养之子国（西语以本国为母、属国为子）。彼如之人，不便于英孰甚，英反而出而助之，获一海战之胜绩，是不过于英国屡胜之极长清单后，濡笔而尾添一事耳。实则此胜也，非显英强，而增英弱也。其胜后之所能得者，或与华立相辅之约，以抗疆邻。然独不思华为糜烂之国耶？俄人猝来，败不旋踵；矧已新败于日，岂能稍助于英，英惟曾一仔肩之重任已耳（英常谓保土耳其以拒俄罗斯实一重担）。后顾茫茫，合当有事，将不但保印度，又需保中华。英其何以堪之哉？故调英炮舰，灭日海军，所得酬劳之薪水，屈指计之：一曰，揽极难之重担以为佣；二曰，改极睦之好友以为仇；三曰，惹极疆之贪夫以为敌。如斯而已矣。③

① 刘英译：《欧格讷外交报告》，载戚其章：《中日战争》第六册，中华书局1993年版，第660页。

② 《哀私议以广公见论》，《万国公报》1895年第77期。

③ 《哀私议以广公见论》，《万国公报》1895年第77期。

《万国公报》所引《旁观者》之言，亦颇合英国的外交主张，以致英国外交大臣在同日本驻英公使会晤时表示："关于一般形势，若认为如报纸所报导，盖无大错。"①

相对《万国公报》清晰而坚定的劝和立场，《申报》的反割台立场则略显隐晦。有学者据《俄罗斯财赋兵制考略》《欣闻和议》《论中日议和换约事》等文判断，"《申报》对割台等屈辱条款表示理解，对和议终成表示欢迎"②。上文已有所提及，马关议和期间，《申报》是主和的，因此，其听闻和议终成的消息，不免欢欣鼓舞，甚至害怕失去和局，故而对主战派亦多有挞伐，这是不争的事实。然而，这并非《申报》立场的全部，其尚有反抗割台的一面：

其一，主张改约，且寄希望于英国的干涉。同清政府一样，《申报》希望引入英国的势力以保全台湾。《马关条约》刚一签订，《申报》即从地缘政治的角度出发，认定中国割台予日本，于英国殖民地安全及商业利益有巨大损害，英国必不允："英人思深虑远，谓中国若失台湾，于英之印度不无可虑，且台湾为南洋枢纽，倘为倭人所割，不特中国通商利益半为倭有，且恐英之商务亦在倭人操纵之中，故请于中朝力保台湾，不得使倭人占据。"③三日后，又据此认为日本割台的图谋必不能得逞，因为"台湾而在中国，英可不备，中国不掣英之肘也"；若"一旦为倭人所有"，恐有损于英国利益，所以，英国必不能袖手旁观，日本的割台之举必遭英国的干涉，正所谓"以倭人之志骄气盈观之，不特求伸于中国且欲求伸于天下，而不知黄鹄捕爵而挟矢张弓者之已在其后乎"。④尽管这些消息和评论不完全真实、客观，但不可否认，中国若割台予日本，的确有损于英国的利益，并且，据《泰晤士报》报道，"有消息称，割让台湾给日本的消息令在香港的英国人感到不安"。⑤不仅如此，"西班牙政府对将台湾割让给日本一事深感不安，因为该岛离菲律宾（当时系菲律宾殖民地）很近"，并曾"请

① 陆秉钧等译校：《日本外交文书选译》下，载戚其章：《中日战争》第十册，中华书局1995年版，第151页。

② 陈忠纯：《报刊舆论与乙未反割台斗争研究——以〈申报〉为中心》，载《台湾研究集刊》2011年第2期。

③ 《议和津信》，《申报》1895年4月22日。

④ 《论倭人得利不可恃》，《申报》1895年4月25日。

⑤ "The Times", April 18, 1895.

求英国对此给予帮助"。① 由于英国不欲介入，西班牙请求英国帮助未果，转而求助于俄、法、德等国。《泰晤士报》对此还进行了报道："据了解，西班牙政府已向法国、俄罗斯和德国的政府发出照会，（照会内容）主要涉及割让台湾和澎湖列岛问题。西班牙从一开始就积极支持三国干涉还辽，但她也希望三国对中国割让台澎列岛采取某些行动，因为她担心这些岛屿一旦掌握在日本这样的强国手中，可能会使其所属菲律宾群岛面临长期威胁。而且，西班牙政府认为，由于日本人在签署和平条约（《马关条约》）时并未占据台湾，其若在台湾居民强烈反对的情况下割取该地，则不无争议，这很能为欧洲列强的进一步干涉提供依据。"② 尽管英国无意干预，俄、法、德也不曾反对割台，但在当时，日本屈服于俄、法、德三国干涉的举动，已在日本舆论界引起了轩然大波，各报纷纷抨击政府无能，以致日本政府采取查封报馆的极端办法。据《申报》报道："昨（5 月 1 日）报登俄、日违言一事，兹闻此事日人甚为秘密、不使人知，且禁约本国各新闻不许登录。然仍有不免漏泄者，因之《东京日日新闻》等四日报社已被地方官封闭。"③ 稍晚，《泰晤士报》也刊登了类似消息："在（日本）天皇宣布退还辽东半岛的诏书颁发后，仍有大量（日本）报纸，因抨击政府屈服于俄、法、德三国干涉，而遭致停刊。"④ 若此时英国再向日本施压，令其退还台湾，加之国际舆论的鼓噪，日本政府将面临内外交困的险境。可见，《申报》寄希望于英国干涉以保全台湾的见解并非虚妄。

其二，主张废约，甚至不惜以武力相拒。在临近换约的日子里，《申报》认为"和议之成才十有二三，和议之不成反十有八九"⑤，其理由有四点：

前接伦敦电语，谓驻扎日本之法、德、俄三国钦使行文日廷，不准中国土地让与日本，似我以土地与敌、与邻国毫无干涉，不知孰是孰非，自存公论。若德、法、俄三国出为公断，中国亦难有自主之势。在倭人，已定草约，若不割地必致决裂。三国公使既有此论，未必即肯袖手旁观，此和议之未必能成者一也。

① 《金伯利致伍尔夫（H. Drummond wolff）函（第 64 号）》，载戚其章：《中日战争》第十一册，中华书局 1996 年版，第 883 页。
② "The Times", May 13, 1895.
③ 《倭事日亟》，《申报》1895 年 5 月 2 日。
④ "The Times", May 20, 1895.
⑤ 《论中日和议未必能成》，《申报》1895 年 5 月 2 日。

京中来电云：现有武臣中之志切同仇者，皆愿战而不愿和；台谏多人各缮封章上陈黼座，咸以傅相不应吝出兵费，致将要地割畀倭人，大伤国体。在皇上，上怀祖德、下顾舆情，未必肯以根本之地轻以与敌，此和议之未必能成者二也。

况宋宫保祝三（宋庆）、依将军克唐阿、刘军门渊亭（刘永福）为一时瑜亮，统率大军、南北控制，皆有气吞倭人、灭此朝食之势，或执"将在外不受君命"之例，事关大局，朝廷亦未便责其不臣。……此和议之未必能成者三也。

又闻中倭订定草约后，台湾人民咸不乐割地以畀倭人，愤激之情形于词色，倘倭人果欲收取其地，恐不免一场战斗。况该处人情坚固勇悍非常，又为财富之区、易于筹饷，倭人虽贪，恐不能越雷池一步，此和议之未必能成者四也。①

客观而言，第一点理由与后三点理由不在一个层面，因为，俄、法、德三国的干涉尽管有军舰配合，但依然是和平干涉，不过是以军事实力为后盾的外交干涉，并非军事干涉；而后三点理由则是完全基于和议破灭的考量，亦即重开战争的考量，在《申报》看来，主战的臣民以及善战的将士倍感屈辱，皆有出于一战之意。更为关键是，《申报》并不惧和议破灭，即使再次开战也在所不惜："及今和议未成，一旦决裂中国又何所恃哉？窃以时势度之，若再开战，虽未敢必中国之必胜，然断不至如从前之节节退让、每战必败。前者仓卒应敌，皆误于不知选将之故；今者庸劣之员悉予重罚，即素称知兵之吴清帅（吴大澂）一经溃败即解兵权。朝廷赏罚既明，将帅自能用命，将帅能用命，而兵卒犹不战而退未之有也。说者谓：'开战以来，军需浩大，民生穷促之时，是宜休养为主；兵连祸结，靡有穷期。'然所偿之费亦不能不取之民间，易为军饷，亦绰绰乎有余！况人心皆有跃跃欲动之势，欲动而强之使静，未必能久静也。"②

此外，《申报》等报还大量报道了主张改约或废约的言论，并多持同情立场。中日《马关条约》刚刚议定，《申报》即报道了台湾官民的义愤："（台湾）官民一闻中倭立约、议将台地让与倭人，同怀义愤，愿与倭人决一死战，请抚宪唐维卿（唐景崧）中丞入告九重"；并认为这种义愤是"台民之涵濡王化、仗义不屈"的表现。③清廷批准和约后，《申报》还对朝臣们的主战言论进行了

① 《论中日和议未必能成》，《申报》1895 年 5 月 2 日。
② 《论中日和议未必能成》，《申报》1895 年 5 月 2 日。
③ 《台电译要》，《申报》1895 年 4 月 20 日。

补充报道："当草约初成时，亦中翰、詹、科、道以及钦差大臣正任两江总督刘
岘帅（刘坤一）、署理两江总督张香帅（张之洞）、山东巡抚李鉴堂（李秉衡）
大中丞一律封章入告或由电奏，以为事不可行。统计内外臣工，章奏多至数十
余起。"① 与此同时，《直报》也报道了官绅们请愿废约之情事："自古邻国失和，
以干戈而易玉帛，必有其故——或以侵犯疆场、或以欺侮民庶、或因失礼于使
者、或因争夺夫牧群，断无一无所事而遽开兵衅者。日本之扰我辽东、破我门
户、无理取闹，洵为天地之所不容、人神之所共怒者也。三月二十八日（4月
22日），督察署前拦舆联名递呈者有三十余名之多，皆系京官。三十日（4月
24日）又有递呈者六十余名，闻系各省在京就职及孝廉诸公同具公呈、恳请代
奏。诸公情愿捐饷、自行攻剿，至和议各节断不可从。"② "日前都察署前，有闽
省孝廉为首会同京官商民等约百余人拦舆递呈，各情已列前报（指上述5月
1日之报道）。兹闻所陈乃因中日两国和局'台湾一省永让与日廷管理'，虽蒙我
皇上俯允'只让台南，不让台北'（实系上文提及的马关议和时期朝廷的应对之
策，未入条约），然日所得之地皆不可让，倘若仍照约章办理，闽省绅民当自备
军饷与日交锋、奋勇剿除，何愁不灭此朝食等词。"③

　　《申报》既然有改约与废约的种种表现、甚至还不惜一战，那又为何表露出
对"和议终成"的"欢迎"呢？首先，不得不承认《申报》的言论的确存在混
乱的现象，如《申报》对1874年日本侵台事件的善后主张，先是认为没有理由
赔费，未久却又表示，若能就此了事，适当赔费也未尝不可。就马关议和而言，
在英国驻上海总领事哲美森（G. Jamieson）的眼中，那时的上海中文报刊简直
是乱象丛生：

　　从报上发表的文章来看，记者们的意见纷乱陈杂，无一定之规。他们一边
说中国正在派使臣去日本求和，希望他们能大获成功，一边又对日本滥骂一通，
大言不惭地鼓吹不久就会把日军消灭干净。有的报纸今天刚刚刊登一篇支持创
建一支强大海军的有见地的文章，明天却又刊登一篇专论，大谈陷阱的用法
以及挖掘壕沟阻挡敌人进攻的必要性。理性已荡然无存，而且茶馆酒肆里什么
花样的故事都能编造出来。愚昧无知、妄自尊大、幼稚轻信是这些报人们的特

---

① 《廷议纷纭》，《申报》1895年5月5日。
② 《同深义愤》，《直报》1895年5月1日。
③ 《各抒义愤》，《直报》1895年5月6日。

点。①

　　其次，应该看到，报刊最基本的功能就是传播信息，而人们对《马关条约》的反应并非只有反对，还有惊恐之后的平静。即便是在台湾，普通居民及一般官吏听闻战事将至也惊恐万分，如《益闻录》描绘了日军攻陷澎湖后台湾居民惊恐万分的场面："台湾澎湖受兵以后，三月初四日（3月29日），该处打狗（高雄）埠地方居民，闻日兵又将来攻，大为惶恐。台府一带商贾铺户，莫不闻声惊扰，纷纷迁避者，直同鸟飞兽骇、鱼贯奔走，喧嚷接踵。"②《新闻报》亦有类似报道："台北自接警电后，城厢内外人心惊惶。其本地土著因法人之役尚狃于司空见惯、不足为异，独有寄居于此之官幕两途，一时携梅挈鹤，咸乘斯美快轮，纷纷往沪上而去。"③因此，《申报》一方面传播主战的声音，另一方面也传播避战、畏战的情绪。比如《欣闻和议》这则消息就是报道杭州居民听闻和议告成消息后惊魂甫定的情景："杭垣自三月初旬闻澎湖失守后，胆怯者因倭奴南犯大有寝（馔）难安之势。兼之谣言四起，虽皆捕风捉影之谈，而城厢绅士杨某、吴某、金某等适值息借开办，乘势远避；小民无知愈觉惶惑。至二十二日（4月16日）清晨，传说抚宪廖毂帅（廖寿丰）接得电信，知和议已成。午后，清吟巷王赓虞制军住宅得天津电信，亦谓和议告成，二十二日签押。一时喧传，城中人心遂定。"④这种做法，大概就是《申报》常说的"援'有闻必录'之例"。特别是面对"两歧"的消息，通常是"姑两存之"，中法战争期间是这

---

　　①《哲美森本年第一季度民情报告摘要（第580件附件）》，载戚其章：《中日战争》第十一册，中华书局1996年版，第930页。

　　②《台厦风声》，《益闻录》1895年5月1日。

　　③《台防补录》，《益闻录》1895年4月6日。

　　④《欣闻和议》，《申报》1895年4月21日。

样，甲午战争期间亦复如是。①

最后，还应看到朝廷的言论管制政策对《申报》言论的影响。恭亲王奕䜣早就对《申报》的言论表示过不满。奕䜣曾照会英国驻华公使威妥玛："查上海英国租界有英商美渣于上年创设申报馆，所刊之报，皆系汉文，并无洋字。其初原为贸易起见，迨后将无关贸易之事逐渐列入，妄论是非，谬加毁誉，甚至捏造谣言，煽惑人心，又复纵谈官事，横加谤议，即经职道（上海道台）函致英领事饬禁，未允照办。"故"要求威妥玛饬令英国驻上海领事：'凡不关贸易之事，不准列入《申报》'"。②而在甲午战争期间，清廷曾颁布"禁谈国事"的禁令，据《益闻录》报道："中日开战以来，京中禁谈国事，凡私言密语，偶涉中日之事，一经官差耳闻，（遂）揪发辫拖入狴犴，治以奸细之罪。其初仅禁抗言高论之流，今则并不许交头接耳齿及中东。大街小巷、茶肆酒馆、庵观寺庙，莫不有巡逻之人暗查密访。"③尽管《申报》在租界办报，但其发行并不仅限于租界，因此，其对清廷的禁令不能不说有所忌惮。加之，当时的主笔黄协埙持论谨慎，害怕得罪清廷。据《申报馆内通讯》记载："其时（黄协埙主持笔政之时），清廷对报纸上过激之言论十分注意，故黄君（黄协埙）在处理稿件时，亦倍加审慎。凡字里行间遇有略触忌讳之言论，务必删除之。"④由是观之，议和与换约均是朝廷旨意，《申报》若不"欢迎"，显然有拂逆上意之嫌，这是清廷所不允许的，也是黄协埙等人所不愿看到的。照此逻辑，《申报》对和议与换约表示欢迎，可能有对形势的考量。

相对而言，《新闻报》的反割台主张与情绪表达就要大胆、直接一些。除报

① 中法战争期间，《申报》特别论及："兵家之求援，无异于病人之求医；而兵家之讳败，亦无异于病人之讳疾。中法之战，中国人每喜闻华军之胜，不喜闻华军之败，此固由于义愤所致，其意良可嘉矣。然喜言其胜，而不究其所以胜之之道；不喜言其败，而不求其所以免败之方。则是但欲愈七年之病，而不求三年之艾，仍无济也。本馆于中法战事，但照有闻必录之例，据事直书；而于中国所应布置预备之处，凡智慧之所及者，无不早经筹及、著之于书，以几万一有当于铅刀爝火之用。"（见《宜急援台北说》，《申报》1884年10月26日。）甲午战争期间，以宾主对话的形式再次论及："客有关心时事者，造尊闻阁而问焉，曰：'倭人之惯造谣言，吾子亦已知之审矣，前者无端捏造某大臣及某统领之事，吾子谅已耳熟能详矣。今之所发电音，安知非海市蜃楼、藉以摇惑华人之心志？子奈何尚信而译之，且屡译不一译之乎？'执笔人应之曰：'仆何尝信倭国人之语，惟报馆之例——有闻必录！倭人既有此说，西报既已登，则不妨译列其词，以观续信，夫亦未尝悖日报章程也。'"（见《与客谈连日本报所译倭人电信》，《申报》1894年9月20日。）
② 杨天石：《光绪皇帝的新闻思想》，《炎黄春秋》2003年第8期。
③ 《禁谈国事》，《益闻录》1895年3月16日。
④ 徐载平、徐瑞芳：《清末四十年申报史料》，新华出版社1988年版，第25页。

道朝野的反割台观点之外，该报从三个方面阐述了其反割台立场：

其一，得知和议有"强成之信"，即从其一贯反对议和的立场出发，以"乡人相搏"为例，申论议和之非："观于目前中倭议和之事，而不禁感慨系之也。夫乡里之中，两人相搏，已分胜负矣。忽焉，胜者惧争竞之无已也，乃请息事议和、言归于好。负者苟挟血气之勇，尚不肯甘心允议、贻笑途人。若负者自揣力弗能敌，俯首乞怜，不敢再相交手，惟请以和了事。此时此际，胜者自然目空一世、俯视一切，意以为，允其和固足以张我武之扬，然不许其和尤足以寒若人之胆，乘此而多方要挟，藉此而大肆贪残。尔不我从，我不尔许，声严色厉、趾高气扬，有断然者，此亦一定之理，虽三尺童子尤当知之，乃不谓谋国诸公忽焉昧之？"①

其二，中日正式换约后，大呼条款之"可骇"，直斥李鸿章贪生误国、未能以死相拒："盖读至（条约）狂悖无理处，几欲令人目眦尽裂而髭发上指焉！此等约章何以示天下、何以示后世、何以供五大洲万国之披览哉？即使白刃加于项、鼎镬列于庭强逼画诺，而为使臣者亦不合曲从也，而竟委曲相从。""窃谓使臣而为怯懦书生，或不免摄于威，使臣而为百战元戎也，则似不应尔也；使臣而为少年新进，或不免屈于势，使臣而为老臣硕望也，则似不应尔也；使臣而为疏远小臣，或不免昧夫国体，使臣而为当朝首辅也，则似不应尔也；使臣而职难专擅，或不免听其所为，使臣而全权在握，则似不应尔也。况乎受恩深重，较之在朝在外之臣工，有过之无不及。当此之时，宜如何报我国家、报我朝廷？言不能折，当以力争之，力不能争，当以死继之，使千秋万世鉴其悃诚、亿兆黎民知其梗概。且已垂暮之年华，何惜残生之富贵？节操全于一时，声名著于百代，荣莫荣于此矣，著莫著于此矣！所谓死有重于泰山者，即此之谓也。不出乎此，是诚何心？吾不得而知之焉。"②

其三，在清政府与日本办理台湾交割手续前夕，撰写专文《论割弃台湾之失》，纵论割台之失：

溯台湾之入我版图也，不知几经攻占、几费经营！当其得之也，何等艰难、何等况瘁！乃其失之也，不过一举手之劳、一启齿之逸，遂使数千里之沃壤、数百万之子民，顷刻之间属之他人，伊古迄今，恐不多见。凡属在地球之人，

---

① 《论和局有强成之信》，《新闻报》1895年4月20日。

② 《论和约条款之可骇》，《新闻报》1895年5月11日。

无分中外，一闻此失，莫不骇异。盖近年以来，熟知该地之扼要、审悉该地之富饶较胜他省者甚著，故本只一府治之地，今且增辟府厅州县，改为行省，固已彰明较著；其为倭、法诸国所垂涎者，亦不自今日始矣，使臣讵不知之？而固毅然决然、不动声色，甘心付之、脱手与之，是可忍，孰不可忍？虽予以合肥父母之邦，当亦不甚爱惜，而拱手奉让矣！①

　　在清政府准备派出李鸿章之际，《新闻报》虽不主和议，但也曾参与和议的讨论，并提出了"割地较赔款好"的观点，那为何如此反对割台呢？必须明白，当时是在"割地"与"赔款"二者择一的框架下讨论问题，翁同龢等朝臣们大多主张"赔款"不成问题，"割地"则不行；而该报则秉持完全相反的意见：与其赔款，不如割地，即是说，在未来签订的条约中，割地不赔款。实际签订的条约是既割地，又赔款。不仅割了地，而且割了中国的一个行省；不仅赔了款，而且赔了一笔完全超乎国人想象的巨款。似有必要说明，此前该报所认为的可割之地乃是"地同瓯脱"的"区区边隅"，原话是这样讲的："况坤舆之广至廿有三行省，则区区边隅，地同瓯脱，亦复何关轻重？"②尽管从中不能明确究竟哪里能割、哪里不能割，但基本可以确定，"地同瓯脱"的"区区边隅"所指一定不是台湾，因为，台湾是一大行省，在经济、国防上的战略价值已日益显现，且这种价值为中外所公认。二十余年间，日、法等国接连来犯，清政府则于中法战争后将原台湾府升格为台湾省，即是明证。可见，实际的条约从割地与赔款两方面均超出了该报的和议预期，加之其原本就不欲和议，因此，其反割台态度之坚决、情绪之激烈当在情理之中。以致该报一改此前对李鸿章相对客气的态度③，将割台的责任单纯归咎于李鸿章。

　　值得注意的是，即便是大胆、直接的《新闻报》也同样会刊登《欣闻和议》一类的文章。6月28日，该报刊登署名"秋柳词人"的来论《论中与日和甚为知机》，称："论者不察（形势），交章弹劾、肆意抵排，皆以议和为非计。岂知言之匪艰、行之惟艰；局外之高谈阔论，曾何补于时艰哉！如果毁约而再与之战，倘战而再不能胜，倭人恃其屡胜，或竟攻辽沈、或直逼京畿，皆意计中事。

————————
　　① 《论割弃台湾之失》，《新闻报》1895年5月22日。
　　② 《再论偿款与割地轻重》，《新闻报》1895年3月31日。
　　③ 如在李鸿章赴日前夕，该报载有"李傅相职重丝纶、任隆锁钥，勋名威望实中外所钦仰"等语，见《偿款与割地轻重论》，《新闻报》1895年3月11日。

试思：辽沈为陵寝重地、京师为首善要区，势不能不出于和矣，而倭人遂多方要挟，非满其欲壑不肯罢兵，今日偿款二万万两者，他日不止二万万两矣；今日让地台湾者，他日不仅台湾也。夫前既一误于因循不能制倭之死命，再误于暗昧不能破倭之奸谋，岂可一误再误、而至于三误乎？'往者不可谏，来者犹可追'，'识时务者为俊杰'，今日之和，非通达时务者不能晓耳。"[1] 而且，刊载之余，还评论道："其立论亦未尝不是。"[2] 不过，数日后又刊登署名"苏隐居士"的来论《论误以和议为知机》，痛斥"知机"论："真所谓眯目而道黑白者也。岂奸臣之羽党耶？抑倭寇之间谍耶？"[3] 由此可见，无论是《申报》，还是《新闻报》，均会刊登一些民间对和议的不同看法，因此，对报刊本身的主张宜详加考察、悉心甄别，不可为某些具体篇章所惑，应着眼长远，考察一个较长时期的舆论动向；同时，亦应留意各报在关键时间点与显著事件上的代表性看法。

---

[1] 秋柳词人：《论中与日和甚为知机》，《新闻报》1895 年 6 月 28 日。
[2] 《"论中与日和甚为知机"编后》，《新闻报》1895 年 6 月 28 日。
[3] 苏隐居士：《论误以和议为知机》，《新闻报》1895 年 7 月 9 日。

第八章　声援台湾军民的抗日斗争

在朝野的反对声中，中日如期在烟台换约。未久，清政府即派李经方赴台与日方办理台湾交割手续。眼看日本即将收取台湾，台湾军民掀起了一场轰轰烈烈的抗日保台斗争，《申报》《新闻报》等中文商业报刊也随即发起了声势浩大的舆论攻势，以声援台湾军民的抗日斗争。

第一节　申说"自立"苦衷

烟台换约后，台湾军民见大势已去，不再对清廷抱有幻想，遂萌生"自立"（建立"台湾民主国"）的念头[①]，以抗拒日本接收台湾。然而，被推举为"总统"的唐景崧却不无疑虑，认为"另立名目，事太奇创，未奉朝命，似不可为"，于是拜托张之洞"从旁婉奏"，希望"能得朝廷赐一便宜从事，准改立名目不加责问之密据"。[②] 张之洞觉得朝廷"未必明允"，故不愿代奏。[③] 与此同时，他

[①] "关于'台湾民主国'的创立者，历来说法不一。黄昭和在《台湾民主国の研究》一书中，归纳为下列四种说法：一是陈季同首倡说，吴德功（《让台记》）、伊能嘉矩（《台湾文化志》）等人是此说之代表；二是陈季同和台湾士绅共同参划说，井出季和太（《南进台湾史考》）主之；三是清朝官僚首倡说，戴维逊（《台湾之过去与现在》）主之；四为丘逢甲等台湾士绅首倡说，姚锡光（《东方兵事纪略》）主之。"（见黄秀政：《台湾割让与乙未抗日运动》，台湾商务印书馆1992年版，第176页。）另外，"关于'台湾民主国'的性质，历来就有不同看法。曾任马关议和清政府代表团顾问的美国人科士达认为，《马关条约》签订后，在台湾'建立了一个独立的共和国'；台湾学者连横撰写的《台湾通史》也将'台湾民主国'的活动标之为'独立纪'。还有一些学者把'台湾民主国'的创建称之为一出滑稽剧，早在1911年，梁启超访问台湾时，就认为（台湾）民主国'直如一笑谭'。时至今日，仍有一些论者对'民主国'持基本否定态度，斥之为'一种分裂主义行动'。"（见戴逸等：《甲午战争与东亚政治》，中国社会科学出版社1994年版，第238页。）

[②] 《唐抚来电》，载中国史学会：《中日战争》第五册，新知识出版社1956年版，第125页。

[③] 《致台北唐抚台》，载中国史学会：《中日战争》第五册，新知识出版社1956年版，第126页。

一再叮嘱唐景崧"自处须有分寸,方见恪守臣节,朝廷方能鉴察,天下方能共谅"①,并给出了两点具体建议:其一,"电奏只宜云自约为民会民政之国,不可云民主,不可云自立。外洋总统甚大,似不相宜,或云总管,或云总办"。② 其二,"奏事及行文内地各省暨台湾本省,自应仍用开缺本衔与巡抚关防"③。作为朝廷命官,两位大臣的担心不无道理,若唐景崧就任"台湾民主国总统",则事实上面临两重风险:一是来自朝廷的"不臣"指责;一是来自社会的非议,诸如"分疆裂土""独立运动"等一类的物议。而事实上,朝廷的态度颇为消极,得知唐景崧在台参与"自立"活动,清廷非但未予唐景崧"便宜从事"的谕令,反称:"现在台事未便过问,若仍用奏咨文件,即难免牵累,有碍大局。唐(唐景崧)为台民劫制,如能设法脱身,宜即日归,庶免别生枝节。"④ 国际舆论则将台湾的"自立"视作反清的举动:"与该运动(台湾'自立'运动)遥相呼应,中国大陆发生了不少局部起义,华南弥漫着强烈的反清气息。"⑤ 可是,实际上"自立"的本意并非"独立",而旨在抗日、反割台,是一种不得已而为之的无奈之举、权宜之计。《新闻报》敏锐地意识到了这个问题,一面论述"自立"乃必然之事,因为朝廷妥协而台民不屈、民意不许,加之国际干涉无望:"台澎等处之割弃,无术可以挽回。虽西报载有法人出为梗阻之语,尚难深恃。今朝旨已简李伯行(李经方)为星使,办理交割台湾事宜;而署抚唐景崧亦奉有开缺来京之命,是廷议不欲失信背约之意已自隐然可见。而我圣祖仁皇帝百战而得之疆土,竟不烦一兵、不折一矢,遂为倭人所有,此义士忠臣所为奋戈而起也。""英以三岛立国,抚有五印度、遥属南洋诸小国,疆域之广,已虑照料难周。近数十年中,英后帝春秋日高,有持盈保泰、不勤远略之心,惟汲汲以讲求商务为重,思欲与亚欧美各州大国共享升平之福。中倭衅端甫启,即宣言于朝——两不偏助、恪守公法局外之例;俄人结德法制倭之役,尚敬谢不敏,则

---

① 《致台北唐抚台》,载中国史学会:《中日战争》第五册,新知识出版社1956年版,第135页。

② 《致台北唐抚台》,载中国史学会:《中日战争》第五册,新知识出版社1956年版,第133页。

③ 《致台北唐抚台》,载中国史学会:《中日战争》第五册,新知识出版社1956年版,第135页。

④ 《致台北唐抚台》,载中国史学会:《中日战争》第五册,新知识出版社1956年版,第139页。

⑤ "A republic proclaimed in formosa","*The Times*", May 27, 1895.

其情亦大可见矣。今台湾因事急而附英，吾恐其任呼罔应也。"①一面以《论台湾自主必先正名》为题，坦陈："若以称大清元帅（即指依旧冠以'清'的名号），明是清臣也。倭奴据之不得，必挟朝廷以制之。朝廷若有召命，不得不行：不行是逆臣也，行之是失台湾也。与其后有不美之名，不若前援万国公法以作保护之计。"②不仅如此，还向朝廷喊话："幸有台湾之人民，以拒天子之命，故反为我中国争光，此变实出于正天下，后世皆能谅其心矣；而盈廷衮衮诸公之图谋国是者，是皆当愧死焉。窃谓此日台湾之变，既不得以乱民呼之；则此时台抚之变，自亦不得以乱臣目之。抚臣者，天子命以守土者也。天子所有之土，固当为天子守之；天子所弃之土，乃犹能天子守之，此又千古之变局，而不期于今日见之也。"③《申报》亦对台湾民众"自立"之苦衷与本意进行了较为详细的报道与阐释：

一方面，甘当台湾军民喉舌，发表一系列关于"自立"初衷的布告、文书，以澄清外界误说。5 月 17 日，发表"台民布告"，称："今已无天可呼，无人肯援，台民惟有自主，推拥贤者，权摄台政。事平之后，当再请命中朝作何办理。"④5 月 25 日，又录台湾绅民"禀文"，谓："台湾属倭，万民不服。迭请唐抚院代奏台民下情，而事难挽回，如赤子之失父母，悲惨曷极！伏查台湾为朝廷弃地，百姓无依，惟有死守，据为岛国，遥戴皇灵，为南洋屏蔽。"⑤6 月 3 日，再次摘录唐景崧致各省督抚电，表示虽不得已而为之，但"仍奉正朔，遥作屏藩"。⑥同日，刊登来自台湾的十六字电奏："接京友信言，台湾电奏到京计十六字，照录于后：'台湾士民，义不臣倭，愿为岛国，永戴圣清。'"⑦

另一方面，不满足于"有闻必录"，还对这些布告、文书进行评述，称颂台民的义愤之情，诉说其不得已之苦衷以及并非寻求"独立"之真相。如，认为台湾绅民的"禀文"，"虽措词不免有过激处，然亦可见海峤愚氓，各怀忠悃"⑧。而且认为正是因为此种"各怀忠悃"的民气，所以台湾才尚未遭致日军攻击，即其所谓"今者倭人肇衅，虽澎湖已失，而台湾仍屹立不摇。论者谓为军士之

---

①　《论台湾势将自立》，《新闻报》1895 年 5 月 25 日。

②　岭南海角闲人：《论台湾自主必先正名》，《新闻报》1895 年 5 月 30 日。

③　《论台湾变局之可异》，《新闻报》1895 年 6 月 7 日。

④　《台民布告》，《申报》1895 年 5 月 17 日。

⑤　《录台峤绅民电禀原文》，《申报》1895 年 5 月 17 日。

⑥　《台抚唐薇帅致各直省大吏电稿》，《申报》1895 年 6 月 3 日。

⑦　《自称岛国》，《申报》1895 年 6 月 3 日。

⑧　《录台峤绅民电禀原文》，《申报》1895 年 5 月 17 日。

勠力严防，而不知实我祖我宗厚泽深仁、有以结民心而作士气也"。① 进而特别强调台民"自称岛国"乃忠君爱国之义举："台地官绅商民践土食毛、忠君爱国，愿作圣朝之赤子，必不甘为异族之羁囚，痛哭呼天，飞章乞命，此诚老成之所悼叹，烈士之所捶胸者也。"② 并称唐景崧致各督抚电，"怀忠抱义者，其亦有跃然"③。

与此同时，《申报》提醒清廷重视岛内民情，"慎勿以和局之可成，而视台湾为疣赘也"④，在其看来：

> 日人之视台湾几如釜中之肉、瓮中之鳖，不难唾手而经营。不知日人能割台湾之地，而不能割台湾百姓之心，百姓之心不服，其地即未易割也。夫台湾之地，中国之地也；台湾之百姓，中国之百姓也。中国既以其地与之，岂尚顾惜夫百姓！乃百姓愿为中国台湾之百姓，而不愿为日本台湾之百姓，吾恐割台之地为和局之终，而即为战局之始也。将来倭人至台收地，台民戕倭之使、杀倭之官，意中事耳。倭人必兴兵动众，台民亦必起而抗拒。一旦倭人幸胜，台民必无噍类。是台民之与中国，若子弟之归父兄，而父兄乃借寇刃以杀其子弟，于心何安？⑤

清廷并非不知台湾民情，为此，亦采取了一些安抚民情与顺应民意的举措：首先，以朱谕抚民，诏曰："近自和约定议以后，廷臣交章论奏，谓地不可割，费不可偿，仍应废约决战，以期维系人心，支撑危局。其言固皆发于忠愤，而于朕办理此事，兼权审处，万不获已之苦衷，有未能深悉者。自去岁仓猝开衅，征兵调饷，不遗余力；而将少宿选，兵非素练，纷纭召集，不殊乌合，以致水陆交绥，战无一胜。至今日而关内外情势更迫，北则竟逼辽沈，南则直犯京畿，皆现前意中之事。陪都为陵寝重地，京师则宗社攸关；况廿年来，慈闱颐养，备极尊崇，设一朝徒御有惊，则藐躬何堪自问？加以天心示警，海啸成灾，沿海防营，多被冲没，战守更难措手。用是宵旰彷徨，临朝痛哭，将一和一战两害熟权，而后幡然定计；此中万分为难情事，乃言者章奏所未详，而天下臣

① 《书台峤绅民电禀后》，《申报》1895 年 5 月 26 日。
② 《自称岛国》，《申报》1895 年 6 月 3 日。
③ 《台抚唐薇帅致各直省大吏电稿》，《申报》1895 年 6 月 3 日。
④ 《论日人还地》，《申报》1895 年 5 月 16 日。
⑤ 《论日人还地》，《申报》1895 年 5 月 16 日。

民皆应共谅者也。"① 这则谕旨，对不可再战理由的申述，可谓是情真意切，阅之令人动容。其次，仍寄希望于外交的多方运用，中日换约后，李鸿章鉴于台民义愤，曾向伊藤博文提出："清国政府认为，台湾一般民众情绪非常激昂，终将酿成内乱，亦未可测。故于条约批准互换之后，需要考虑到此种情况，采取补救办法。"② 但立马遭到了日本方面的回绝："解决台湾当地骚乱，不能成为两国政府间会议之问题。因为在《马关条约》中此岛之全部权力早已移交给了日本。"③ 甚至还盼望俄国联合法、德再予干涉："现在和约已换，三国视为事已了解。惟台湾众情不服，势将变乱，难以交接，此中国最为棘手之事。闻台民不愿从倭，意在他国保护。著许景澄（驻俄公使）将此情形密商俄外部，能否仍联三国设一公同保护之策？"④ 再次，暗中接济台湾军民。5月11日，清廷告知唐景崧，已电令张之洞"先行筹拨五十万两，陆续解往（台湾）应用"⑤。5月19日，张之洞电令上海道台刘瑞芬给唐景崧筹拨枪弹⑥；5月21日，又令其"速于瑞记（Arnhold Karberg & Co.）借款内先提三十万，交赴台商轮运往"⑦；5月26日，再次令刘瑞芬"即速拨三十万，交汇丰汇台交唐抚台（唐景崧）"⑧；5月28日，清廷谕令张之洞："台事无从过问，饷械等自不宜再解，免生枝节。"⑨ 然而，这种情形很快发生了改变，唐景崧内渡后，张之洞的援台态度急转直下，面对刘永福接二连三的乞援之声，尽管他颇为同情，但是不予援助的态度却甚坚决。7月5日，他致电闽浙总督边宝泉，称："刘镇（刘永福）悬军孤岛，系念之至。

---

① 《朱谕》，载中国史学会：《中日战争》第四册，新知识出版社1956年版，第106—107页。

② 陆秉钧等译校：《日本外交文书选译》下，载戚其章：《中日战争》第十册，中华书局1995年版，第452页。

③ 陆秉钧等译校：《日本外交文书选译》下，载戚其章：《中日战争》第十册，中华书局1995年版，第453页。

④ 《电谕驻俄使臣许景澄著密商俄国能否仍联三国公同保护台湾》，载戚其章：《中日战争》第三册，中华书局1989年版，第359页。

⑤ 《电谕署台湾巡抚唐景崧已饬张之洞先筹拨五十万两》，载戚其章：《中日战争》第三册，中华书局1989年版，第358页。

⑥ 《致上海道刘道台》，载中国史学会：《中日战争》第五册，新知识出版社1956年版，第126页。

⑦ 《致上海道刘道台》，载中国史学会：《中日战争》第五册，新知识出版社1956年版，第131页。

⑧ 《致上海刘道台赖道台》，载中国史学会：《中日战争》第四册，新知识出版社1956年版，第134页。

⑨ 《电谕署南洋大臣张之洞台事无从过问饷械不宜再解》，载戚其章：《中日战争》第三册，中华书局1989年版，第389页。

惟五月内已奉旨查禁接济饷械,自未便再为协济。前奏明拨台三十万两,现正在饬查用过实数,陆续提回,碍难再拨。渠忠勇可敬,孤危可忧;然事已至此,只可任其自为之,成则为郑成功,败则为田横,皆不失为奇男子,听之于天,听之于数而已。"[1]

此外,《申报》对清廷暗中接济只字不提,而《泰晤士报》《益闻录》等报却在第一时间进行了报道。5 月 27 日,《泰晤士报》的消息称:"在台湾的中国人业已宣布成立一个独立的共和国,推举唐巡抚(唐景崧)为总统,并已将这一消息照会列强诸国。曾任驻法参赞、现居台湾的陈季同将军和刘永福将军及其部下支持这一(独立)运动。金钱、武器和兵士正源源不断地从大陆运往台湾。"[2]5 月 29 日,《益闻录》亦进行了报道:"近日有某轮船装药弹、军械赴台。"[3]尽管《益闻录》的报道较《泰晤士报》的晚了两天,但考虑到《益闻录》系半周刊,因此,其报道不可谓不及时。为何《申报》只字不提呢?若谓其不知情,似乎说不过去。《申报》即便没有从中国官方获悉此事,也能从《泰晤士报》《益闻录》等中外报刊上得到消息,况且《益闻录》就在上海出版。《申报》不予报道,应是有意为之,这来自《申报》对"自立"苦衷的深切体察。之所以要暗中接济,就是唯恐世人知晓,贻日本以口实而横生枝节,也就是说,若将其曝光,无异于陷"自立"于苦境。

第二节　教战:贡献保台之策

一、事起之初的瞩望

在台湾军民如火如荼地筹划抗日保台大计之时,《申报》告诫台湾军民要始终团结如一、对日作持久战,切不可虎头蛇尾。5 月 30 日,《申报》直接以《论台民义愤当筹持久之计》为题,论述"持久"之必要:

容或时有变迁,人有智愚,事有难易,将意气同者有时歧矣,势位等者有时殊矣,妻妾、衣服、宫室一切饩禀或有优绌之分,或有盛衰之异。一自私意

---

[1] 《致福州边制台》,载中国史学会:《中日战争》第四册,新知识出版社 1956 年版,第142 页。

[2] "A republic proclaimed in formosa","*The Times*", May 27, 1895.

[3] 《台事录存》,《益闻录》1895 年 5 月 29 日。

者视之，不啻向之厚者今为薄，向之公者今为私，而猜忌生矣。凡猜忌不生于始事而生于已事，不发于危难之交而发于晏安之日。及夫猜忌既生，始而怨，继而争，终且各分门户、各携党类，一暌而莫可复合。而回思始事之初，义高霄汉，头可断而志不可改者今竟何如也？噫！晚矣。

窃以台郡辐圆（幅员）之广、人民之众、米谷之富、矿产之饶，近可以联络琉球，远可以借助欧西，孟子所谓"犹可以为善国"者，想诸公奋勉必筹持久之计，若有始无终，倭奴得志，台民其有噍类乎？[1]

6月3日，得悉两军接仗后，《申报》更是提出与日长期周旋之计："今台人既欲为自主之国，当必先布告各国，请其相助。既以法国之保护为不足深信，且挟有夙嫌、心殊未甘，则何妨以沿海之地予各国为通商租界，薄其税饷，令英、法、德、俄、美有利同沾，俾其共御外侮；而内地则自为之备，则势瘁而力足，更使富者出赀、贫者出力，购售各国之舟舰、枪炮、药弹，以济其所不足,俾可与倭人相久持。如是虽历四五年犹可支也，而倭人则殆矣。"[2]《新闻报》不仅勉励唐景崧等人善始善终，而且嘱其革新政治以达此目标："中丞勉乎哉！必期始终守之，则上不负国、下不负民，而为千秋万世之所钦仰。何以能终守此土？务在上下必期一心，不可稍有扞格；尤务在一洗向来之积习，首重破格以用人，大臣法则小臣廉，君子进则小人退。眼前各省之弊端，悉是新邦之龟鉴，况台湾数百万生灵所倚望于中丞者至大至重乎？慎勿徒贪夫总统之尊，而少懈夫保全之计！"[3]这一番肺腑之言，用心良苦，可惜，唐景崧等人无论自主观上还是客观上均难以践行。

《申报》"必筹持久"的告诫，也可谓是切中时弊。在台湾军民内部，确实存在有碍持久的现象。据亲历其事的俞明震记载："探报昨晚（5月30日晚）倭前锋已过三貂岭（基隆之屏障，甚险峻），住岭背梁绅家。余（俞明震）急派弁持令箭命各军择山头要隘扎稳，勿浪战，待援兵至再进。（31日）未刻，倭前锋至小楚坑探路兼绘图，骤遇吴国华军，未及列队，遽搏战。土勇从旁夹击，枪毙三画倭酋一。寇奔，弃枪械，越岭遁。吴追及岭巅，百姓观战者均拍手欢呼。先是，探报我军在小楚坑遇敌，余檄包干臣率三百人助战。包至小楚坑，

① 《论台民义愤当筹持久之计》，《申报》1895年5月30日。
② 《论守台湾宜谋持久》，《申报》1895年6月3日。
③ 《论台湾变局之可异》，《新闻报》1895年6月7日。

寇已遁，见倭酋毙路旁，割取首级，与土勇争，大哗。包缚土勇，土勇未著
（着）号衣，指为汉奸，将杀之。时吴国华至岭巅，因雨待棚帐，尚未扎营，闻
报知包将首级赴大营献功，大怒，撤队急驰下岭。包立桥上，望见吴军还，藏
首级竹篓中，遽拔全队回，吴尾其后，俱还基隆。包先遣人来营报大捷，余迎
于营门外，奖劳士卒，询前敌战守情形，则言已获大捷，各军均撤回。余大骇，
诘以奉何人令撤兵？何以弃三貂岭不守？包瞠目不能答。"而"屡召吴国华，避
不敢见"，是夜，"三貂岭竟弃不守"。①从中可见，争功情形恶劣，将领们不仅
公然抢占他人之功，而且还因互相争功而置防务于不顾，以致使日军轻取要地。

《申报》所提联合列强制衡日本的计策，则颇合唐景崧等人心意。有研究者
指出，唐景崧等人决定"自立"其初衷在"商结外援，藉第三国的干涉，以压
迫日本放弃台湾"，而法舰的到访则坚定了他们"自立"的决心："四月二十五
日（5 月 19 日），期待已久的法国小巡洋舰 Beautemps Beaupr'e 终于来到台湾。
副将陈季同曾往访法舰舰长，双方谈及护台之说，法舰长表示确有其事，然因
日本倔强不允，且法国现在他处用兵，欲出兵相助恐力有不及。唯法舰长继而
又说：'台能自立，较易办。'翌日，法舰长拜访唐景崧，再度商谈护台之事，
法舰长答说，将赶赴日本长崎，与舰队提督会商云云。旋法舰长又说：'为中国
争回土地则难，为台湾保民则易。必须台湾自立；有自立之权，法即派全权来
台定约。'上述法舰长的谈话，其实并无具体内容；而且法舰长身份不高，纵有
所承诺，亦难期其兑现。但唐景崧和陈季同却大受鼓舞。根据美国《纽约先锋
报》（*New York Herald*，又译作《纽约先驱报》）的记者戴维逊（J. W. Davidson）
的记载，法舰来访之后，陈季同曾告诉他说：'我们很有希望。'从陈氏的乐观
来看，可知法舰的到访虽则实质意义不大，但仍有其象征意义，那就是台湾所
企求以待的外援，已有了初步的回应。"②此种分析不无道理，尽管此前争取列
强保台的外交努力并无成效，但在唐景崧等人眼中，列强之干涉仿佛落水者眼
中的稻草，因为台防空虚，自军事上实难与日抗衡，唯有借助外力之一途。③

---

① 俞明震：《台湾八日记》，载中国史学会：《中日战争》第六册，新知识出版社 1956 年版，第 373—374 页。
② 黄秀政：《台湾割让与乙未抗日运动》，台湾商务印书馆 1992 年版，第 129—130 页。
③ 唐景崧在向张之洞求援的电报中写道："奈急切不能筹利器。饷最可虑，五十万乞早赐拨，不卜尚能续济否？毛瑟弹不敷，恳多济为妙。自立后能结外援，借洋债，台可存，不知能办到否？"见中国史学会：《中日战争》第五册，新知识出版社 1956 年版，第 126 页。

二、台北陷落后的对策

在事起之初，《申报》献策甚勤。台北陷落后，则是《新闻报》较为积极，先后提出两大保台对策：

其一，建议朝廷赦免"会匪"之罪，令其转而攻日[①]："奏请朝廷明赦其（会匪的）罪，纵令各自鞠旅陈师以趋日本，将东京、西京、长崎、神户、大阪、横滨等处一任取而瓜分，得一地即封以王侯，但令入贡称臣，永为藩服，不加之罪，而反旌其功。与其称叛于中朝，何如取尊荣于邻境？一转移间，顺逆大判而忠义反昭。为彼等计，其便宜当亦无有过于此者，而必且欣然应命矣。"[②] 而且，还以自问自答的形式论证攻日之切实可行："说者谓：'信如君言，诚为快事！惟是我无战舰以资攻剿，彼有炮台以凭抵御，势不能飞渡扶桑、身冲枪炮，空言无补于事，何济？'则答之曰：'当明末国初之时，彼倭人者亦岂有铁甲、鱼雷等船哉？而乃时时渡登我岸、扰我南省者数十百年之久，其故何欤？又不观此番倭人之得旅顺、威海以及基隆等要隘乎？夫固明明筑有至坚极固之炮台，设有至精极贵之炮位，而乃超后而登、从旁而进，台上之炮火竟无所用之，此又非眼前之明证乎？以此例彼，则彼国虽有炮台、水雷，夫亦何足为虑！况乎彼国环境皆海，随在可以登岸，非我国一面濒海可比，此尤显而易见者也。'"[③]

其二，建议刘永福遣使赴京，"向英法德俄各国驻京大臣恳其出为调处"，认为此时乃议和良机："想日本于兵力大挫之后，其气已馁，亦断无不从之理也。夫堂堂中国，以天下之大、甲兵之众，尚不欲与岛夷相较，偿以兵费。惟不战而和，其和难；能战而和，其和易。将军能战者也，能战而终不愿以战相寻者，上全国家大局，下免涂炭斯民。"[④] 并详开妥协条件："此事不能再与朝廷牵涉，宜就台地（生）法。今且通计全台地丁额和关卡出进口各货厘金以及各项杂税，每年可得银若干；再计台地军饷船炮器械、修治城垣炮台及官吏薪俸役食并善

①　主动攻日之计并非首次提出，早在中日甲午战争期间，朝野就不乏"直捣日本"等以攻为守的声音，如吏科给事中余联沅接连奏请朝廷发兵攻击日本本土，1894 年 7 月 19 日奏请"乘其（日本）并力朝鲜，国中无备，以重兵袭其东京"，8 月，再次奏请发兵"直捣长崎、横滨"。持类似主张的不仅有山东道监察御史庞鸿书、广西道监察御史高燮曾、詹事府左庶子戴鸿慈、江南道监察御史张仲炘等所谓"清流"，也有署两江总督兼南洋大臣张之洞、署理台湾巡抚唐景崧等封疆大吏，还有中国海关总税务司赫德之类的洋人。在民间，亦有舆论呼应，如《申报》于 1894 年 8 月接连发表了《出奇制胜策》《移师东伐议》《论当乘机进捣日本》等文章，力主攻日。参考苏小东：《甲午御敌谋策：以攻为守的"直捣日本"之计》，《军事历史研究》2001 年第 4 期。

②　《论当赦会匪以图倭》，《新闻报》1895 年 6 月 30 日。

③　《论当赦会匪以图倭》，《新闻报》1895 年 6 月 30 日。

④　松陵□恕阶：《续上台湾刘大将军书》，《新闻报》1895 年 8 月 22 日。

后积储地方一切公费，每年应用银若干，出入相较，可余若干。约一适中之数，以百万金为□（不足则另筹），作为日本每年贴费，或以一二十年为期，期满再议。倘台北尚有日兵，务须一律撤退。"①文章交代，之所以有此一计，乃是因为刘永福领导的抗日武装斗争面临三大险境：第一，恐列强联手，无以抵御："近来朝廷积弱之势已极，外洋各邦视中国为俎上肉，几人人得而宰之食之。今为日人首选下箸，其心已有所不甘，然狼吞虎噬犹可顾而之他。一旦竟有如将军者起而撑持其间，茫茫天壤，草泽英雄所在多有，安保无闻风而群起者？故外洋各邦视将军如眼中钉，恨不能拔而去之。（列强）帮战之说，目前即属子虚，将来必有其事。且台湾为南洋要口，泰西商船必由之路，日人力难独取，若许以得则为各国公地，如上海之租界，各国未有不乐从者。届时铁甲舰板蜂拥猬集，将军以一旅之师，外无救援内无策应，其不能支持也必矣。"第二，难抗日本举国之力："窃恐急则生变，其（日本）国君将谓：台湾一日不得，日本一日不安。未伸外攘之威，反增内顾之虑，度必有卧薪尝胆以图报复者。好在中国一面业已讲和，更无所用其瞻顾。即不求助外邦，或且以倾国精兵跨海而来，与将军决一日之胜负，一战不已至于再，再战不已至于三，将军以一隅之地、有限之兵，其能终与抗衡而保无万一之失乎？"第三，恐殃及朝廷、贻误大局："朝廷许割台湾，固应载入和约，今许而不得，核与约章不符，日本决不肯因此中止，势必仍向朝廷索取。主和者既唯诺于前，何敢辩难于后？或以他处相易，则内省地方处处毗邻，较海外孤悬者尤为吃重，是易地之说，固有所不便；或另偿赔款，则前此所许三百兆万（两），为从古输币敌国者所无有，即搜刮十八省之金银，恐亦不满此数，再加此后逐年起利，未知何年何月可以清偿款，□加款恐亦必无之事，是赔款之说更有所不能。然其必欲得台之心，且以愈难而愈迫。现在威海卫、旅顺各口，闻日本仍以重兵镇守。鄙人蒿蒿过虑，设或□此重兵直闯天津，如咸丰年间英法故事，于时满朝之口加罪于将军，将军其何术以自全乎？"②

这两大对策，一个主战，一个主和，貌似相互抵牾。实则不然，一者，从施策空间来说，并非是在同一空间主战或主和，而是在两个完全不同的空间谈论"战"与"和"，具体来说，一个是主张在日本本土作战，一个是主张在台湾休战议和；另外，自执行主体而言，也并非是要求同一个主体忽而"战"、忽而

① 松陵□恕阶：《续上台湾刘大将军书》，《新闻报》1895 年 8 月 22 日。
② 松陵□恕阶：《上台湾刘大将军书》，《新闻报》1895 年 8 月 21 日。

"和"或一面"战"、一面"和"，而是针对不同主体而言的，作战的主体是"会匪"，议和的主体则是刘永福等抗日将领。既无冲突，那么，是否可行呢？客观而言，均无可行性。令"会匪"转而攻击侵略者，并非没有成例，曾经清政府眼中的"会匪"刘永福就曾勠力抗法。然而，即便不权衡"会匪"的实力，要达成此愿也需要两个前提条件：第一，清政府主张对敌动武；第二，有若干可供清政府驱使的"会匪"队伍。当时的情形是，清政府不欲再战，这毋庸赘言，而"会匪"当中亦再难寻像黑旗军那样的队伍。至于寄希望于列强干涉以及日本在台妥协，则无异于与虎谋皮，只能是枉费心机了。首先，从光绪帝到张之洞再到唐景崧，都曾寄希望于列强出面干涉以保全台湾，甚至外交上也曾多方运用，但均无济于事。其次，台湾当时的战局是，刘永福等人的抵抗只是延缓了日军进军的步伐，并未于实质上或根本上扭转不利战局，显然无法达到以战促和的目的。事实上，接仗之初，桦山资纪还有意劝降："速戢兵戈，使民庶安其堵，则本总督特奏请大日本国皇帝，待以将礼，送还清国。如部下将卒，亦当宥恕其罪，遣还原籍。"[1] 而当时刘永福主战态度甚坚决，回函称："本帮办当守效死勿去之义，以守兹土，以保此民。"[2] 后来，刘永福见大势已去，转而求和，提出"将台湾让与贵国（日本）"，而只需日方答应两个条件："其一，要贵国厚待百姓，不可践辱。其台民，不拘何项人等，均不得加罪残害，须当宽刑省法。其二，本帮办所部兵勇以及随员人等，亦须厚待，不可侮辱，将来须请照会闽浙总督，迅速用船载回内地。"[3] 其所提两条件并不过分，桦山资纪在劝降书中已有所提及，然而，此时日军上下对刘永福的提议却不甚积极，日本南进军司令官高岛鞆之助在复函中甚至不乏奚落、揶揄之辞：

　　惟依下关条约（马关条约），台湾归入我大日本帝国版图之际，总督桦山海军上将，夙曾恳谕利害顺逆之理，并善意规劝迅速撤回援兵。惟当时贵台竟故托左右之辞，将此德意置之不顾，窃据南部台湾之地迄今，复以唛（唆）使所在之匪类悍然抵抗我王师，扰乱本岛良久，实以贵台为魁首。如今大军迫于咫

① 《与刘永福来往文件（一）》，载戚其章：《中日战争》第十二册，中华书局1996年版，第235页。

② 《与刘永福来往文件（二）》，载戚其章：《中日战争》第十二册，中华书局1996年版，第236—237页。

③ 《与刘永福来往文件（六）》，载戚其章：《中日战争》第十二册，中华书局1996年版，第239—240页。

尺，命在旦夕之际，始腼然乞和，且犹如对等国将领之款式拟具条件议和，殊令本职不解。若贵台切实痛悔前非，诚意求降，唯有自缚前来求哀于军门之一途耳。尔后设再发出类似使书，本职自不再予一顾也。①

不过，"妥协"论的作者倒是真切地看到了刘永福等人终不敌日的结局，此外，还预见到这种抵抗会殃及朝廷，也颇有见地。日本临时代理外务大臣西园寺曾反复令日本驻华公使林董就此事与总理衙门进行交涉，如6月20日西园寺致电林董，令其"询问中国政府，对在台湾之中国官兵应采取什么办法？对返回中国在台湾曾对日本之占领组织过军事反抗之官兵，采取什么行动？"②按照西园寺的指示，林董同总理衙门进行了多次交涉，但未达目的。7月22日西园寺再度致函林董，称："余认为清国政府只是巧于左右其词，而欲逃避有关本事件之责任。因此，若对清国如此支吾暧昧之辩解，我方不提出任何抗议而放之任之，则将令人视为我国似已对清国之辩解加以默许，此实属不妥。"③尽管说台湾军民的抵抗并未给朝廷带来实质性困难，但在外交上，确已带来一番纠缠。遗憾的是，那位作者有此等预见，但却错误地以为刘永福等当时在军事上处于有利地位，而日军居于不利境地，从而献此"妥协"之计。想必可能是囿于沪上铺天盖地的奏捷报道（关于此类报道，下文将详细述及）。

第三节　痛思与助威

一、痛失台北之思

日军在台湾北部地区登陆，即与各路守军接战，仅几日便攻下基隆、进抵台北，唐景崧等要员纷纷内渡。对此间的情形，《泰晤士报》一面报道日军的胜利："（6月4日）经过数小时的激战，（日军）成功占领基隆。"④一面报道中国军队溃败后，在台北等地纵火抢劫的场景："许多政府建筑被焚毁，成群的士兵

---

① 《与刘永福来往文件（十一）》，载戚其章：《中日战争》第十二册，中华书局1996年版，第243页。

② 《西园寺临时代理外务大臣致驻中国林公使电》，载戚其章：《中日战争》第十册，中华书局1995年版，第455—456页。

③ 《西园寺临时代理外务大臣致驻清国林公使函》，载戚其章：《中日战争》第十册，中华书局1995年版，第460页。

④ "The Japanese in Formosa"，"The Times"，June 5, 1895.

和土人正在洗劫台北府，沪尾（今淡水一带）也发生了骚乱。"① 应该说，《泰晤士报》的报道是基本属实的，守军的确溃败了，台北等地也确曾出现过军士纵火抢劫的情形。俞明震曾记载过类似情形："（俞明震）急至（台北）抚署（巡抚衙门），则狮球岭溃兵已入城（今日 [6月4日] 辰刻失守），城中大乱，黄翼德守仪门，放枪禁人出入，各局所不见一人。时已昏黑，城中积尸遍地，（有自前敌受伤抬回者，有广勇、土勇互相残杀者。）哭声震耳。余皇遽无策，绕至抚署后墙，欲入探维帅（唐景崧）消息。署中忽火起，支应局委员周奭（字梅生）帕首腰刀从后墙出，告余维帅刚出城。余追出西门，遇乱兵放枪劫行客，左右走散，仅杨贵、蓝玉相从。"② 相对俞明震的简略记载，目击者、美国《先驱报》记者戴维逊则绘声绘色地描述了城中大乱的具体细节跟场景：

　　许多兵勇冲入巡抚衙门，打破金库，寻找一切值钱之物，脱下军服当包袱，随便包起已经抢夺到手的财物走出衙门。嗣后赶到的士兵已经一无所得，在愤慨之余，纵火焚毁巡抚衙门。其中也有人把城墙上的大炮拆下到处叫卖。沿路从兵勇们的军服中落下的银元财物，被其他士兵或居民们再抢走，或拿得过多的兵勇被人们加以杀害。街上已开始呈现财物互抢的情况。加上由基隆方面败退的溃兵开始涌入台北，此时已无人前去安抚他们，也无人支付粮饷，任他们从火场上找寻已经烧坏了的时钟之类的财物，之后随即开始袭击一般居民。乱闯市区，冲进民房去进行掠夺，遇到抵抗即予以杀害，奸淫妇女，无恶不作。兵工厂已被抢光，火药厂已被烧掉，弹药库也已爆炸。台北城内进入无政府的状态，掠夺、杀人、放火等暴行随处都是，骚乱达于极点，有如地狱一般的惨状。③

　　对台北局面失控的消息，《申报》与《新闻报》反应快慢不一。《申报》于6月初即已确认。先是6月2日据中国官场传闻："倭人连日在台北与台军鏖战，台军勇气百倍，倭人受衄而退。"④ 后于6月5日又据长崎（6月3日）来电称："横滨接台湾电报云：倭人派往台湾之羽林军中，有一枝（支）于五月六日（5

---

① "The Times", June 6, 1895.

② 俞明震：《台湾八日记》，载中国史学会：《中日战争》第六册，新知识出版社1956年版，第378页。

③ 黄秀政：《台湾割让与乙未抗日运动》，台湾商务印书馆1992年版，第164—165页。

④ 《战事传闻》，《申报》1895年6月2日。

月29日）由鹿台（澳底）登岸，即与华军接战，羽林军大胜，华军多阵亡者。"
但《申报》因"本埠（上海）官场屡得台湾电报，皆言华军大获胜仗，与此电
大相悬殊"，而表示长崎的这则电报"未足信以为实"。① 而且，紧挨着长崎的
这则电报，《申报》又刊载了一则同时来自台北的电报，谓："日兵已登岸，攻
得基隆。当进攻时，台兵御之甚奋，俄而力渐不支，死三百人，受伤者不计其
数。"② 如果说此时《申报》对外间所传台湾战况还将信将疑的话，那么，次日
（6月6日）便已确信无疑。因为，其对台湾电讯（"台湾伯里玺天德 [总统] 刻
已不知去向，抚署及署旁之屋已被毁，民人及兵勇皆四出掳掠，无人拦阻。"）
评论道："噫！台湾何糜烂至于此极乎！南望赤嵌（指称台湾），为之浩叹！"③
而且，同日还发表了题为《论台湾终不为倭人所有》的社评，亦当有所针对。
《新闻报》的反应要迟缓许多，12日，尚在刊登《台捷确音》的消息："十一日
（6月3日），倭兵进攻台北，与台军大战。正拟聚而歼之，讵料城内淮军闻有
倭兵开仗，即在城中放火烧毁民房以作内应，倭兵亦纵火夹攻。幸唐总统（唐
景崧）早有预备，挥军将乱军掩杀殆尽，飞檄林大帅（林朝栋）统领劲旅由山
岭中突出，将倭兵横腰截断，使彼首尾不能相顾，以致倭兵伤亡约四五千，余
皆向基隆一带逃逸，台军大获全胜。"④ 15日得知唐景崧过沪的消息："昨日（14
日）下午'架时'轮船抵埠时，传闻唐薇卿（唐景崧）中丞亦乘斯船，秉节过
沪；且闻即于是□换舟，前往金陵谒见两江督宪张香帅"⑤，且"本馆有访事友亦
乘是船抵埠"⑥，16日却依然报称："若夫台北一带，近日谣说纷传，金谓已如瓦
解，则因该访事友并未目睹，不敢妄报。容俟台北友人抵申时，当有确音也。"⑦

　　不过，确信台北失守后，《新闻报》反应之激烈远超《申报》。《申报》对台
北失守情形及城内乱象的描述，基本上是轻描淡写："本月十五日（6月7日）
台湾来电云：台北府全境已为日人所得，当两军肉薄相见时，日兵死八人。既
据台北，是处居民依然安堵，不与日人为仇。日本统兵大将驻扎台北府，西人
之作寓公者，安稳如常，若不知有风鹤之警也者。日前台湾兵民哄闹、纵火，

---

① 《倭电难凭》，《申报》1895年6月5日。
② 《日人攻台》，《申报》1895年6月5日。
③ 《台电姑译》，《申报》1895年6月6日。
④ 《台捷确音》，《新闻报》1895年6月12日。
⑤ 《台抚过沪》，《新闻报》1895年6月15日。
⑥ 《台轮过沪》，《新闻报》1895年6月15日。
⑦ 《补述台疆战事》，《新闻报》1895年6月16日。

焚烧延及制药局、储药库,约计所失财产不下一百万元。"①而《新闻报》则不厌其详,连续两日刊述"台北失守事实"。如17日以《详述台北失守事实》为题,对若干细节进行了刻画:

有在台湾从征人,于日前抵厦,细谈台事甚详。据言,台北之败,实误于唐"总统"之临事畏葸、委任失人。

盖"总统"当任台湾巡抚时,即有私人某库(厅)及某武巡捕卖官鬻爵,非止一日。去年招募营勇,所委之某营官,于奉札后照例开销内,跟丁及巡捕等银二百两,保荐之人一千八百两不等;各营只募人三百六十四名,而"总统"每月又须扣夫价银一百八十两,分统又须分兵一二十名作卫队,所以每营仅有实兵二百名,且此二百名中可使之冲锋陷阵者,尚觉十无三四。前借之洋款百万及所收民捐百余万,先已汇兑各埠,其太夫人于回乡时又带回数十万两,以致民心不服,有手刃中军之事。提督杨西园(淮军将领杨岐珍)军门亦获银数万两,于初四(5月27日)夜私自内渡。台民见大势如此、不可有为,遂有散布谣言,谓:"北军数十万,战无一胜,何况数千新招之兵,将来倭军一到,势必瓦解冰消。"于是,军心怯而且乱,加以广勇专行抢劫,台民怨之;而土勇则又见利忘义,三江两湖之人,率皆漫无纪律,能战之士仅张月楼镇军一军,故有识者罔不危之!

初七日(5月30日)倭兵由后山之山(三)貂岭登岸,驻扎三日,略通汉奸充作向导,由九岔地方进兵。时适连日大雨,驻守该处之土勇,有回家者、有在营者。倭军于黑夜攻营,一时不及抵敌,四散奔避。初八日(5月31日),张月楼镇军所部步军十营,前往对垒,杀贼千余,苦战三日,大获全胜。军兵有割倭首请赏者,被广勇拦截、抢去夺功,众心不服,当被杀毙数名。最可恨者为唐"总统"之卫队广勇,驻扎府城,于十一日(6月3日)夜抢掠百姓,十二(6月4日)夜焚劫仓库,并将抚署及各衙门烧毁。"总统"见大事(势)已去,风闻改换衣服、剃去须鬓,以十万金求英商保护,逸至沪尾,上"驾时"轮船图道。惟时前敌尚在获胜之际,当被沪尾各兵勇开炮阻住,向索银二万两后,又另索银五千两,"总统"乃请德国兵轮开炮护卫,始得出险。军民等见民主逃遁,会匪即因之四起,自相残杀,枪炮喧天,火药局、机器局等同时被毁,

①《台疆战状》,《申报》1895年6月9日。

兵民死亡以数万计。①

从这篇报道所反映的情况来看，涉及吏治、设防等内情，述者不像是普通士卒，可能是中高级将弁。其所述之事，难免有囿于私见之处，但大体上是真实的。特别是对台北失陷原因的剖析，几乎是时人的共识。次日，《新闻报》又据逃沪某"基隆电报局中之友人"所言，发表专论《论台北基隆失陷之故》，再次指陈唐景崧之失："推原其故，不得不咎总统之失，负我国家、负我台民并负天下之人民。所以瞩望于大中丞者，竟如是其草草了事也！夫亦何以对天地鬼神、五洲万国乎？"②《申报》亦有类似言辞：

兹悉基隆虽失，而三貂、狮球尚足以资抵御。因"总统"惧怯，微服先行，致起兵乱之祸，是兵乱在"总统"既走之后，而"总统"之走在狮球、三貂未失以前。苟"总统"坐镇雍容，狮球、三貂未必遽失，而兵民亦断不敢为乱劫掠，台北至今可以安然无事。乃"总统"一走，兵民既无统率，势必为乱台北，一乱则无怪狮球、三貂之兵惊惶溃散，倭人乘机而入，唾手而得，于是台事不可收拾矣。

"总统"既不能筹之于前，慨然自任；又不能筹之于后，脱然而行，使全台之民如婴儿之失慈母，并使遭乱兵劫掠之惨，"总统"抚躬自问，其何以为情耶？苟倭兵进攻，台北存亡危急之秋，犹有台中、台南为退步，尚不至于微服而逃。而于台北安然无事之秋，狮球、基隆尚在相持之际，尽可调兵救援，转败为功，而乃中道而行、半途而废，岂"总统"之将略本不足恃耶？抑别有苦衷，不能为台民正告耶？当奉诏内渡，台民坚留之时，"总统"亦筹划再三，岂今日之事未能料及、卤莽而为之耶？当时若婉谕台民，告以不能胜任，择贤以代，台民有统率之人，自当放"总统"内渡，则何至今日微服潜行、进退维谷，无以对台民、无以对君父哉？使刘渊亭而为此，或未必如是之有始无终也，台民当亦深悔所举之非人矣！③

舆论界将台北失陷的责任归咎于唐景崧，不无道理，其中的不少历史真相

① 《详述台北失守事实》，《新闻报》1895年6月17日。
② 《论台北基隆失陷之故》，《新闻报》1895年6月18日。
③ 《论时变之速》，《申报》1895年6月20日。

已为当下史学界所厘清。首先，在布防上，存在严重失误，有学者这样论述道：
"在反割台斗争之前，（唐景崧）为抗日保台，在人力、物力、财力上作了相应
的准备，这是值得肯定的；但由于他'自以为是'，加上缺乏应有的军事才能，
因此，对全台布防上造成了严重失误。"① 其次，唐景崧主政期间，的确存在吏治
腐败的现象，并由此引起过内讧："（1895 年）4 月 22 日这天，唐景崧命婿余某
送母内渡，由亲兵沿途护卫。署衙守卫单薄，李文奎（原抚辕亲兵）便带领一
伙人冲进，杀中军副将方元良及亲兵等共 7 人。"② 甚至，唐本人也被认为有贪腐
之实。据戚其章考证："台北藩库所少的 16 万两（白银），乃是被唐景崧汇走。"③
最后，于台北抗日斗争，唐景崧的确负有领导上的责任④，而且，他抵抗意志也
不甚坚决，俞明震曾"力劝（唐景崧）退守新竹就林朝栋、刘永福，图再举"⑤，
但不为其所接受。

　　然而，台北之败并不能完全委责于唐景崧一人，尚有不少客观原因。晚些
时候，《申报》已然觉察到这点，于是这样评论道："今台地事起仓猝，民志未
定，兵心不一，唐中丞原为文臣，遽于旬日之间接受总统之职，而于兵家知彼
知己之道，固未尝晓然于胸中也，贸贸然为之，此其所以不成也。"⑥

　　值得注意的是，两报对台北失陷之报道，自情感上截然不同于外文报：第
一，未有聚焦于台北乱象，而是反思多于描述，《申报》自不必说，即便是报道
甚详的《新闻报》，也只是对失陷的原因检讨甚详，而非集中报道城中乱象；第
二，痛惜之情溢于言表，获悉台北战情，《申报》疾呼："海氛孔棘，内变频闻，
此诚烈士图报之秋，豪侠拊膺之会也。南望台云，曷禁怅惘！"⑦《新闻报》亦
叹息道："自与倭战以来，大率如此（望风而逃）。而不料台北地方，既称'誓
死不服'者，何亦若是之望风而靡也？天乎，天乎！何以不助忠义而反助逆寇

　　① 季云飞：《评抗日保台斗争中的唐景崧》，《学术论坛》1998 年第 3 期。
　　② 戚其章：《丘逢甲离台内渡考》，《学术研究》2000 年第 10 期。
　　③ 戚其章：《丘逢甲离台内渡考》，《学术研究》2000 年第 10 期。
　　④ 吕实强认为："日军在（台湾）北部虽然进展顺利，自五月六日（5 月 29 日）在澳底登陆
至五月三十日（6 月 22 日），二十余天之间，连陷基隆、台北、沪尾、南雅、宜兰、新竹，但这并
不是因为绅民所组成的义军缺乏战斗能力，主要是因为唐景崧等的领导无方。"见吕实强：《乙未割
台期间台湾绅民所表现的民族精神》，载戚其章、王如绘：《甲午战争与近代中国和世界》，人民出
版社 1995 年版，第 713—714 页。
　　⑤ 俞明震：《台湾八日记》，载中国史学会：《中日战争》第六册，新知识出版社 1956 年版，
第 377—378 页。
　　⑥ 《台湾自主之事》，《申报》1895 年 6 月 26 日。
　　⑦ 《台疆战状》，《申报》1895 年 6 月 9 日。

乎?"① 这当是拳拳赤子之心。

二、宣扬保台必成

事实上,《申报》和《新闻报》均知台地兵微将寡、日军兵精粮足的实际情形。早在抗日保台之初,《申报》就著论:"顾台人虽忠勇堪嘉、义心奋发,而外既无艨艟战舰之保卫以为之援,使声势互相联络;内又无军火饷糈常相接济,徒激于一时之血性,而出此不顾万死一生之计。恐制梃不足当此坚甲利兵也,锄戈戟不足以当快枪巨炮也,血肉之躯不足以当枪林弹雨也。"② 除此之外,鉴于台北失陷的经历,《新闻报》还意识到日军间谍、奸细及瓦解术之可虑:"台北既失,台南有刘渊亭(刘永福)军门及林朝栋一军在,原可支持,亦可徐图恢复。所虑者间谍之多、奸细之密,内外难防、谮说易间耳! 又虑日人每以好言诱我百姓,目下闻已张贴告示多张,甜言蜜语、假托安民,台地亦颇有奸民甘心从贼、输款输钱者。我中朝之官并未能先事防及杜厥奸谋,致俨成束手待毙之情形,何尝有转败为胜之把握?"③

在此情形下,两报开展了一系列舆论造势活动,以宣扬保台必成。《申报》一方面,虚声恫喝,劝日本知难而退。5 月 19 日,撰文称台湾"民心固结",恐日本取之不易,即便暂时得手,亦将后患无穷:

> 惟日本之欲得台湾,窃恐言之非易,何则? 台民素称强悍、台地素号富饶,以强悍之民处富饶之地,以言战则誓死不去,以言守则饷糈常充,而谓日本能逞其虚骄之情,一旦据为己有,我斯之未能信也。客有自台湾来沪者,述及目下台湾士庶团成劲旅,多至六百万人,大率同泽同仇、有死无二,声言"如有日本船至,当举火焚之;有日本人至,当操刃杀之。宁使台民靡有孑遗,断不臣服异类"。噫! 台民之心固结若此,日人虽横,其能设法以使之敉平乎?
>
> 迩者台民所刻传单多至数十纸,大率皆激昂慷慨、万众一心,即观前日报章所登公启(即 5 月 17 日所刊"台民布告"),立言似较和易,然亦已足见其坚忍之心。(文中原录有布告内容,引用时省略)。噫! 观此情形,不特日本不能设官治民,即他时民人或襆被来游,恐台民亦必将寝皮食肉矣,而奈何日人尚

---

① 《论台北基隆失陷之故》,《新闻报》1895 年 6 月 18 日。
② 《论守台湾宜谋持久》,《申报》1895 年 6 月 3 日。
③ 《论台北基隆失陷之故》,《新闻报》1895 年 6 月 18 日。

妄思占据哉！

我乃知日本之得此不特全无益处，且更所损良多也。闻日本派出驻台巡抚及民政厅，虽已由东京启行，尚不知逗留何处，一旦航海而至，台民自必群起交攻，无论日本所调之兵，断非六百万团民所敌。即使可以获胜，而以外来之士卒御土著之民人，称弋比干、旷日持久，窃恐所得者小而所失者大，非计之得也。且日本之得台湾，欲以兴地利通商务耳。他日者台民互相纠约，不与日人往来——设肆则顾问无人、纠工则不肯应召，束手以待，如获石田，斯时而再欲付还中朝，未免惹人耻笑，仍欲多方抚辑民心，终不服从。呜呼，悔之晚矣！尚何及哉！日本不乏谋国之士，盍一思之！①

台民固然义愤，但民心实未“固结”，尤其军事上并不存在所谓的“六百万团民”。显然，这是《申报》的虚声恫喝，其目的无疑是令日本知难而退。两日后，《申报》再次虚声恫喝：“若台湾之民，皆欲食倭人之肉，无不可以一当十，众志成城，坚持不二，器械、糈饷所储不菲，再持以坚壁清野之法，倭人不为其所败者几希矣！说者谓：中国之以台湾与倭，是犹畏犬之噬，人而以肉喂之，欲犬之自毙，而先置其毒于肉之中，贪其肉者不能不食其毒，肉虽可贪，其如毒之必发何！台湾之地，犹喂犬之肉也，台湾之百姓犹肉中之毒也。倭人欲食其肉，竟忘其毒，一似毒之无与于肉而食之无妨，于毒者，吾恐猘猘者虽猛，不待肉之下咽，而皆倒毙于荒烟蔓草之间，始信此肉之未易食也，亦已晚矣。”②

另一方面，在台湾军民与日军交战后，在明了台湾军民作战不利的情况下，仍竭力宣扬台湾军民的比较优势：

数百万人民之众几为倭用者，今且易而御倭矣；数千百万资财之富几为倭有者，今乃用之以备倭矣。一岁三熟之地，矿山罗列之区，使倭人可望而不可即，可欲而不可取。如偷儿窃物，黑夜经营，心疲力瘁；物将到手，为事主所觉；执械以备，欲不窃而心有所不甘，欲窃之而力有所未逮；蹑伏于墙垣之外、盘桓于荒野之中，天不向明终不肯废然而返。倭人进退维谷，与偷儿得无相类！

就形势而论，澎湖虽失，足以守险，虽无兵舰而坚壁清野之法，为台民之所长。现闻民团有四五百万之多，随地皆兵，无须征调。辅以广勇皆勇悍绝伦，

① 《论台民义愤》，《申报》1895年5月19日。

② 《论台湾得失之难易》，《申报》1895年5月21日。

非湘、淮二军可比，台南刘渊亭（刘永福）枕戈以待，所统黑旗当日法人望之胆落，倭人当之而能不披靡者几希矣！此形势、兵力之足以御倭者也。所虑者军械、火器、米食、饷项，（列强）皆守局外之例，转运殊难；相持既久，恐有不济。倭人以此为可图，旁观亦以此为可虑。不知自倭人开衅以来，屡有窥台之意，当时陆续运往器械、军火未经动用者甚多，且现在制造，日夜工作，足以相济。粮食一种，台湾向有出口而无进口，以台湾之粮供台湾之食固有余而无不足。况以民为兵，而军伍无溃散之虞；即以兵为农，而田亩无荒芜之患。此器械、军火、糈饷之足以御倭者也。

且闻唐薇卿（唐景崧）已派（"台湾民主国"）外部、内部、海部三大臣，一例仿行西法，规画井井。此中固大有人在，业已布告各国，各国亦不闻有违言大约。俟台民得手之后，然后出为调处，俾台湾永享自主之利，各国通商亦得利益同沾，倭人岂得独思染指？此时倭人劳师糜饷、远涉重洋，必至得不偿失、悔之晚矣！万一倭人幸胜，台民不能拒敌，吾知台民早为退步，必乞援于欧西。无论德、法、英、俄各国，谁不欲得此繁富之区，倭人费尽心力必让他国唾手成功。倭即能胜台湾，倭其能与德、法、英、俄诸大国敌哉？其能不拱手让之乎？"货悖而入，亦悖而出"，吾可为倭决之矣。而况台民未必终为倭败也，台民其勉乎哉！ [①]

该文与上述5月份的那两文，立意已有所不同。5月份的两文多系虚言，没有详陈利害，其用意在吓阻日本；而6月6日的这篇文章，尽管依然有"民团有四五百万之多"等虚言，但已基本转向事实或半事实的陈述，其命意已不再是吓阻日本，而是坚定台湾军民信心、鼓舞台湾军民斗志。特别是该文的最后一句话，"况台民未必终为倭败也，台民其勉乎哉"，已然点明全文的主旨。在日军朝台中南进发之际，再次陈述可以力战、并最终战胜日军的条件：

台湾生成险要，处处可以设防，而又山路崎岖、歧途莫辨。日人即多派间谍，未必能熟悉于胸中，而我则随地可以列营，遇险可以设伏，攻其无备、出其不意，以主待客、以逸待劳。日人虽智勇兼全，未必即能取胜，况徒恃匹夫之勇、类皆趾高气扬者乎？此可胜之道一也。

---

① 《论台湾终不为倭人所有》，《申报》1895年6月6日。

自来行军以筹饷为先。台湾黑子弹丸、孤悬海外，敌人苟断我饷路，即不能挽粟飞刍，似乎困守一隅、万难持久。殊不知台湾土地饶沃，其稻一岁三熟，平时除民食之外，常运售外省以广利源。今者运售之路不通，正可将所获稻粱留供兵食，马腾士饱、勇气勃然，此可胜之道二也。

兵士所用器械，务宜灵捷轻盈，承平时购诸外洋，当轴每不吝巨款。今者干戈既动，外洋皆应守局外之例，不能予取予求，一旦旧者锈坏不堪，新者无从更换，将奈之何？岂知台湾物产丰饶，煤铁既取之不穷，硝磺亦用之不竭，但得名师巧匠日夜从事炉锤，则日异月新、自可源源接济。试观刘大帅（刘永福）在安南（越南旧称）之际与法人交战频年，斯时何尝有人畀以军装，而应用自不虞匮乏，岂今兹用以御日本而反忧难备军装乎？此可胜之道三也。

从来言战者以地利、天时为要，而尤要者则在人和。台湾民性强雄、乐于战斗，一触其怒奋不顾身。然苟无人焉约束抚绥，则亦惟跳刀拍张相聚为乱耳。刘大帅则威恩并济、宽猛兼施，其持躬也正而明，其待士也信而惠，不特军饷毫不克扣，甚且疾痛疴痒息息相关、略分言情，能与士卒同甘苦，以故在台士卒无不爱之如慈父、敬之如严师，加以所招旧部黑旗兵相随数十年，尤觉情同骨肉，用以御敌，有不争先奋勇、舍死忘生者哉？此可胜之道四也。[1]

《新闻报》另辟蹊径，不提台湾"地利"，而直接宣扬刘永福乃保台必成之关键，亦即有刘永福在保台必成：

夫台湾占地利之胜，人尽知之。然使如旅顺、威海等要隘，一例委之而任拱手让人，则即天堑长江、横以铁锁亦复何济？不观基隆、台北固亦同占地利之胜也，而以防御无方、兵心不一，以致与旅顺、威海等处一例失去，所谓地利者何在？

迨中丞（唐景崧）遁而军民皆惊，"总统"（唐景崧）逃而事权反一，台民之幸、实邦家之光，然后知"天生李晟为社稷也"。自是之后，号令一新，贪官则任其内渡而独留其资财，劣将则听其言归而不强以相助；本五千人为一心者，更合诸军为一体、联"番众"如一家，无计不行，有战必胜。

吾则以为台湾终不得为倭有也。其所以不得为倭有之故，非因地利也，乃

---

① 《论日人终不能据有台湾》，《申报》1895 年 7 月 7 日。

得一刘军门（刘永福）也。既置一刘军门于其间，而台民奉之、台军从之、"生番"亦附之，是天之不欲以台湾畀倭也，明矣！①

实际上，此观点类似于《申报》所宣扬的"人和"制胜说，将保台的希望寄托于刘永福一人，显然是不切实际的。

总之，两报所提制胜的有利条件，相对日军兵精粮足的现实，实在算不上有利，这一点它们心知肚明（前面已有论述，在此不再赘言）。两报之所以大肆宣扬种种"有利"因素，无非是替抗日保台斗争呐喊助威。这种宣扬保台必成的行为，大抵是一种明知不可为而为之的舆论悲歌，不仅难挽台湾军事颓势，而且，在当时的情势下，正在对日苦战的台湾军民甚至不得耳闻。但是，并不能因此而否定其价值，至少，在国际舆论舞台上体现了抗日保台舆论的存在，壮大了台湾军民的抗日声势，对反对台湾军民的负面舆论也是一个有力的回应。当时，对台湾军民的抗日保台活动，确有不少报刊持负面看法。《字林西报》批评此举违背了条约精神："三个星期前（5月8日），台湾被（中国）正式批准的条约割让给日本，便是日本的合法领土，因此，现在任何变更条约状况的努力都将是徒劳的。自然地，台湾的独立运动不过是一次反叛，无论其理由如何充分，都不会被列强承认。如果是在几周前（指条约未获批准前），情形会有所不同。"②而且表示："我们熟知，中国的指挥官惯于虚张声势，当他们遭受日军攻击时，将一触即溃。"③《万国公报》则由其主笔蔡尔康④亲撰长文一篇，系统论述抗日保台之非：其一，此系违逆圣意之举，且也必不能胜："台民知舍华事倭之为耻，而不知违旨据地之为罪。先推署抚唐薇卿中丞（景崧）为总统。迨台北不守，复倚驻台南之刘军门（刘永福）以为重。不知困守一隅，望内地如天上，米粟即不忧缺乏，药弹必日就消磨。又况澎湖失而锁钥坏，台北陷而肩背虚，乃欲以区区半岛之雄，敌日本之三岛，虽有智者，不能善其后也。"其二，

---

① 《论台湾终不得为倭有》，《新闻报》1895年6月21日。
② "The Independence of Formosa"，"*The N. C. Daily News*"，May 27, 1895.
③ "The Japanese at Formosa"，"*The N. C. Daily News*"，May 29, 1895.
④ 蔡尔康作为《万国公报》主笔，其立场与《申报》主笔黄协埙迥异。若自黄协埙的角度观之，蔡尔康的言论无疑是长他人志气、灭自己威风，甚至有为虎作伥之嫌。而自蔡尔康的角度观之，黄协埙的言论则近乎荒诞："若徒取快于一时，不顾贻讥于万国。尚夫喋喋，明廷莫补涓埃；谗口嚣嚣，隐祸且悬眉睫。而尚谓过屠门而大嚼，虽不得肉，亦足以豪也。无惑乎燕雀处堂，不知火之将及；蛟龙失水，反期云之将从也。甚矣其蔽也。"见海上蔡子（蔡尔康）：《新语（八）》，《万国公报》1895年第80期。

日军凶残，抵抗会给台湾百姓带来无尽的灾难："日人贪淫而好杀"，"其（日本人）初至台湾也，以为此地将归我有，弥复煦仁孑义，以要结乎台民。台民未知失信之祸不可收拾，故见日兵之至，户揭白旗，以示归降；迨辎重自后而来，即群起而加以截杀，工兵喋血、食用荡然，台民齐奏凯歌，非不一时得意。岂料触其枭帅之怒，下令不分良莠，纵兵搜剿。日兵遂如虎出柙、如鹰脱□，掳掠奸淫，无所不至。且自时厥后，台民真有自知不敌而愿降者，日兵亦不之信，掳掠如故、奸淫如故，人亡家破，触目萧条"。其三，此等违约行径，有碍国际观瞻："夫昔之西人谓中国无总权者，总署一纸书，朝下各督抚夕已奉令惟谨，故虽有貌合神离之处，总无深闭固拒之人，西人心仪之矣。岂料台湾一地，明奉恩纶让诸日本，刘军门（刘永福）竟视若等闲，至今为梗，必将触动西人蔑视！"[1]由此看来，《万国公报》与《字林西报》的反对理由有不少类似之处，而两报对"保台必成"观点的宣扬则颇有几分针锋相对的意味。

三、高声奏凯

与台北一触即溃的景况形成鲜明对比的是，日军在向台湾中南部进军途中，遇到了顽强抵抗。在整个台湾中南部军民浴血奋战期间，《申报》上一片奏凯之声，凡关于此间台湾战事的记载，几乎均为台湾军民告捷、日军败亡的消息。此等奏凯之声，自6月日军开始向台湾中南部进军到10月台南陷落，延续了四个月之久。在表达技巧上，《申报》采取"话分两头"的古法，即一面报道台湾军民取胜的消息；一面报道日军失败的消息。如7月5日报道"台军大捷情形"："二十七日（6月19日），有贩茶山客四人挑茶出山，踯躅行出，适遇日兵三四百人整队徐行，将往桃仔园，与台湾义兵交战。正在血飞肉薄时，经林荫棠（林朝栋）观察飞派雄兵布大阵围之，愈逼愈紧，日军势渐披靡，欲斗则弹药已尽，欲窜则无路可通，全军尽没，竟无一卒生还。计日兵在桃仔园（今桃源县一带）共打大仗七次，无一阵不败者，实因山径路途缭而曲、往而复，日人虽素以侦路自负，至此亦茫然不知为计。"[2]7月12日则报道"倭技已穷"："日兵既占台北后，困苦不堪，因病而殂者几不可以数计。某日，由台北调兵二千名，向台南进发，历经多日尚滞中途，盖以铁路所铺横木条多被土人拆去，亦有连铁轨及桥毁坏者，只得相率徒行故也。电线甫经修整即被客民铰断。一

---

[1]　海上蔡子（蔡尔康）：《新语（八）》，《万国公报》1895年第80期。

[2]　《纪台军大捷情形》，《申报》1895年7月5日。

日，行至某处山麓，忽遇台勇六千名与之鏖战，台勇苦无大炮，不得已退至内地山巅，既而日兵分道往前，台勇即下山轰击，日兵势孤力竭，大半死亡。及至某处铁路边，日兵争坐火车，车忽由高坠下，日兵纷纷颠出，颇有伤亡。"①

除宣扬胜利而外，《申报》对取胜之法的刻画也颇为细致。突出刻画了"诱敌深入"之计给日军造成的打击："新竹城复为日兵所占，此非日兵之果能攻城夺隘也，盖义兵早定妙计，故作惺怯退避状诱之使入。日兵不知其计，以为时不可失，纵兵直入，义兵见其入毂，突起围之，网张三面，仅留东门一路任其退出。日夜攻杀，日兵死伤无算，由火车运回大稻埕医院，有不及医治即登鬼箓者，日以三四百计，盛以三寸桐棺，草草掩埋。"②"先与之对阵交锋，故示以怯弱佯作纷纷败北状，日兵不知系诱敌之计，并力穷追待其追近大甲等溪；各军始由四山抄出，将日兵围在垓心，奋勇攻击，日兵四面受敌，因之大败。此一仗为台中第一次大战，计获斩日本马兵三百五六十人，得马三百余匹，阵毙日兵三四百名，伤毙五六百名。"③"台兵狡计实多，每次行军途中，或不见一人，或数十残兵与之接战，且战且走，及至丛林家屋猝发火为号，四面兜围，日兵或死或伤，无有能幸免者。"④

令人不解的是，为何奏凯之声延续至台南陷落？既然是一片奏凯之声，那为何抗日斗争以失败而告终？《申报》又该如何面对这"突如其来"的败局？

奏凯之声一直延续至台南陷落，一方面乃是因为在台南陷落前夕，台湾军民依然曾取得局地的胜利。据《日清战争实记》记载，日军第四联队第三中队在加冬脚（今屏东佳冬一带，系枋寮与东港间的战略要地）遭遇顽强抵抗，损失惨重，并一度陷入进退维谷的境地：

我军（日军）越靠近，敌人从胸墙枪眼里的射击越猛烈，眼看着有七八名士兵倒下去了。

（黑旗军）堡垒旁边有一座高楼，叫步月楼。楼下有门，由门可进入加冬脚村。故军时而从门内发射步枪。逼近此门的太田小队之上等兵白坂松之助和一等兵松仓卫次二人挺进至门前，在挥舞手斧砍门的一刹那，自门旁射出的子弹，

---

① 《倭技已穷》，《申报》1895 年 7 月 12 日。
② 《台军大捷》，《申报》1895 年 8 月 18 日。
③ 《纪台军大捷情形》，《申报》1895 年 9 月 8 日。
④ 《日败确情》，《申报》1895 年 8 月 4 日。

一发命中白坂上等兵的头部，一发命中松仓一等兵的胸部。松仓和白坂当即死亡。敌军如此顽强，我军既不能进，又不能退。

小关少尉率领的小队与太田小队一起冲锋，逼近了敌军堡垒，但被胸墙所阻，不能前进，而敌军的射击益发猛烈。于是决定只好潜藏在水濠里的水里，进入敌人射击的死角。大家跳到水濠里，只将头部露出水面。现在到处都是死地。

此时，中队长吉原大尉亲自率领一个小队靠近了敌军堡垒，但见堡垒坚固不能攻取，命令丸山少尉带领一个小队冲锋杀敌。少尉受命后，立即下令上刺刀。丸山小队呼喊着前进。不多时，丸山回来报告：有水濠，不能前进。中队长厉声曰："有什么路不能前进，我亲自到不能前进的地方去看看。"中队长奔向堡垒时，一发敌弹自堡垒里飞来，把跟随中队长的士兵铃木清五郎胸部击穿，当即死亡。中队长进至水濠，发现确如少尉所说，垒下有水濠环绕，且敌人自枪眼里一枪接一枪地射击，丸山小队已经陷入了死地。现在第三中队全陷入死地了。①

另一方面也是由于音讯阻隔，来自台湾中南部的消息多有延误，以致在台南陷落的当天，《申报》尚云："报捷之书，指顾可到矣！"②

然而，不得不承认，《申报》并不客观，基本上是报喜不报忧，而往往于报喜之时，又多言过其实、夸大其词，这样便造成此种尴尬的局面：在一片奏凯之声中台中、台南悉数沦落敌手。客观而言，台湾军民进行了激烈的抵抗，"五月二十七日（6月19日），担任南下先遣部队的近卫师团第一旅团第二联队由台北启程后，随即陷入台湾攻防战的泥淖中"，"台湾中南部各地，日军皆先后遭遇到义军的激烈抵抗"。③这种抵抗延缓了日军进军台中、台南的步伐，一位名叫迈耶士（Myers）的记者这样记述道："本拟于本月（7月）十八日开往南部之（日本）军队，鉴于大姑陷（又名大科嵌）之惨状，竟成为无限期展延。"④日方史籍也不乏这样的记载："今田大尉一行，（7月）十三日中午于二甲、九赏被

---

① 《日清战争实记选译》，载戚其章：《中日战争》第八册，中华书局1994年版，第626—627页。

② 《台南近信》，《申报》1895年10月21日。

③ 黄秀政：《台湾割让与乙未抗日运动》，台湾商务印书馆1992年版，第203页。

④ 程大学编译：《日军侵略台湾档案（选录）》，载戚其章：《中日战争》第十二册，中华书局1996年版，第220页。

敌军四面包围，经百般苦战，黄昏向侧面退去，十四日晨到桃仔园（今桃园一带），打算十五日于龙潭坡与支队会合。今田中队本应于十四日与支队会合，但因敌军阻拦，会合推迟了一天。"① "因我左纵队与敌军发生冲突，没有按时到达，师团之进攻推迟了一日，敌军见之竟傲然叫嚣日军无能。"② 甚至在日军攻占台南后，日本报刊亦不无感慨："近卫师团最初于台湾岛北部三貂角登陆为五月二十九日。近来于新竹附近曾因土匪（对义军的蔑称）而烦恼……遂与第二师团及混成第四旅团一起南进……本月（10月）二十一日以第二师团之一部追击贼将，占领台南府，全岛于兹平定。其间实为一百四十六天。"③ 但也仅仅是延缓而已，台湾军民所获胜利通常只是一些局地的胜利，自大势言之，难以改变整体失利的命运，日军往往是遭遇局地失败后终归得手。《申报》则一般只报道台湾军民局地取胜的消息，而对日军节节进军的消息不予报道，若自《申报》观之，仿佛失败的是日军。特别是《申报》有关日军伤亡数字的报道，动辄曰成百上千，显系言过其实、夸大其词。如对中坜一带歼敌数量的报道："因前月间有日兵三百余名往攻中力（中坜）地方，被林荫棠（林朝栋）观察督率义兵，四面兜剿，以致日军三百余人，无一生还。旋调大队三千人、驾格林炮四十尊、马兵数十匹，复攻中力，日不得逞。五月底及闰五月初二等日，两军交战，又被客兵、义兵所大创，尸横遍野、血流成渠，马兵仅存三四匹，战兵死者二千数百名，仅存二三百名身受枪伤、狼狈不堪，相与舁之以去，格林炮亦尽为台军所得。"④ 又如对大甲溪一带歼敌数量的报道："（台湾各军）先与之（日军）对阵交锋，故示以怯弱、佯作纷纷败北状，日兵不知系诱敌之计，并力穷追，待其追近大甲等溪，各军始由四山抄出，将日兵围在垓心，奋勇攻击，日兵四面受敌，因之大败。此一仗为台中第一次大战，计获斩日本马兵（骑兵）三百五六十人，得马三百余匹，阵毙日兵三四百名，伤毙五六百名。另有日兵一队约四五百名被各军引入山凹，经义军与台南兵用火药球抛入日队中，红光万道，几使霄汉通红，日兵无路逃生，遂致全军尽没。"⑤ 仅自这两则报道来看，就已歼灭日军数千。如果把《申报》所报道的歼敌数量相加，总的歼敌数则数以万计，

① 《日清战争实记选译》，载戚其章：《中日战争》第八册，中华书局1994年版，第538页。
② 《日清战争实记选译》，载戚其章：《中日战争》第八册，中华书局1994年版，第596页。
③ 原载日本《时事新报》（1895年10月26日），转引自戚其章：《中日战争》第七册，中华书局1996年版，第217页。
④ 《纪台军大捷情形》，《申报》1895年7月5日。
⑤ 《纪台军大捷情形》，《申报》1895年9月8日。

那么，照此说来岛上的几万日军已不复存在。而事实上，日军在每次战斗中的死亡人数自几人到几十人不等，鲜有百人以上的情况。从与日军的数次激战来看，在每次战斗中歼灭日军的数量也仅在数十人。据记载，在日军伤亡惨重的大科嵌战役中，也不过"六十名覆没"①。

面对"突如其来"的败局，《申报》似乎毫不意外、亦无尴尬，而是镇定地申述其情有可原：

中丞溃逃内渡，台北之地，日人唾手而得。夫台北为全台精华所聚之区，一旦沦陷，不特库府之充、财物之富、军火器械之足皆为日人所有；且阻南台、中台之进步，而地势亦失；兵民不和、人心已成瓦解之势。台北之失，固出意外，至台北失而台南之不能守，固在意中，未有台北失而台南犹能守御者也。使唐中丞（唐景崧）亦能如刘军门（刘永福）之坚忍，不即溃逃，俾刘军门得从容布置，军火粮饷既可以赖台北接济，则当分其余力以助台北，则谓台北至今存可也；台北至今存，则台南亦至今存可也。乃中丞内渡，日人力据上游，军门死守台南，相持至数月之久，关心时事者，尚望军门以守为战、恢复全台，而更不复计及于日人之诡计百出、用兵坚忍，台南之孤悬一角而较前此之战守为更难也。②

这段申述之词绝非诡辩，早在唐景崧内渡之时，《申报》就已论及此事对台中、台南抗战之影响："闻台中亦无守将，所剩台南刘渊亭（刘永福）一军，既无接济，又无外援，孤军坚守，终亦不能久持，恐刘渊亭此时欲不咎唐总统而不得矣。"③ 8月18日，又再次论及"台湾自自主以后，中国即不相闻问、无复有济。以靡屡赍粮者全省菁华又皆萃于台北，台北既被倭人所占，仅仅留台南数百里地，且皆硗瘠不堪，欲制械而制局已付之敌手，欲筹银而绅富又相率言旋。虽以刘帅（刘永福）之谋勇兼全一时无两，亦惟悉心防守俟敌人来而歼之，欲其鼓行而前收回台北，就目今时势而论，恐尚有所不能"。④ 可见，在《申报》

---

① 据洪弃生记载："三角涌、三峡庄（均在大科嵌东北）一带人民群起相（响）应，四面包裹，杀声连天。日本大佐井樱氏（实系特务曹长）六十名覆没，余敌不支，悉走山林间。"见洪弃生：《瀛海偕亡记》，载《乙未抗日史料汇编》，海峡学术出版社1999年版，第284页。

② 《论台事》，《申报》1895年10月31日。

③ 《论时变之速》，《申报》1895年6月20日。

④ 《答客问台湾近事》，《申报》1895年8月18日。

看来，台中、台南之不守，势所必然。而延至数月方失守，非但不是刘永福之过，乃是刘永福之功："以渊帅之才、渊帅之勇、渊帅之忠、渊帅之义而犹不能守一台南，是岂渊帅之过哉？渊帅旧部不过数千人，余皆客兵及义民耳，客兵间谍居多，义民又不知纪律，而且无饷之可筹、无粮之可运，身居绝地，远作孤臣，致相持数月之久，日人始得占据，不可不谓渊帅之尽心竭力矣！"①《申报》对台湾的抗日形势既已心知肚明，那为何一直高声奏凯，甚至呼吁刘永福乘胜追击，一举克复台北②？这只能说明，《申报》故作高亢，以提振台湾军民的士气。也可能与《申报》自甲午战争以来的主战观念有关。③

总的来说，《申报》一系列的奏凯之声主观色彩颇为浓厚，甚至还存在张冠李戴的现象，譬如，直到8月中旬才明白"刘渊亭（刘永福）大帅尚未躬亲战阵，历次与倭人交战者皆系客民"④，也就是说，在此之前，《申报》误将姜绍祖、吴汤兴、徐骧等人的功劳悉数记到了刘永福的头上。自新闻伦理的角度言之，确有不妥。然而，自支持台湾军民抗击日军的角度言之，《申报》如此高声奏凯，恰恰体现了主笔人的一片赤诚，当属难能可贵。要知道，在物质上，当时大陆对台湾已基本没有援助了。9月27日，吴质卿再三央求边宝泉设法援台，可边宝泉只是踢皮球："止以促余（吴质卿）往见南洋（张之洞）必然有济为词，并令余即刻起身。"⑤于是，10月18日，在台南陷落前夕，吴质卿又去向张之洞"再三求饷求械"，然而张之洞却"以'两奉上谕，不准接济台湾'为词"不予接济，吴质卿仍不罢休，依旧"苦苦相求"，对此，张之洞也"只有长叹"。⑥而

---

① 《论台事》，《申报》1895年10月31日。

② 7月24日，《申报》呼吁："刘军有此大胜，必当会合义兵，乘战胜之余威，一鼓而前、长驱直进，收复台北也。"见《纪刘军大捷情形》1895年7月24日。

③ 在甲午战争中，《申报》是当时的主战论者，"在主战抗日派和主和投降派的斗争中，报纸站在主战抗日这一边"。见宋军：《〈申报〉的兴衰》，上海社会科学院出版社1996年版，第51、53页。

④ 《台湾近状》，《申报》1895年8月13日。

⑤ 吴质卿：《台湾战争记》，载戚其章：《中日战争》第十二册，中华书局1996年版，第123页。

⑥ 吴质卿：《台湾战争记》，载戚其章：《中日战争》第十二册，中华书局1996年版，第124页。

在道义上，在报界影响颇大①的《万国公报》不仅不予支持，而且是一片唱衰之声。而另一份教会报纸《益闻录》也不时散布悲观情绪，不仅给如火如荼的台湾抗日斗争泼冷水，而且也对大陆的援台之声不乏揶揄之词：

中日之战（指甲午战争），屡日挫衄，地大物博，尚且如是；台湾孤悬海中一岛耳，前虽分设行省，似同于一省之大，而内地二十余行省，其为地者多、为人者众，奈何而仅望一台地之胜耶？且台地兵少饷寡，人人望之者，何仅徒手奋呼，欲借他人酒杯、用浇自己块垒，绝不闻有奇才异能出而助之、渡海济之耶？此在华人之心，恐仅此虚骄气，无实践于其中也。本馆志愿本奢而纪胜之笔不得伸，不得不姑为隐忍；非不欲言战也，亦非袒在日本也，特电线虽灵而已断，西信罕述而不详，偶一谈及不过笼统之语、作竹报平安而已，是以数日以来不敢不安于缄默也。②

不过，《益闻录》所陈大陆援台不力、台海音讯阻隔皆是事实，特别是其对台地消息的审慎态度，单从新闻业务及伦理的表现而言，《益闻录》似乎较《申报》更胜一筹。

同《申报》一样，《新闻报》上也曾高声奏凯，并别开生面地刻画了刘永福海上巧战日军的场面：

前月廿六（6 月 18 日）刘军门（刘永福）与倭人交战，大获胜仗，杀死倭人四千余人，烧毁倭兵舰七只。倭人受此大创之后，未见动静，而刘军门逆料其必来报复，于是先行布置，将松柏、稻草浸透桐油，扎缚成捆，暗藏海底，上压巨石；又将鸡毛编成大扇之形，横直有二尺大小，以粗糠浸透火油，置于扇上；在安平口内外，复将水雷、鱼雷埋藏海底。及安排既定，始遣探子前往

----

① 　1896 年底，《万国公报》自称："本馆自延请名流专办笔札以来，从每月一千本逐渐加增，今已几盈四千本；且购阅者大都达官贵介、名士富绅，故京师及各直省阀阅高门、清华别业案头多置此一编。其销流之广，则更远至海外之美、澳二洲。"（见《请登告白》，载《万国公报》1896 年第 94 期。）据说"光绪皇帝曾订购 89 种广学会出版物。八国联军占领北京时，有传教士在皇宫里看到光绪皇帝所存放的全套《万国公报》。"（见杨代春：《〈万国公报〉与晚清中西文化交流》，湖南人民出版社 2002 年版，第 82 页。）另有研究者考证，光绪皇帝订购的 89 种广学会出版物中的大部分内容在《万国公报》上刊载过。（见王林：《西学与变法：〈万国公报〉研究》，齐鲁书社 2004 年版，第 47 页。）

② 　《论台湾事》，《益闻录》1895 年 8 月 24 日。

探听消息。嗣据报称，见有倭兵船多只在安平口外六十里下椗（碇），而水兵、水鬼即将浸油粗糠顺流放下，并用毛竹等物团团围住，以免粗糠等飘散；至于水底竹木上所压巨石，亦潜行除去，而松柏、柴草于是漂浮水面；又命水鬼将乱绳、铁线暗系倭船轮舵、轮机。后来，潮退之时，倭人但见海面无数竹木、柴草顺流而下，心知有异，即燃巨炮数门，方欲将船退出，无奈舵已捆缚，竟不能移动。倭人惶骇异常，即时传令开仗，然又不见刘军船只、兵丁，只见无数杂物蔽塞海面，急放杉（舢）板捞取，忽闻一声号炮，而水底之水雷、鱼雷一齐发作，岸上亦枪炮齐鸣，所有水面竹木、粗糠引火之物被火燃着，顿时烈焰飞腾，但觉海面一片红光。赤壁烧兵无此利（厉）害，是役也，计烧毁木质兵船廿四只、铁甲兵船亦尽成废物，计烧毙倭兵二万余人。①

而且，明知"电线中断，无从询其真伪"，但却据某些迹象推测"刘军之胜当非谰言，而可称确耗"②。其所据"迹象"有二：其一，"厦商往来之函皆能道及"；其二，"连日西报载，倭人禁止日报于五礼拜期内不得登载台湾军事，并知日本地方已有数十家报馆暂停生理者，此外，有偶一登及之家，随经逮问案下。噫！睹此情形，莫非倭人讳败？"③

另外，还不时刊载对这些"捷音"的正面回应之声。比如，对上面这则《胜倭传闻》，就刊出署名为"桃溪酒隐"的回应文章，进一步发挥道："经此次痛加剿洗，倭人精锐殆尽，就使收合余烬计图报复，亦几如'强弩之末，势不能穿鲁缟'矣！"④值得一提的是，这位"桃溪酒隐"对"连日所得捷音"并非深信不疑，而是颇有疑虑："所惜者电报不通，军情千变，倭人既讳莫如深、噤不敢泄，而华人又无在台专探军信之人，连日所得捷音难免传闻失实。"⑤进而指责各报馆轻信、依赖传闻："我不知各报馆何不派友渡台、探访消息？西例，两军相见，报馆例得与闻。倭人既步武泰西，台湾亦循西例而为自主，各报馆尽可援例前往，乃计不出此，真急'索解人不得'矣！"⑥然而，这位撰稿人亦依

① 《胜倭传闻》，《新闻报》1895 年 7 月 10 日。
② 《论台军获胜之信》，《新闻报》1895 年 6 月 27 日。
③ 《论台军获胜之信》，《新闻报》1895 年 6 月 27 日。
④ 桃溪酒隐：《闻刘军捷音喜而有说》，《新闻报》1895 年 7 月 19 日。
⑤ 桃溪酒隐：《闻刘军捷音喜而有说》，《新闻报》1895 年 7 月 19 日。
⑥ 桃溪酒隐：《闻刘军捷音喜而有说》，《新闻报》1895 年 7 月 19 日。

据"倭人不言"的情况，判断"台湾至今存，即倭兵至今不能得利"①。

甚至，不悦于外界对"捷音"之质疑："所怪者，我国之人，明明食毛践土者，乃亦闻此刘军战胜之信，反觉不甚愉悦，而以为传闻不真，几乎有讳胜为败之意，甚且讥本报有意误传、惑乱人心。噫，此等人直无心肝！吾不知其自居何等，殊不知'有闻必录'乃报馆所当然！"②

不过，有别于《申报》的是，《新闻报》另有审慎的一面："台湾至上海之电线既断后，凡该处一切军报，皆无从传来，或译诸西字报中，或得之厦商号信间，或得之自台逃亡而来之人向人所述者。所传不一，且（有）言人人殊，以故各日报中皆不敢据以为实、登诸报端，以招讪刺：苟误败为胜，已贻不实之讥；或误胜为败，则更致附敌之谤，甚且疑报馆得贿、有意颠倒者，议论纷然，殊骇闻听。惟是言之不实，徒乱人意，于事无补；而默默不言，亦殊乖'有闻必录'之义。执笔之人，于磨墨染毫之际，诚有不胜踌躇四顾之情形焉！""须知报例以从实为贵，倘传闻之不实，毋宁阙疑而不登。"③因而，当《申报》尚言"报捷之书，指顾可到矣！"的时候，《新闻报》似已回过神来，察觉到台湾"顿成孤立之势"："倘更有仗义之人，助之以饷、济之以粮、资之以军火，源源而来、不间不断，吾知刘军定能以五千子弟灭此朝食、踞有全台，正不必以孤军为虑！惜乎林时甫（林维源）京卿计不出此，仅以一身趋避漳州，而置祖宗之邱墓、田庐于不顾，藉寇兵而赍（赍）盗粮，其失算诚有所不解；又惜林观察（林朝栋）及邱进士（丘逢甲）继之以避地而适厦门，侥幸图自全之计，不复以邱陇存心；更惜乎黎太守（黎景嵩）又以失守而逃，弃前功于'无何有之乡'，使我刘军门顿成孤立之势。天乎！天乎！吾将呼而问之，问：何以不祚我圣清、不祚我台民，岂必欲使其地沦于异域乎？"④

此外，在高声奏凯的同时，不少报道还对日军在台湾的烧杀抢掠等暴行进行了揭露。《申报》多次报道台湾百姓因不堪忍受日本暴行而纷纷内渡："有自台北府城挈家迁避者，男妇二三百人，均以日人苛虐万端，不可一日居，遂相率内渡，为桃花源人。"⑤"日兵退时，沿路焚毁房屋，毒焰障天，几似咸阳一炬；民人之避难者，不论男女老幼，尽被残杀，是真来屠伯于海外矣。淡水居民不

---

① 桃溪酒隐：《闻刘军捷音喜而有说》，《新闻报》1895年7月19日。
② 《论台军获胜之信》，《新闻报》1895年6月27日。
③ 《论军报近无凭准》，《新闻报》1895年7月7日。
④ 《论台湾成孤立之势》，《新闻报》1895年10月24日。
⑤ 《纪台军大捷情形》，《申报》1895年7月5日。

堪其虐，相率为避地之计，有男女一千余人，坐德忌利士公司轮船至厦门。"① 必须指出的是，《申报》对日军暴行的揭露是基本属实的。日本史籍中亦不乏这样的记载，据《日清战争实记》记载：在大姑陷至新竹沿线作战时，"所到之处，我军（日军）烧光了家屋（即民房）"②。一向消极的《益闻录》也对日本的焦土政策有所报道："日本兵现居台北，不得逞志。现已奏达日廷，请遣大兵赴台；须进攻时遇屋即烧、遇人即杀，日皇刻已允准。"③

---

① 《纪刘军大捷情形》，《申报》1895 年 7 月 24 日。
② 《日清战争实记选译》，载戚其章：《中日战争》第八册，中华书局 1994 年版，第 564 页。
③ 《日计攻台》，《益闻录》1895 年 8 月 24 日。

几点认识

晚清三次台海危机发生在一个并不漫长的时光里，从 1874 年日本侵台到 1895 年清政府割让台湾给日本，仅二十余年的光景。其间，恰恰是中国新式报刊日益壮大、中国舆论社会日渐发育的关键时期。舆论便成为危机的内在组成部分与外在影响因素。通过对这段舆论史的系统梳理，似可得出以下几点认识：

一、信息阻隔严重

晚清台海危机中信息阻隔严重，不仅影响了新闻信息传播的进度、深度与信度，而且深刻影响到国际舆论态势。

1874 年日本侵台期间，以《申报》为首的中文报刊，起先，昧于实情，一度对日方所谓"清政府许其自行讨伐"等侵略托辞将信将疑①，直到 6 月 2 日，获悉李鹤年经陆心源转给品川忠道的照会后才恍然大悟："可见兴师之擅矣。"②显然，中文的舆论场长期为日方捏造的虚言所惑。自副岛使华到中日和谈，"许其自伐"一直是日方求之不得的借口。为此，日本《东京日日新闻》甚至不惜造谣，捏造了一通假电报，称："北京总理衙门近来致外务省的信函清楚地表明，副岛大使上年去中国时所讨论的话题之一，就是台湾（生番）问题，并得到答复：番地系化外之地，中国政教未及。因此，如果日本派员前往问罪，中国官宪并不反对。本信函的真实性不容置疑，这势必彻底击碎近来甚嚣尘上的流言蜚语。"③仿佛真有其事。而《申报》将信将疑的态度无疑加剧了谣言的传播、助长了日方的嚣张气焰。其后，对日本在台军事行动，更是长期苦于没有

① 《再论东洋进征台湾略》，《申报》1874 年 4 月 23 日。
② 《台湾兵事已见公牍》，《申报》1874 年 6 月 2 日。
③ 《东京日日新闻》（1874 年 6 月 15 日），转引自 "North-China Herald", July 4, 1874.

一手消息，无法据实论理，致使国际舆论场上充斥着日方散布的一面之词。应该说，各中文报刊有意去往现场，但是，他们要么未有抵达战争现场，要么抵达时战争已经结束。如，陈霭亭等香港中文报刊的记者一度被派往台湾，但并未深入"番地"；《申报》也"于月前（6月中旬的样子）曾经特派华友径赴台湾战场，以记述诸事"[①]，但其时，日本军事行动已告一段落。而日本方面，则有随军记者岸田吟香和素有"日本豪斯"之称的《纽约先驱报》通讯员爱德华·豪斯，这两人对日本与日军高大形象的塑造，简直是到了无以复加的地步。岸田在给《东京日日新闻》发回的报道中，大赞"石门之战"的胜利，称："在5月22日拂晓的石门之战中，帝国的声威在世人面前大放异彩"[②]；而豪斯则将日本视作文明的使者、全人类的大救星："他们（日军）是将文明及一般教化布施该岛的不二代表，即使日后他们放弃了，也将名垂青史：他们不仅为当事国，而且为整个国际社会做出了杰出的贡献。无论怎样，此后在台湾海岸可以畅行无阻，不必担心会有致命的危险。"[③]尽管这些报道跟言论是日方的一面之词，但是，它们出自目击者之口，加之各中文报刊不掌握实况、无力与之争辩，因而，便只能任由它们充斥国际舆论场。

法国攻台后期，法军封锁台湾西北洋面，不仅使援台的物资转运面临前所未有的困境，而且也造成两岸信息传播的实际中断。不过，法国此举引起了国际舆论的反转，形势朝有利于中国的方向发展。原本支持法国的英国报刊转而抨击法国，一方面，谴责法军此举将重创台湾经济，如《孖剌报》称："操控全台百分之九十海外贸易的英商——如北部的茶叶、煤矿，南部的蔗糖生意，几乎全部停摆，损失无法估计。至于我们的顾客，也蒙受损失，如美国每年约需三十万'半箱'（half chest，系当时茶箱的标准规格）的福尔摩沙（Formosa音译，即台湾）乌龙茶，现在无法如期运出，蔗糖亦然；尤其煤矿的停产，更使轮船缺乏动力，全台经济将蒙重创。"[④]另一方面，揭露法军暴行，如《泰晤士报》这样写道："我们看到了三艘大船（其中包括一艘铁甲巡洋舰）追逐着一艘装着鱼干的小船，用机枪一圈一圈地向可怜的船员们射击。数以百计的船只就

① 《台湾近势》，《申报》1874年7月3日。
② 转引自Robert Eskildsen: "Of Civilization and Savages: The Mimetic Imperialsm of Japan's 1874 Expedition to Taiwan." *The American Historical Review*, vol.107, no.2, (April 2002), pp.388-418.
③ "The Japanese in Formosa"，"*North - China Herald*"，November 26, 1874.
④ [英]德约翰：《泡茶走西仔：清法战争台湾外记》，陈政三译注，台北五南图书出版股份有限公司2015年版，第68页。

这样被摧毁了。"① 尽管说英文报刊对法国封锁行为的不满乃是因为英商蒙受了损失，但是于客观上有利于中国。当时，清廷无力从军事上对法军暴行进行遏阻，只好通过外交舆论向法方施压。得知法军暴行的台湾道刘璈，所采取的措施即是请英国驻台湾领事将相关情况转呈"各国外务大臣、英国驻京公使察阅，以持公论"②。在这个意义上讲，这种舆论形势有力地支援了清廷的外交攻势。

在乙未反割台的斗争中，因缺乏一手消息，一方面，来自台湾中南部的消息多系传闻，以致出现张冠李戴的现象。《申报》自陈，直到8月中旬才明白"刘渊亭（刘永福）大帅尚未躬亲战阵，历次与倭人交战者皆系客民"③。也就是说，在此之前，该报误将姜绍祖、吴汤兴、徐骧等人的功劳悉数记到了刘永福的头上。另一方面，来自台湾中南部的消息多有延误，以致台南陷落之际，《申报》依然在高声奏凯。就在台南陷落的当天，《申报》尚云："报捷之书，指顾可到矣！"④ 此外，在消息多系传闻和多有延误的情境之下，《申报》一味高声奏凯，除却鼓舞士气、声援台湾军民的抗日斗争这一层，实在有些荒谬，如果把《申报》所报道的歼敌数量相加，总的歼敌数则数以万计，那么，照此说来岛上的几万日军已不复存在。而事实上，日军在每次战斗中的死亡人数自几人到几十人不等，鲜有百人以上的情况。而同期的中文教会报纸《益闻录》，面对《申报》等中文商业报刊上铺天盖地的奏凯之声，所述尽管有些矫揉造作，但亦有几分道理："本馆志愿本奢而纪胜之笔不得伸，不得不姑为隐忍；非不欲言战也，亦非袒在日本也，特电线虽灵而已断，西信罕述而不详，偶一谈及不过笼统之语、作竹报平安而已，是以数日以来不敢不安于缄默也。"⑤ 单从新闻业务及伦理的表现而言，《益闻录》似乎较《申报》更胜一筹。

二、舆论危机是台海危机之一

晚清台海危机是全面的，不单是军事、外交危机，还包含舆论危机。当时主导东亚乃至国际舆论场的英文报刊，常常混淆侵略与被侵略的是非界限、传播对中方的轻侮之见，给中国造成真相危机、形象危机等舆论危机。

---

① "The Times", February 20, 1885.
② 《闽浙总督杨昌濬咨报法船在台湾洋面残暴情况》，载伯琴：《法军侵台档》，文海出版社1980年版，第368—369页。
③ 《台湾近状》，《申报》1895年8月13日。
④ 《台南近信》，《申报》1895年10月21日。
⑤ 《论台湾事》，《益闻录》1895年8月24日。

很明显，三次台海危机均因外部势力入侵导致，然而，以《泰晤士报》《字林西报》及《北华捷报》为代表的英文报刊却罔顾事实，反而说中国的不是，因此造成侵略与反侵略的真相认知危机。对 1874 年日本的武装入侵，各英文报刊明知台湾主权无争议，《北华捷报》却公然替侵略者辩护："中国政府认为，中国放弃了对这片领土的所有管辖权，并否定对这片领土上各部落的所作所为负有责任。的确，中国地图上的台湾是由一条南北贯通的明线标识的，这是很明显的暗示。"① "中国人可能会说：'我们告诉你们可以惩罚罪犯,但并没叫你们去殖民台湾。'但日本有一个清楚的回复：'免责声明意味着权力的丧失。'如果你们领有台湾，就要对你们的臣民负责；反之也必然是正确的。你们声明你们对他们不负管理之责，这样的话，就否定了你们所谓的主权。我们同意你们的那个'声明'，因此，我们那样做是自由的。"② 而针对法军攻台的图谋，《泰晤士报》呼吁："如果法国决心以武力迫使中国就范，那么，欧洲应集体向中国施压。"③ 至于台湾军民的反割台斗争，则被《字林西报》评论为"背约""反叛"："三个星期前（5 月 8 日），台湾被（中国）正式批准的条约割让给日本，便是日本的合法领土，因此，现在任何变更条约状况的努力都将是徒劳的。自然地，台湾的独立运动不过是一次反叛，无论其理由如何充分，都不会被列强承认。"④

"形象危机"起于上述诸报传播的轻侮之见，而实质是损毁中国国际形象，造成中国软实力受损。这种"轻侮之见"是一贯的，在晚清历次台海危机中，那些报刊对清政府及其臣民的轻侮之见未有改观。自 1874 年日本侵台开始，清政府及其臣民一直被刻画成昏庸、自大、愚昧、怯懦、懒散、滑头等形象。在 1874 年日本侵台之际，连清廷中最懂洋务、最谙时事的官员群体，亦被目之为"迂腐不堪"："总理衙门官员们的免责声明及将讨番任务推给倭奴（Japanese barbarians）的做法（实际并不存在），无疑貌似精明的政治举措。然而，他们毫无政治远见，以致难以预料由此引起的后果。自幼长在京城、一直受古老传统束缚的人们，怎能对外面的事件作出合理的判断呢？……他们一贯视'四书五经'、小楷积习和繁文缛节为修齐治平之至要。"⑤ 而中国的军士则被贴上"奸猾"的标签：

① "*North-China Herald*", April 25, 1874.

② "*North-China Herald*", May 30, 1874.

③ "*The Times*", July 4, 1884.

④ "The Independence of Formosa", "*The N. C. Daily News*", May 27, 1895.

⑤ "The Japanese in Formosa", "*North-China Herald*", June 27,1874.

在中国，情况正好（与英国等欧洲国家）相反，有威望的裁决者站在和平的一边。如果引用伟人的名字，那就是圣贤或谋臣的名字，他们告诫黑发种族以和为贵，并宣称反对黩武和流血。麦笃思（T. T. Meadows，又译"密迪乐"，曾任英国驻沪领事等职）先生描述了一名中国佬（Chinaman）撤离到战斗中心近旁时的情形，一边将矛置于身边并顺势坐了下来，一边奸笑着说："如果他们来这里，我就打；如果他们不来，我就不打。"我们相信这是中华民族精神面貌的真实写照。如果他们能逃避，他们绝不想卷入战斗，而且，他们拥有来自经典的一系列有利证据，以支持他们的偷奸耍滑。因此，他们心安理得，并不觉得这是怯懦。[1]

1884年，长期与洋人打交道的李鸿章等一帮洋务官员依旧被刻画成毫无信义、一贯出尔反尔的丑陋形象："我们对李鸿章提出同样的问题不是很容易证明，他不仅曾经无耻地撒谎，而且曾向戈登（Gordon）将军以名誉（？）担保，又马上把这个担保破坏了吗？对一个中国官员来说，什么是名誉？他们当中没人懂这样一个词。干不名誉和欺骗这样的事，被认为是有名誉的。我们只需回顾一下过去英法联军联合对中国的背信弃义行为进行惩罚时的情形，就会发现中国的官员们是多么有名誉。"[2]而对1895年热情高涨的反割台官兵，又不无蔑视地评论道："我们熟知，中国的指挥官惯于虚张声势，当他们遭受日军攻击时，将一触即溃。"[3]

三、国际舆论与列强外交配合默契

19世纪下半叶，西方国家已经建立起较为成熟的资本主义制度，报业已基本摆脱政党及政权的直接操控，整体进入相对独立的大众报刊时代。这一时期的报刊通常在国内问题上表现出空前活跃的姿态，不会刻意迎合当局的言行。然而，对待国际问题则可能是另外一番景象，在晚清的三次台海危机中，西方报刊与列强外交之间呈现一种默契的合作关系。

---

① "Peace or War—Which?", *North-China Herald*, August 29, 1874.
② 原载《文汇报》，转引自张振鹍:《中法战争》第六册下，中华书局2017年版，第1020—1021页。
③ "The Japanese at Formosa", *The N. C. Daily News*, May 29, 1895.

日本侵台部署曝光之时，以英国为首的西方列强在外交层面表示严重关切，英国驻日公使巴夏礼几次三番函询日本外务卿寺岛宗则，末了强调，"（本人）一直认为台湾全岛似乎清国政府所有"，进而质问道："贵国政府有何理由确定其并非清国政府所有？"①与巴夏礼相呼应，《日本每日先驱报》评论道：

台湾即"福尔摩沙"，在清帝国之境内，此为毋庸议论之事。若如此，则派兵登陆于和亲国土地这件事，除两国间预先订有约定而互相表示同意外，则为侵犯土地。然而，不论东京政府之日志或北京政府之日志皆无此等公告。

北京对于日本出兵台湾究竟抱持何种看法，虽尚未闻知，但其目的决不仅止于惩罚一二"蕃民"而已，且欲殖民于岛之东方并企图永远占据之。日本人之如此举动，如果说清国人不介意，则吾人实无法相信。②

这通直白的评论恰好与婉转的外交辞令形成互补。二者间的微妙关系为后世研究者们所察觉，藤井志津枝认为："外国报纸的舆论干涉，可能是巴夏礼的谋略所促成的。"③陈政三认为，英国势力把持着横滨外国新闻圈，《日本每日先驱报》则向有英使馆喉舌之谓，其上述评论即是巴夏礼的授意。④将目光转向在华的英文报刊，它们与英国外交当局的关系亦是如此。英国驻华公使威妥玛第一时间向《字林西报》透露了中日和局的消息。据《申报》报道："本馆昨（11月21日）录中、东新立之条约，兹见《字林》于昨日报中亦曾刊印。盖出于驻京威公（威妥玛）之命也。威公于华九月二十九日（11月7日），曾以此事札饬驻沪之麦领事，谓曰：'华九月二十三日（11月1日）曾致书晓示，中东两国已于二十二日（10月31日）议和立约。兹于昨晚业经恭亲王及总理衙门之大臣照会各国钦使，予以中东两国议条之底稿。其条约中之词语，即或此时尚未宣示于外人，而其命意经大众早已知悉也。以故合应公刊，使众人得有实凭可据。查台湾之事，两国辩论之下已历数月，假令议不能谐，则两国必罹于兵祸。

---

① 《英国公使函复寺岛外务卿有关台湾地方为清国管辖事宜》，载黄得峰、王学新译：《处蕃提要》卷二，"国史馆"台湾文献馆2005年版，第128—129页。

② 《抄译横滨先驱报（Herald）有关日本出兵台湾事宜》，黄得峰、王学新译：《处蕃提要》卷二，"国史馆"台湾文献馆2005年版，第132—133页。

③ 藤井志津枝：《日本军国主义的原型——剖析一八七一一—一七四年台湾事件》，三民书局1983年版，第119页。

④ [美]爱德华·豪士：《征台纪事——牡丹社事件始末》，陈政三译，台湾书房2008年版，第12、43页。

因思我国与中东夙有通商之好，以故此事卒能出于和结，在英人亦皆可称为庆幸矣！用此，祈饬将议条两纸付登新报，以使英人皆得尽悉也。'"①

法军攻台期间，得知英国居间调停的消息后，《泰晤士报》一方面对英国外交当局大加赞赏："葛兰维尔勋爵（时任英国外交大臣）的外交经验、儒雅和老练，使他完全有资格从事调解工作，两国将从他那寻得一种既化解矛盾又不伤彼此尊严的和解之道。"②一方面对中法两国发起劝和攻势："本报驻香港记者昨日电称，有关法军在台取胜的消息往往言过其实"；"中国政府在这个关头也应铭记，法国不能被愚弄，惩罚是免不了的"。③尔后，法军对台湾西部、北部洋面及港口实施封锁，此举遭致英国政府的反对，英国外交大臣葛兰维尔认为法国此举即意味着"公海处于一种战争状态"，并正告法方："请千万不要怀疑英国在华的船东和商人与中国经商的处境和债务，他们已深受目前事态之害。""如果法国政府照此限制中立国船只以行使其交战国权利，那么，陛下政府（英国政府）就不会去修改业已发出的有关在对立期间保持中立的指示。"④而在英国政府表态之前、封锁尚未实施之时，新加坡《海峡时报》就已旗帜鲜明地表示反对："只是在战争的情况下，才能行使搜查权，在目前情况下，这样做不过是镇压。"⑤接下来，香港的《孖剌报》德约翰详细描述了封锁期间外商的悲惨处境：

英舰冠军号上午开赴安平。官员、士兵都获得充分的物质补给、心灵安慰，可怜的外商仍在望梅止渴。我知道写这些产生不了作用，但还是希望法国当局可怜可怜我们这些无辜的洋老百姓，至少让大家过个快乐的圣诞节总可以吧？无奈，又得四处告贷，东借一瓶啤酒，西乞一瓶雪莉酒，加上面粉、饼干、芥末酱、辣椒、盐巴……连那些特权暴发户桌上残留的面包屑，在我们眼中也如人间美食，但告贷终有限度，苦撑一、二周后，又得勒紧裤带。⑥

---

① 《威公使札饬领事》，《申报》1874 年 11 月 23 日。

② "*The Times*", November 24, 1884.

③ "*The Times*", November 24, 1884.

④ 《英国外交大臣葛兰维尔致法国驻英大臣》，载张振鹍：《中法战争》第六册下，中华书局 2017 年版，第 805 页。

⑤ 《驻新加坡领事致茹费理》，载张振鹍：《中法战争》第六册下，中华书局 2017 年版，第 755 页。

⑥ [英]德约翰：《泡茶走西仔：清法战争台湾外记》，陈政三译注，台北五南图书出版股份有限公司 2015 年版，第 84 页。

1895 年，当日本驻英公使询及英国对"割台"的态度时，英国外交大臣坦言相告："关于一般形势，若认为如报纸所报导，盖无大错。"① 也就是说，英国报纸上的观点反映了外交当局的态度。那么，当时的英国报纸是何观点呢？以《旁观者》杂志为例，其认为英国必定不会反对"割台"："今中东和约已定，俄国声言，必阻东割华地，我英则漠然无助。或疑英之阳示镇静，而阴与俄有成言也，则应之曰：否否！藉曰有之，岂能以镇静终哉？必将与俄联袂而出，宣明不愿割地之意，英之战舰更宜一扬神威，日本苟或不遵，事出于无奈，则必扫荡其海军，以救中国。"② 理由很简单，以中国目前的状态不值得英国出面干涉，即其所谓："然独不思华为糜烂之国耶？俄人猝来，败不旋踵；矧已新败于日，岂能稍助于英？"③ 这与英国驻华公使欧格讷的表态出奇地一致，4 月 28 日，庆亲王奕劻和孙毓汶、徐用仪一行到英国使馆会晤欧格讷，许以丰厚条件，请求英国干预，得到的答复便是："依我看来，好像是向一家已破产的、被抵押给另一个人的地产业提供贷款。这样的建议得不到赞同，是不会令人惊奇的。"④

反观中国，实难做到舆论与外交的默契配合。那时的中国不仅没有具有国际影响力的报刊，而且为数不多的报刊也多集中于疆域之内。更有甚者，清廷对于疆域内的报刊又处处设防，如奕䜣曾照会英国驻华公使威妥玛："查上海英国租界有英商美渣于上年创设《申报》馆，所刊之报，皆系汉文，并无洋字。其初原为贸易起见，迨后将无关贸易之事逐渐列入，妄论是非，谬加毁誉，甚至捏造谣言，煽惑人心，又复纵谈官事，横加谤议，即经职道（上海道台）函致英领事饬禁，未允照办。"故"要求威妥玛饬令英国驻上海领事：'凡不关贸易之事，不准列入《申报》'"。⑤ 又如，在甲午战争期间，清廷曾颁布"禁谈国事"的禁令，据《益闻录》报道："中日开战以来，京中禁谈国事，凡私言密语，偶涉中日之事，一经官差耳闻，（遂）揪发辫拖入狴犴，治以奸细之罪。其初仅禁抗言高论之流，今则并不许交头接耳齿及中东。大街小巷、茶肆酒馆、庵观寺庙，莫不有巡逻之人暗查密访。"⑥ 至于驻外使节，他们本可以利用驻地国的

---

① 陆秉钧等译校：《日本外交文书选译》下，载戚其章：《中日战争》第十册，中华书局 1995 年版，第 151 页。

② 《哀私议以广公见论》，《万国公报》1895 年第 77 期。

③ 《哀私议以广公见论》，《万国公报》1895 年第 77 期。

④ 刘英译：《欧格讷外交报告》，载戚其章：《中日战争》第六册，中华书局 1993 年版，第 694 页。

⑤ 杨天石：《光绪皇帝的新闻思想》，载《炎黄春秋》2003 年第 8 期。

⑥ 《禁谈国事》，《益闻录》1895 年 3 月 16 日。

报刊，为外交活动造势。然而，事实上很少有人这样做。即使偶有像曾纪泽那样精明的外交家，善于运用国际舆论赢得外交先机，最终也只是昙花一现，清政府迫于外方压力不得不将其调离。

四、中文报刊惯于分化

中文报刊背景复杂，有外报与自办报刊之分，外报当中又有若干分别，有的是商办，有的是教会所办；有的由外人主笔，有的由国人主笔。因此，各报在一些重大议题上，特别是涉外议题上常常出现分化，表现出明显不同的立场跟态度。

对1874年的中日和谈，各报都是欢迎的，但对其最终形成的条款，却有两种不同的意见。《申报》《中西闻见录》等均认为合情合理，而《汇报》《循环日报》等对和议条款颇有微词。《汇报》认为："惟所议各条款，总署过于优容。""补给经费一节，且其欲索偿费而借以为名耶？中朝大度含容而将就若此，闻者咸以为奇。"[①]《循环日报》则觉得留有后患：

> 日本以琉球出海之船遭风失水，其人为台湾生番所戕害，因此兴师问罪，几至与中国失和。有为之居间排解者，乃始立约退兵。顾琉球介于两大之间，此时究属于何国？当议和时，未及明言也。
>
> 中国偿饷于日本五十万金，其中十万系抚恤琉球被难之家，其银由日本转畀琉球，则琉球之为日本所属，不言而喻。然中国亦何必于此固争属与不属，亦何常之有中国岂必欲贪其土地哉！但恐琉球土人不欲日本人作主耳，以其束缚驰骤，国政必至于外移，大权必至于旁落。[②]

中法"马尾海战"后，中文报刊的态度一度分化。《申报》一改此前坚决主战的态度，转而主和。9月3日，发表《论时势之岌岌》一文，认为"中国大有岌岌之势"；"倘此时再不说和，则法人增兵，新兵将至。既至之后，一系大国，一系强国，两边不免血战。延至一年之久，费一年之极大兵饷，一年之生意滞碍，并有胜负之不测，不更殆哉？"[③]此论遭到同为外报的《字林沪报》的

---

① 《详述中东和议事》，《汇报》1874年11月9日。
② 《西报论琉球所属》（原载《循环日报》），转引自《申报》1874年12月15日。
③ 《论时势之岌岌》，《申报》1884年9月3日。

攻击:"基隆小挫、长门大战（马尾海战），正以激将士之怒、□闾阎之心，敌忾同仇、杀敌致果，不旋踵而可睹成效者，岂容偶尔蹉跌而遂与之行成耶?"[1]一向主战的《述报》则详细论述了"不战"的种种弊端:"不战则议和，议和则法必多端索取、欲壑难填"，"海外诸国必皆作壁上观，怯不敢战，生其轻侮之心"，"若不于此而决一战顺舆情，异时中国苟有不测之虞，难免忠义之徒，离心而解体"，等等。[2]

而《马关条约》签署后，得到割台确信的舆论界顿时分作两派，一派以《万国公报》为代表，附和主和派，力主履约，奉劝中国顺受。《万国公报》一方面申论列强干涉皆为一己之私，并非出于对中国的友情，进而主张，与其让利于欧美，不如让给日本;另一方面，奉劝中国打消英国干涉的念头。另一派以《申报》《新闻报》为代表，反对割台，主张改约或废约。马关议和期间，《申报》是主和的，因此，其听闻和议终成的消息，不免欢欣鼓舞，甚至害怕失去和局，故而对主战派亦多有挞伐。但是后来《申报》立场发生转变，转而寄希望于英国干涉保台，甚至还主张以武力相拒。相对而言，《新闻报》的反割台主张与情绪表达就要大胆、直接一些。如在中日正式换约后，直呼条款之"可骇"，斥责李鸿章贪生误国:

盖读至（条约）狂悖无理处，几欲令人目眦尽裂而髭发上指焉!此等约章何以示天下、何以示后世、何以供五大洲万国之披览哉?即使白刃加于项、鼎镬列于庭强逼画诺，而为使臣者亦不合曲从也，而竟委曲相从。

窃谓使臣而为怯懦书生，或不免慑于威，使臣而为百战元戎也，则似不应尔也;使臣而为少年新进，或不免屈于势，使臣而为老臣硕望也，则似不应尔也;使臣而为疏远小臣，或不免昧夫国体，使臣而为当朝首辅也，则似不应尔也;使臣而职难专擅，或不免听其所为，使臣而全权在握，则似不应尔也。况乎受恩深重，较之在朝在外之臣工，有过之无不及。当此之时，宜如何报我国家、报我朝廷?言不能折，当以力争之，力不能争，当以死继之，使千秋万世鉴其悃诚、亿兆黎民知其梗概。且己垂暮之年华，何惜残生之富贵?节操全于一时，声名著于百代，荣莫荣于此矣，著莫著于此矣!所谓死有重于泰山者，

① 蓬庐卧□生:《论〈申报〉主和之谬》,《字林沪报》1884年9月12日。
② 待清居士:《中法时事论》,《述报》1884年9月1日。

即此之谓也。不出乎此，是诚何心？吾不得而知之焉。①

言分化必言统一，不少分化往往伴随着统一。如，对 1874 年日本侵台一事，各报均主张和解；再如，对法军封锁台湾洋面的举动，各报一致予以谴责。需要指出的是，无论是分化还是统一，国人自办报刊是国家与民族利益最坚定的捍卫者。如，面对外报的舆论轻侮，创刊未久的《汇报》即回应道：

中东既定和议，而后上海各西报之论其事者，往往有侮慢中朝之语。然第就事论事，似亦不足为奇。假令美国与他小国亦如中东今日之举，而华人之游于旧金山者，即以其事登诸华报，大肆讥评。美人闻之，当必勃然大怒，以居是邦而不敬其邦人也。今西人之来沪者，指不胜屈，食毛践土、通市谋生，自应敬礼华人。乃西人于言动举止间，则复轻视华人，极为傲慢。明理君子当不其然，然游沪西人可称为明理君子者，卒不多见。②

而其他中文报刊特别是国人秉笔的常常面临两难的选择，一方面作为国民自然要捍卫国家与民族的利益，另一方面却又受制于资方的立场。这大概就是《申报》常在某些涉外议题上摇摆不定、含糊其辞的重要原因。

---

① 《论和约条款之可骇》，《新闻报》1895 年 5 月 11 日。
② 《西报论华事书后》，《详述中东和议事》，《汇报》1874 年 11 月 16 日。

参考文献

一、档案资料

宝鋆等:《同治朝筹办夷务始末》,文海出版社1971年版。

北平故宫博物院:《清光绪朝中法交涉史料》,北平故宫博物院1932—1933年。

伯琴:《法军侵台档》,文海出版社1980年版。

陈支平:《台湾文献汇刊》,九州出版社、厦门大学出版社2004年版。

顾廷龙、戴逸:《李鸿章全集》,安徽教育出版社2008年版。

郭廷以等:《中法越南交涉档》,精华印书馆1962年版。

海峡学术出版社:《乙未抗日史料汇编》,海峡学术出版社1999年版。

洪安全:《清宫廷寄档台湾史料》,台北故宫博物院1998年版。

洪安全:《清宫洋务始末台湾史料》,台北故宫博物院1999年版。

黄得峰、王学新译:《处蕃提要》,国史馆台湾文献馆2005年版。

贾桢等:《咸丰朝筹办夷务始末》,文海出版社1970年版。

刘铭传:《刘壮肃公奏议》,台湾大通书局1987年版。

戚其章:《中日战争(八)》,中华书局1994年版。

戚其章:《中日战争(二)》,中华书局1989年版。

戚其章:《中日战争(六)》,中华书局1993年版。

戚其章:《中日战争(七)》,中华书局1996年版。

戚其章:《中日战争(三)》,中华书局1989年版。

戚其章:《中日战争(十)》,中华书局1995年版。

戚其章:《中日战争(十二)》,中华书局1996年版。

戚其章:《中日战争(十一)》,中华书局1996年版。

日本东亚同文会:《对华回顾录》,胡锡年译,商务印书馆1959年版。

台北"中研院"近史所档案馆藏清总理衙门档案。

台湾大通书局:《述报法兵侵台纪事残辑》,台湾大通书局 1984 年版。

台湾史料集成编辑委员会:《明清台湾档案汇编》第四辑,远流出版事业股份有限公司 2008 年版。

王学新:《风港营所杂记》,"国史馆"台湾文献馆 2003 年版。

王彦威等:《清季外交史料》,书目文献出版社 1987 年版。

王元穉:《甲戌公牍钞存》,文海出版社 1978 年版。

王芸生:《六十年来中国与日本》,生活·读书·新知三联书店 2005 年版。

吴幅员:《法军侵台档补编》,文海出版社 1980 年版。

吴元炳:《沈文肃公(葆桢)政书》,文海出版社 1967 年版。

许同莘等:《同治条约》,文海出版社 1974 版。

张振鹍:《中法战争(二)》,中华书局 1995 年版。

张振鹍:《中法战争(六)》,中华书局 2017 年版。

张振鹍:《中法战争(五)》,中华书局 2006 年版。

张振鹍:《中法战争(一)》,中华书局 1996 年版。

中国社科院近代史所近代史资料编辑部:《近代史资料》1957 年第 6 期(总 17 号)。

中国史学会:《中法战争》,上海人民出版社、上海书店出版社 2000 年版。

中国史学会:《中日战争》,新知识出版社 1956 年版。

二、报刊

(一)中文报刊

《汇报》

《教会新报》

《申报》

《述报》

《万国公报》

《维新日报》

《新闻报》

《循环日报》

《益闻录》

《直报》

《中西闻见录》

《字林沪报》

（二）外文报刊

"China Mail"

"Hong Kong Daily Press"

"Japan Daily Herald"

"Japan Gazette"

"Japan Mail"

"L'echo du Japon"

"Nagasaki Rising Sun"

"New York Herald"

"New York Times"

"North-China Herald"

"The Spectator"

"The Foochow Herald"

"The Japan Punch"

"The Japan Weekly Mail"

"The N. C. Daily News"

"The Shanghai Mercury"

"The Straits Times"

"The Times"

《東京日日新聞》

《郵便報知新聞》

三、专著（含论文集）

（一）中文专著

戴逸等：《甲午战争与东亚政治》，中国社会科学出版社 1994 年版。

葛夫平：《中法关系史话》，社会科学文献出版社 2000 年版。

黄秀政：《台湾割让与乙未抗日运动》，台湾商务印书馆 1992 年版。

黄振南：《中法战争史热点问题聚焦》，广西人民出版社 1994 年版。

黄振南：《中法战争诸役考》，广西师范大学出版社 1998 年版。

蒋廷黻：《中国近代史》，商务印书馆 1938 年版。

李磊：《〈述报〉研究》，兰州大学出版社 2002 年版。

连横：《台湾通史》，商务印书馆 2010 年版。

廖宗麟：《中法战争史》，天津古籍出版社 2002 年版。

林呈蓉：《牡丹社事件的真相》，博扬文化事业有限公司 2006 年版。

吕一燃：《中国近代边界史》，人民出版社 2013 年版。

戚其章、王如绘：《甲午战争与近代中国和世界》，人民出版社 1995 年版。

邵循正：《中法越南关系始末》，河北教育出版社 2000 年版。

宋军：《〈申报〉的兴衰》，上海社会科学院出版社 1996 年版。

藤井志津枝：《日本军国主义的原型——剖析一八七一——一八七四年台湾事件》，三民书局 1983 年版。

田涛：《国际法输入与晚清中国》，济南出版社 2001 年版。

王林：《西学与变法：〈万国公报〉研究》，齐鲁书社 2004 年版。

王绳祖：《中英关系史论丛》，人民出版社 1981 年版。

吴密察：《台湾近代史研究》，稻香出版社 1994 年版。

徐载平、徐瑞芳：《清末四十年申报史料》，新华出版社 1988 年版。

杨代春：《〈万国公报〉与晚清中西文化交流》，湖南人民出版社 2002 年版。

朱晓凯：《〈申报〉与中法战争研究》，黄山书社 2017 年版。

（二）外文专著

［美］Shih-Shan Henry Tsai："Maritime Taiwan: Historical Encounters with the East and the West"，Routledge, 2015.

［日］德富猪一郎：《臺灣役始末篇》，時事通信社 1961 年版。

［日］宫坂九郎：《明治、大正、昭和歷史資料全集外交篇（上卷）》，有恒社 1933 年版。

［日］伊藤正德：《新聞五十年史》，鱒書房 1947 年版。

［日］中村純九郎：《副島大使適清概略》，日本新聞社 1891 年版。

（三）译著

［美］爱德华·豪士：《征台纪事——牡丹社事件始末》，陈政三译，台湾书房 2008 年版。

［美］白瑞华：《中国报纸（1800—1912）》，王海译，暨南大学出版社 2011

年版。

[美]惠顿:《万国公法》,丁题良译,上海书店出版社 2002 年版。

[美]惠顿:《万国公法》,丁韪良译,何勤华点校,中国政法大学出版社 2002 年版。

[美]李仙得:《台湾纪行》,费德廉、苏约翰主编,罗效德、费德廉译,台湾史博物馆,2013 年版。

[日]藤崎济之助:《台湾史与桦山大将——日本侵台始末》,"全国日本经济学会"译,海峡学术出版社 2003 年版。

[日]外山三郎:《日本海军史》,龚建国、方希和译,殷宪群、许运堂校,解放军出版社 1988 年版。

[英]德约翰:《泡茶走西仔:清法战争台湾外记》(二版),陈政三译注,台北五南图书出版股份有限公司,2015 年版。

四、论文

(一)中文论文

陈在正:《牡丹社事件所引起之中日交涉及其善后》,《"中央研究院"近代史研究所集刊》,1993 年第 22 期(下)。

陈忠纯:《报刊舆论与乙未反割台斗争研究——以〈申报〉为中心》,《台湾研究集刊》,2011 年第 2 期。

陈忠纯:《乙未反割台运动中的〈新闻报〉》,《北京师范大学学报(社会科学版)》,2019 年第 3 期。

郭伯佾:《从琉球藩民墓碑文探索牡丹社事件》,《实践博雅学报》,2015 年第 22 期。

韩汉雏:《同治季年日本侵扰台湾记略》,《新亚细亚》,1935 年第 10 卷第 6 期。

季云飞:《中法战争期间清政府的抗法保台策略》,《历史研究》,1995 年第 6 期。

蒋廷黻:《国际公法输入中国之起始》,《政治学报》,1932 年第 2 卷。

李理,赵国辉:《李仙得与日本第一次侵台》,《近代史研究》,2007 年第 3 期。

林希谦:《美国公文书中关于占领台湾的计划》,《福建文化季刊》,1941 年第 1 期。

刘序枫：《清代档案与环东亚海域的海难事件研究：兼论海难民遣返网络的形成》，《故宫学术季刊》，2006 年第 2 期。

米庆余：《琉球漂民事件与日军入侵台湾（1871— 1874）》，《历史研究》，1999 年第 1 期。

聂友军：《1874 年横滨英文报刊对"台湾远征"的报道——以〈日本笨拙〉与〈日本邮报周刊〉为中心》，《年报非文字资料研究》，2014 年第 10 期。

王汝丰：《乙未割台与反割台斗争的历史回顾》，《台湾研究》，1995 年第 3 期。

韦庆远：《论 1884—1885 年反法侵略的台湾保卫战》，《台湾研究集刊》，1984 年第 1 期。

邬国义：《郑观应〈救时揭要〉新考及集外佚文》，《社会科学》，2014 年第 3 期。

徐斌：《明清士大夫与琉球——以中、日、琉三国关系为中心》，福建师范大学博士论文，2004 年。

杨天石：《光绪皇帝的新闻思想》，《炎黄春秋》，2003 年第 8 期。

张建华：《英国与 1874 年日本侵犯台湾事件》，《北大史学》，2001 年号。

张卫明：《晚清中国对国际法的运用》，复旦大学博士学位论文，2011 年。

张振鹍：《福禄诺节略与中法战争两个阶段的转变——从〈泰晤士报〉的一篇报道说起》，《近代史研究》，2017 年第 4 期。

张振鹍：《关于中国在台湾主权的一场严重斗争——1874 年日本侵犯台湾之役再探讨》，《近代史研究》，1993 年第 6 期。

周婉窈：《从琉球人船难受害到牡丹社事件："新"材料与多元诠释的可能》，《台湾风物》，2015 年第 2 期。

朱玛珑：《外交情报与港际报业：以 1874 年台湾事件日、中两国轮船运兵消息为例》，《近代史研究所集刊》，2006 年第 93 期。

（二）英文论文

Danny Orbach: "'By Not Stopping': The First Taiwan Expedition (1874) and the Roots of Japanese Military Disobedience", *The Journal of Japanese Studies*, no.1, 2016.

Matthew Fraleigh: "Japan's First War Reporter: Kishida Ginkō and the Taiwan

Expedition","*Japanese Studies*",no.1, 2010.

Robert Eskildsen:"Of Civilization and Savages: The Mimetic Imperialism of Japan's 1874 Expedition to Taiwan", "*The American Historical Review*", no.2, 2002.

人名索引

后　记

　　这本小书是我的第一个国家课题的结项成果，也是我近些年学术研究的一个小结。众所周知，近代以来的外患多自海上来，海疆取代陆疆日益成为边疆冲突的主角，海岛则成为列强侵华的桥头堡与大本营。这大概是人们开展此类研究的历史缘由，而我着手近代台海危机舆论史的研究，则不光缘起于斯，似乎还有某种私人的情结。从记事开始，台湾就渐渐走入我的心灵，那时，祖父给我反复讲的睡前故事就有乡人朱材哲的治台逸事。两岸通邮以来，祖父与台湾旧友频频通信，互诉思念之情。在我的童年记忆里，那一封封来自台湾的航空信，仿佛是神秘莫测的盲盒，总是令我无限期盼。也许是幼时的耳濡目染，十年前我开始将研究的触角伸向海岛，并在《国际新闻界》上发表了第一篇相关论文。未久，即在此基础上成功申报本课题。

　　课题自立项到结项，我用了五年。尔后，又用了两年进行完善。这在瞬息万变的数字时代，堪称是一次漫长的光阴之旅。之所以如此，一方面是由于2015至2018年我的家庭发生了剧变，在此期间，除了正常的教学，我的精力几乎都放到了家庭；另一方面是由于这个选题于我而言是一个相对较新的领域，在进入研究之前，先要进行多方面的了解，即使已然结项，也自觉不能脱手。

　　在这段研究经历中，我感受最深的莫过于"集腋成裘"四字，因为除了寒暑假，我很难获得一个相对集中的研究时间，而项目规定的期限一般是五年，为了按时完工自然要抓住零散的时光碎片。有段日子，不论是茶余饭后的间歇，还是教学之余的小憩，于我而言都是不容错过的。大致说来，几乎所有的文献收集跟整理均是利用平时零散的时间，而相对集中的寒暑假则用来写作。另外，我也常常感到"心有余而力不足"，比如，在拿到项目之初，我曾设想先整理出一个舆论史料库，然后再着手研究；后来，面对浩如烟海的中外文史料，实在力有不逮，当初的宏愿只好作罢，甚至连某些日文、法文的舆论史料也一并放弃了。因此，尽管我的研究耗时日久，但成章不免草草。可值得庆幸的是，承蒙诸位通讯评审专家抬爱，鉴定意见多所溢美，有专家称："该成果的学术价值体现在拓展了报刊史、外交史、政治史研究的空间，填补了相关领域的空白。"还有专家称："该项目成果比较细致地论述了我国报刊对台湾被外来势力侵犯的舆论斗争经历。这可以说是新中国成立以来在学术界第一个针对这个问题进行了较全面系统的总结，从某种程度上填补了国内这项研究的空白。"

课题的立项与拙著的面世，离不开各位家庭成员的付出与配合，更离不开各位师友的大力扶持。张昆、曾宪明两位先生手把手地教我填写申报材料、不辞辛劳地审阅书稿，张昆先生还拨冗为拙著作序，语多嘉勉！胡正强、陶喜红等学兄毫无保留地传授研究经验，范军、彭涛、张德华等师友常常给予我种种鼓励和帮助，盛军、谷一鸣、欧阳静美、严谨、侯林延、何人云等学生参与了部分史料的收集与整理工作，曾祥石、许永超、刘大明等学友或为资料的收集四处奔走、或为拙著的写作出谋划策，罗贻文书记代表学院予以经费支持，九州出版社的编辑打通了出版的"最后一公里"，还有很多热心朋友的真诚助力，恕不一一列举，在此一并致谢！

张继木

壬寅岁首记于江汉之滨

推荐阅读

《清代游台士人笔下的台湾形象》

作者：刘耀 定价：48.00 元 书号：ISBN 978-7-5225-0810-8

内容简介 清代是台湾历史文化形成的重要阶段。在这一历史时期，大陆士人开始前往台湾，在居台期间，他们留下了不少作品，台湾的不同形象也就出现在这些作品之中。在这些游台士人的作品中，台湾的形象被不断塑造与改变，从原来的蛮荒之地、神怪聚集之所，到后来的"中华故地""海外邹鲁"，这背后既有着历史发展的客观事实，也有着大陆士人的主观认识。本书分为四章，分别为"纳'绝域'入中国：清代游台士人对台湾地理认知"，"蛮酋抑或先民：清代游台士人笔下的少数民族"，"'海外邹鲁'的构建：清代台湾的儒学教育"，"博物之学在台湾：清代游台士人笔下的台湾物产"，为深入了解清代台湾的历史文化提供了不同的视角。

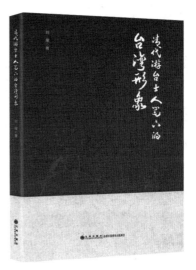

作者简介 刘耀，江苏宜兴人，现供职于江南大学马克思主义学院。曾先后就读于南京师范大学、武汉大学，获历史学博士学位，曾在武汉大学中国传统文化研究中心博士后流动站工作。研究方向为台湾史、中国近现代史，发表论文多篇，主持国家社科基金青年项目、教育部社科基金青年项目、博士后科学基金等各类项目多项。

《回归中国：光复初期台湾的文化场域与文学思潮（1945—1949）》

作者：徐秀慧 定价：86.00 元 书号：ISBN 978-7-5225-2583-9

内容简介 本书梳理了台湾光复初期（1945—1949）政治、经济、社会、文化等权力场域对文学产生的影响。以 1947 年的"二·二八事件"为界，分析事件前后报纸、杂志所构成的文化场域中，两岸文化人如何与国民党政权的文化宣传进行意识形态的斗争。本书对光复初期台湾文化场域与文学思潮问题的梳理，首先将有助于我们理解台湾的文化人在尚未经过国民党官方意识形态压制时，如何批判殖民地时代日本对台的剥削统治，如何思索台湾文化的主体性与中国现代性的问题；其次将有助于我们对战后台湾文学发展的结构性社会因素有更清楚的认知，对于今日台湾重新思考如何"回归中国"亦有可资借鉴之处。

作者简介 徐秀慧，台湾清华大学中文系博士。现任福建师范大学闽台区域研究中心台湾文学所所长、文学院教授，兼任中国丁玲研究会理事、台湾夏潮联合会副会长。

《批判与反思：日本殖民统治时期台湾地区电影的历史考察》

作者：林豪　　定价：46.00 元　　书号：ISBN 978-7-5225-2717-8

内容简介　日本殖民时期的台湾电影以一种记录殖民文化的方式介入了历史。本书从殖民视域探讨台湾电影，不仅试图从历史文化的角度对电影进行研究，而且试图从被殖民者的批判视角去理解电影文本，去反思在殖民统治下的反抗历史。台湾电影史研究的"殖民"视角，除了纵向性地批判研究台湾地区在日本殖民统治时期的电影状况，也横向性地捕捉多个被殖民地区内在的构造性关联。这些同时期的日本殖民地在殖民时期的电影业是如何受控于殖民者，电影人又是如何和殖民者不断进行交涉的，都在本书"殖民"视角研究的范围内。

作者简介　林豪，女，福建永安人，华侨大学新闻与传播学院讲师，厦门大学戏剧与影视学博士研究生。曾参与教育部哲学社会科学重大项目、国家社科基金等项目 8 项。

《日本殖民统治时期台湾与东北新剧研究》

作者：王琨　　定价：58.00 元　　书号：978-7-5225-0984-6

内容简介　本书聚焦日本殖民时期台湾与东北的新剧，关注殖民地文艺政策与戏剧的关系，考察跨地域的戏剧播迁与新剧接受，以及跨时代的戏剧流变，是以戏剧切入殖民地文化历史文化现场。基于台湾与东北两地文艺创作的"被殖民同构"，作者运用注重东亚视野内跨区域戏剧互动关系的方法，通过搜集当时两地报刊、杂志、个人日记等资料，从戏剧剧场切入，将两地并置观察，拨开历史云雾，明晰两地戏剧发展状况，探微烛隐日本殖民统治时期的文化生态。

作者简介　王琨，厦门大学文学博士，慕尼黑大学联合培养博士生，主要研究领域为台湾文学与台湾文化，全球史视野中的东亚戏剧传播。

《台湾传媒与台湾文化研究续篇》

作者：阎立峰 等　　定价：88.00 元　　书号：978-7-5225-1707-0

内容简介　本书从传播学的角度看台湾传媒与两岸文化的关系，研究内容包含"台湾媒体两岸关系态度研究""台湾'四大报'社论研究""台湾'四大报'脸书政治态度研究""台湾竞选广告的喜剧性研究""台湾广告原型研究""台湾新新电影的身份认同研究"等六个方面，对台湾传统报业、广告业及脸书等新媒体的研究历史与现状、与现实经济与政治的互动关系等方面进行了系统的介绍与研究，对这些传统媒体及新媒体与两岸文化交流的关系进行了系统论述，有助于我们对台湾传播学领域的研究现状及其对两岸文化交流的作用有较为全面的了解。

作者简介　阎立峰，文学博士，厦门大学新闻传播学院教授，博士生导师。在影视学、新闻学、戏剧学、文学等领域发表论文若干篇，专著有《思考中国电视：文本、机构和受众》《台湾传媒与台湾文化研究》。当前研究领域为新闻学、影视艺术、台湾传媒与文化、台湾传媒与台湾文化研究。

《戏仿与政治：台湾电视综艺节目与政治关系研究》

作者：叶秀端　　定价：52.00 元　　书号：978-7-5108-8799-4

内容简介　20 世纪 80 年代，台湾政治开始"自由化"和"民主化"的进程，台湾媒体也随之朝"自由化"、"民主化"、商业化和国际化的方向发展，舆论环境逐渐放宽，政治成为大众传媒所建构的公共领域中的一项重要内容。台湾娱乐媒体与政治频繁互动，产生一种特殊的电视综艺节目类型——政治模仿秀。台湾政治模仿秀节目是政治与娱乐融合的产物，是新闻与综艺结合的类型，目的在于讽刺政治和娱乐大众。本书以台湾地区中天电视的"全民最大党"系列政治模仿秀节目作为切入口，考察台湾电视综艺节目中的政治人物形象，探讨台湾电视综艺节目与政治互动的现象和原因，进而对台湾综艺节目与政治的互动，娱乐元素与政治信息的融合，进行探索性研究。

作者简介　叶秀端，厦门大学新闻学博士，现为华侨大学新闻与传播学院教师，福建省高校人文社会科学研究基地·华侨大学海峡两岸传播创新研究中心、华侨大学海外华文媒体研究中心成员，研究领域包括台湾传媒、影视传播和新媒体。

《闽台文化记忆与海峡传播研究》

作者：谢清果　　　定价：58.00 元　　　书号：978-7-5225-0336-3

内容简介　本书为"两岸关系与海峡传播研究丛书"之一，主要论述了闽台文化创意产业、闽台地域文化各自发展的特色及其生成的文化记忆——特别是两岸共有的妈祖文化、福建古村落文化对台湾游子的故乡情感召唤等共同文化记忆，力图通过文化记忆的强化来探讨闽台两地社会文化交往以及闽台文化传播的源流，探讨闽台文化传播对于两岸以文化为媒介的作用，从而探寻促进两岸融合发展的有效路径。

作者简介　谢清果，哲学博士，历史学（传播史方向）博士后，厦门大学新闻传播学院副院长、教授、博士生导师，两岸关系和平发展协同创新中心社会整合平台研究员，主持国家社科基金一般项目"海峡两岸数字公共领域与文化认同研究"，教育部青年基金项目"海峡传媒交流与政治互信研究"等各级课题 10 余项，已在《台湾研究》《台湾研究集刊》等刊物发表论文 130 多篇。

《甲午战争与台湾百年命运》

作者：张仕荣　　　定价：88.00　　　书号：978-7-5225-1801-5

内容简介　从 1894 年甲午战争后清政府割台到 1945 年台湾光复，再到当今来之不易的海峡两岸和平发展局面，我们可以深深体会到国家统一与民族复兴是一个不可分割的整体。而台湾问题必须放在中华民族苦难与辉煌并存的史诗般的壮丽征程中，才能深度解读大陆和台湾同胞百年来的郁郁悲歌，并憧憬两岸携手迎接民族复兴的煌煌前景。本书主要从历史角度来阐述台湾百年风云，讲述两岸关系及错综复杂的国际环境，进而展望国家统一的美好前景。

作者简介　张仕荣，国际政治专业法学博士，现任中央党校（国家行政学院）政法部"一国两制"与国家统一教研室主任，教授，博士生导师。担任中央党校创新工程"党的十八大以来国家安全理论与实践创新""'一国两制'与国家统一"等项目首席专家，海峡两岸研究中心特约研究员，G20 峰会高级别专家工作组成员。主持完成台湾问题、中美关系等国家社会科学基金项目 3 项。出版了《21 世纪初期中美日安全关系中的台湾问题》《新时期中国能源安全体系研究》等专著 5 部、合著 12 部，参编论文集和教材 25 部。在国内外中文报刊上发表文章、内部报告、评论 110 多篇，其中核心期刊 40 篇，多篇文章被《人大报刊复印资料》《红旗文摘》转载、引用。

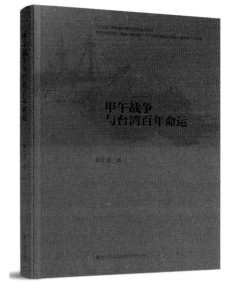